Les plus belles pages de la LITTÉRATURE ÉROTIQUE

Les plus belles pages de la LITTÉRATURE ÉROTIQUE

Sélection
READER'S DIGEST

LES PLUS BELLES PAGES DE LA LITTÉRATURE ÉROTIQUE
Publié par Sélection du Reader's Digest

Équipe de Sélection du Reader's Digest
Responsable éditoriale : Anne Grégoire
Directeur artistique : Didier Pavois
Lecture-correction : Béatrice Argentier
Iconographie : Danielle Burnichon

Nous remercions tous ceux qui ont collaboré à cet ouvrage
Conseiller de la rédaction : Alexandre Dupouy
Auteurs : Alexandre Dupouy, Franck Jouve, Hélène Werner
Maquette : MédiaSarbacane
Prépresse : Damien Noirot
Fabrication : Marie-Pierre de Clinchamp

Toutes les gravures sont issues de la collection Alexandre Dupouy.

Première édition
Premier tirage

Pour nous communiquer vos suggestions ou remarques sur ce livre,
utilisez notre adresse e-mail : editolivre@readersdigest.tm.fr

ISBN : 978-2-7098-2211-4

PRÉFACE

À Jean-Jacques Pauvert

> *« Les adultes ont besoin de littérature obscène, de même que les enfants ont besoin de contes de fées, comme soulagement à la force oppressive des conventions. »*
>
> Havelock Ellis

Éros n'est pas ce petit poupon ailé, chérubin rondouillard qui sourit candidement au milieu des dorures. Quelles prétentions ont agité de stupides censeurs imaginant le cantonner à des rôles subalternes, amuseur de pucelles en mal d'amour ? Éros est partout. Tous les arts, tous les procédés sont ses messagers. Depuis la nuit des temps, chaque invention, chaque création (peinture, sculpture, écriture, imprimerie, gravure, photographie, etc.) propage, dès sa conception, la divine énergie au plus profond de nos corps. Loin d'être futile, Éros mène le monde. Très tôt Homère nous met en garde ; c'est ce dangereux guerrier qui a détruit Troie et les héros morts pour la « belle Hélène ».

Éros n'a pas ce fond maléfique que les méprisants lui prêtent mais s'active pour notre croissance, pour la fertilité et la fécondation de l'humanité. Divinité rebelle, lorsqu'on le perçoit, il nous protège de l'assujettissement aux superstitions conçues pour nous dominer et nous asservir. Entre ses mains, nous sommes transfigurés. Être disciple d'Éros, au sein de notre culture monothéiste, nous contraint à pratiquer la transgression, l'érotisme étant l'expression d'une volonté de dénoncer, voire de briser l'hypocrisie des dogmes dont l'écrit demeure la « bête noire ». Favorisant le renversement des valeurs qui placent confusément la dévotion aux cultes devant les relations humaines, la littérature reste le domaine où les flèches inspirées du dieu libérateur atteignent leurs cibles au plus profond, tourmentant sans répit les dénégations de « l'infâme ».

Alexandre Dupouy

TABLE DES MATIÈRES

TABLE DES MATIÈRES

LE TIERS LIVRE

1546 – François Rabelais

Le Tiers Livre fut la première œuvre romanesque que François Rabelais signa de sa véritable identité, les précédentes ayant été publiées sous le pseudonyme d'Alcofribas Nasier – anagramme de son nom – en raison des démêlés qu'il eut dès sa jeunesse avec les autorités universitaires et religieuses. Novice, il avait été instruit selon des méthodes qu'il avait jugées sclérosantes et archaïques ; moine franciscain, il avait été privé de ses livres de grec, la Sorbonne ayant interdit l'étude des Écritures dans les textes originaux. Il vivait alors en concubinage et appartenait à un cercle d'érudits poitevins comptant de nombreux juristes, parmi lesquels André Tiraqueau, auteur d'un ouvrage sur les lois du mariage, véritable programme de vie matrimoniale qui influencera le contenu du *Tiers Livre.* Après être passé chez les Bénédictins, où il put assouvir son goût de l'étude, Rabelais sert de secrétaire à son abbé, l'accompagne dans ses voyages et accroît sa fréquentation des humanistes, dont il partage la soif de connaissances et les idées. Croyant au progrès du genre humain par l'éducation et le savoir, soumettant les textes anciens, y compris bibliques, à une lecture critique, ces lettrés adhéraient majoritairement à l'évangélisme, un mouvement soutenu par le pouvoir royal qui critiquait les abus de l'Église et les ambitions temporelles du pape. Après avoir pris l'habit de prêtre séculier, Rabelais étudie le droit puis la médecine, malgré l'interdiction faite aux ecclésiastiques de pratiquer cet art. En 1532, il est nommé médecin à l'hôtel-Dieu de Lyon et publie le *Pantagruel,* ouvrage aussitôt condamné pour obscénité par les « sorbonnagres ». Après un séjour à Rome, la parution du *Gargantua* (1534), où il raille les théologiens officiels, l'oblige à se réfugier à Marseille. Il restera ensuite douze ans sans donner de suite aux aventures de ses géants : *Le Tiers Livre*, où il se garde d'attaquer directement le clergé, paraîtra en 1546, après avoir été autorisé de publication par le roi.

Cet ouvrage apparemment bouffon offre un débat sur la question du mariage, qui connaissait un regain d'actualité et dont le caractère sacré était contesté par les humanistes. Son héros, Panurge, souhaite convoler, mais il voudrait savoir s'il sera cocu. Pour cela, il consulte une sorcière, un poète muet, un astrologue, le fou du roi, un théologien, un philosophe, un juge qui joue ses verdicts aux dés, et un médecin. Leurs réponses convergeant dans un sens qui lui déplaît, il les réfutera toutes.

Dédié à la sœur de François Ier, Marguerite de Navarre, ce livre sera, comme les précédents, condamné par la Sorbonne, qui le juge « farci d'hérésies diverses ». Dans le climat répressif né de l'affaire des Placards, l'affichage par un réformé d'un libelle hostile à la messe sur la porte de la chambre du roi, Rabelais doit à nouveau fuir. Il trouvera brièvement refuge à Metz, alors ville d'Empire.

Comment Rondibilis, médecin, donne remède à cocuage

« Au temps, dit Rondibilis, que Jupiter fit l'état de sa maison olympique et le calendrier de tous ses dieux et déesses, ayant établi à un chacun jour et saison de sa fête, assigné lieu pour les oracles et voyages, ordonné de leurs sacrifices...

— Fit-il point, demanda Panurge, comme Tinteville, évêque d'Auxerre ? Le noble pontife aimait le bon vin, comme fait tout homme de bien. Pourtant avait-il en soin et cure spéciale le bourgeon, père aïeul de Bacchus. Or est que plusieurs années il vit lamentablement le bourgeon perdu par les gelées, bruines, frimas, verglas, froidures, grêles et calamités advenues par les fêtes des saints Georges, Marc, Vital, Eutrope, Philippe, sainte Croix, l'Ascension et autres, qui sont au temps que le soleil passe sous le signe de *Taurus*, et entra en cette opinion que les saints susdits étaient saints grêleurs, geleurs et gâteurs du bourgeon. Pourtant voulait-il leurs fêtes translater en hiver, entre Noël et la Tiphaine (ainsi nommait-il la mère des trois Rois), les licenciant en tout honneur et révérence de grêler lors et geler tant qu'ils voudraient, la gelée lors en rien ne serait dommageable, mais évidemment profitable au bourgeon. En leurs lieux mettre les fêtes des saint Christophe, saint Jean Décolla, sainte Madeleine, sainte Anne, saint Dominique, saint Laurent, voire la mi-août colloquer en mai, esquelles tant s'en faut qu'on soit en danger de gelée que lors métier on monde n'est qui tant soit de requête comme est des faiseurs de friscades, composeurs de joncades, agenceurs de feuillade et rafraîchisseurs de vin.

— Jupiter, dit Rondibilis, oublia le pauvre diable Cocuage, lequel pour lors ne fut présent : il était à Paris au palais, sollicitant quelque paillard procès pour quelqu'un de ses tenanciers et vassaux. Ne sais combien de jours après, Cocuage entendit la fourbe qu'on lui avait fait, désista de sa sollicitation, par nouvelle sollicitude de n'être exclus de l'état, et comparut en personne devant le grand Jupiter, alléguant ses mérites précédents et les bons et agréables services qu'autrefois lui avait fait, et avec instance requérant qu'il ne le laissât sans fête, sans sacrifices, sans honneur. Jupiter s'excusait, remontrant que tous ces bénéfices étaient distribués et que son état était clos. Fut toutefois tant importuné par messer Cocuage qu'enfin le mit en état de catalogue et lui ordonna en terre honneur, sacrifices et fête.

« Sa fête fut (pour ce que lieu vide et vacant n'était en tout le calendrier) en concurrence et au jour de la déesse Jalousie ; sa domination, sur les gens mariés, notamment sur ceux qui auraient belles femmes ; ses sacrifices, soupçon, défiance, mauvaise humeur, guet, recherche, et espionnages des maris sur leurs femmes, avec commandement rigoureux à un chacun marié de le révérer et honorer, célébrer sa fête à double et lui faire les sacrifices susdits, sur peine et menace qu'à ceux ne serait messer Cocuage en faveur, aide ni secours, qui ne l'honoreraient comme est dit, jamais ne tiendrait d'eux compte, jamais n'entrerait en leurs maisons, jamais ne hanterait leurs compagnies, quelques invocations qu'ils lui fissent ; mais les laisserait éternellement pourrir seuls, avec leurs femmes sans concurrent aucun et les refuirait sempiternellement comme gens hérétiques et sacrilèges, ainsi qu'est l'usance des autres dieux envers ceux qui dûment ne les honorent : de Bacchus, envers les vignerons, de Cérès envers les laboureurs de Pomona, envers les fruitiers, de Neptune envers les nautoniers de Vulcain, envers les forgerons, et ainsi des autres. Adjointe fut promesse au contraire infaillible qu'à ceux qui, comme est dit, chômeraient sa fête, cesseraient de toute négociation, mettraient leurs affaires propres en nonchaloir pour épier leurs femmes, les resserrer et maltraiter par jalousie (ainsi que porte l'ordonnance de ses sacrifices), il serait continuellement favorable, les aimerait, les fréquenterait, serait jour et nuit en leurs maisons, jamais ne seraient destitués de sa présence. J'ai dit.

— Ha ! ha ! ha ! dit Carpalim en riant, voilà un remède encore plus naïf que l'anneau d'Hans Carvel. Le diable m'emporte, si je ne le crois. Le naturel des femmes est tel. Comme la foudre ne brise et ne brûle sinon les matières dures, solides, résistantes, elle ne s'arrête ès choses molles, vides et cédantes ; elle brûlera l'épée d'acier, sans endommager le fourreau de velours ; elle consumera les os des corps sans entamer la chair qui les couvre. Ainsi ne bandent les femmes jamais la contention, subtilité et contradiction de leurs esprits, sinon envers ce que connaîtront leur être prohibé et défendu.

— Certes, dit Hippothadée, aucuns de nos docteurs disent que la première femme du monde, que les Hébreux nomment Eve à peine eût jamais entré en tentation de manger le fruit de tout savoir s'il ne lui eût été défendu. Qu'ainsi soit, considérez comment le tentateur cauteleux lui remembra au premier mot la défense sur ce faite, comme voulant inférer : « Il t'est défendu, tu en dois donc manger ou tu ne serais pas femme. »

LIVRET DE FOLASTRIES

1553 – Pierre de Ronsard

Nous avons tous en tête les vers dédiés à la « mignonne » Cassandre : « Mignonne, allons voir si la rose / Qui ce matin avoit déclose… » Toutefois, il nous faut aussi savoir que le tendre Pierre de Ronsard n'a pas uniquement vénéré l'amour platonique. À l'âge de vingt-neuf ans, reconnu poète officiel de la Cour et protégé du roi Charles IX, le « prince des poètes et poète des princes » publie le *Livret de Folastries*. Il tente de justifier ses écrits satiriques licencieux en affirmant les avoir composés dans sa jeunesse. Ses biographes[1] contestent : « Par cette fausse assertion, le poète cherchait une excuse à la licence de sa plume, car, à son retour d'Allemagne, en 1543, c'est-à-dire à l'âge de dix-neuf ans, il ignorait les langues anciennes, et ce ne fut qu'à partir de cette date qu'il les étudia. Si l'on tient compte de son labeur archarné et des dons naturels qui lui permirent, encore sur les bancs de la classe, de traduire le *Plutus* d'Aristophane, il faudra donc attendre jusqu'aux environs de 1547, pour le trouver capable de démarquer savamment Catulle et les poètes néo-latins. Mais il est plus vraisemblable que Ronsard rima les *Folastries* de 1547 à 1553, soit entre vingt-trois et vingt-neuf ans. »

Catulle se démarque de la tradition romaine en étant l'un des premiers poètes romains à versifier sur l'intimité du couple. Attiré par les hommes comme par les femmes, il s'inspire fortement des Grecs anciens, de leur poésie et de leurs mœurs. Ronsard, lui, s'inspire de Catulle. En cela, il est l'incarnation poétique de la Renaissance, époque novatrice et classique où les inspirations se puisent dans l'Antiquité. Avec six amis poètes (Baïf, Jodelle, Du Bellay, Pontus de Tyard, Des Autels et La Péruse), il marque l'histoire des lettres en fondant une nouvelle école poétique française qu'ils nomment la Brigade, terme assez militaire qui se verra transformé plus tard en Pléiade.

Sa poésie est parfois engagée au service de ses princes et de ses croyances. La seconde moitié du XVIe siècle connaît la violence des guerres de Religion, et notre poète prend fermement position pour le parti catholique. Mais Ronsard est surtout le peintre de l'amour, lui qui se présente comme « le trafiqueur des Muses ». Les *Folastries* sont écrites en 1553, entre *les Amours de Cassandre* (1552) et *les Amours de Marie* (1555). « C'est le pétraquiste des *Amours* ; c'est le poète de ces *Folastries* naïves et fraîches, où la poésie coule et murmure comme ces eaux vives des ruisselets qui baignent les pieds nus des nymphes mélés aux sabots trépidants des faunes ; c'est surtout le Ronsard sensuel qui a si heureusement paraphrasé Horace et Anacréon, chanté la fuite des jours et célébré la meilleure des philosophies, celle qui nous invite à jouir du temps présent, pour n'avoir pas à regretter plus tard les jeunes années perdues. »[2]

1. Fernand Fleuret et Louis Perceau, *Livret de Folastries à Janot parisien*, Bibliothèque des Curieux, 1920.

2. Louis Perceau, *Pierre de Ronsard et la Pléiade*, Au Cabine du Livre, 1928.

Folastries IIII

Jaquet aime autant sa Robine
Qu'une pucelle sa poupine ;
Robine aime autant son Jaquet
Qu'un amoureux fait son bouquet.
O amourettes doucelettes !
O doucelettes amourettes !
O couple d'amis bien heureux,
Ensemble aimés et amoureux !
O Robine bien fortunée
De s'être au bon Jaquet donnée !
O bon Jaquet bien fortuné
De s'être à Robine donné !
Que ni les robes violettes,
Les rubans, ni les ceinturettes,
Les bracelets, les chaperons,
Les devanteaux, les mancherons,
N'ont eu la puissance de poindre
Pour, macreaux, ensemble les joindre.

Mais les rivages babillards,
L'oisiveté des prés mignards,
Les fontaines argentelettes,
Qui entraînent leurs ondelettes
Par un petit trac mousselet
Du creux d'un antre verdelet,
Les grandes forêts renouvelées,
Le solitaire des vallées
Closes d'effroi tout alentour,
Furent cause de telle amour.

En la saison que l'hiver dure,
Tous deux, pour tromper la froidure,
Au pied d'un chêne mi-mangé,
De main tremblante ont arrangé
Des chènevottes, des fougères,
Des feuilles de Tramble légères,
Des bûchettes, et des brochars,
Et, soufflant le feu des deux parts,
Chauffaient, à fesses accroupies,
Le clair dégoût de leurs roupies.

Après qu'ils furent un petit
Désengourdis, un appétit
Se vint ruer dans la poitrine
Et de Jaquet et de Robine.

Robine tira de son sein
Un gros quignon buret de pain,
Qu'elle avait fait de pure avoine,
Pour tout le long de la semaine,
Et, le trempant au pis des eaux
Et dans le brouet des poureaux,
De l'autre côté reculée
Mangeait à part son éculée.

D'autre côté, Jaquet, épris
D'une faim merveilleuse, a pris
Du ventre de sa panetière
Une galette tout entière,
Cuite sur les charbons du four
Et blanche du sel tout autour,
Que Guillemine, sa marraine
Lui avait donné pour étrennes.
Comme il repaissait, il a vu,
Guignant par le travers du feu,
De sa Robine recourbée
La grosse motte retroussée,
Et son petit cas barbelu,
D'un or jaunement crespelu,
Dont le fond semblait une rose
Non encor' à demi déclose.

Robine aussi, d'une autre part,
De Jaquet guignait le Tribart
Qui lui pendait entre les jambes,
Plus rouge que les rouges flambes
Qu'elle attisait soigneusement.
Après avoir vu longuement,
Ce membre gros et renfrogné,
Robine ne l'a dédaigné,
Mais, en levant un peu la tête,
A Jaquet fit cette requête :

« Jaquet (dit-elle), que j'aime mieux
Ni que mon cœur, ni que mes yeux,
Si tu n'aimes mieux ta galette
Que ta mignarde Robinette,
Je te prie, Jaquet, jauche moi,
Et mets le grand pau, que je voie
Dedans le rond de ma fossette. »

« Hélas ! (dit Jaquet) ma doucette,
Si plus cher ne t'est ton grignon
Que moi, Jaquinot, ton mignon,
Approche-toi, mignardelette,
Doucellette, paillardelette,
Mon pain, ma faim, mon appétit,
Pour mieux te chouser un petit. »

A peine eut dit qu'elle s'approche,
Et le bon Jaquet, qui l'embroche,
Fit trépigner tous les Sylvains
Du dru maniement de ses reins.
Les boucs barbus, qui l'aguetèrent,
Paillards, sur les chèvres montèrent,
Et ce Jaquet contr' aguignant
Allaient à l'envi trépignant.

O bien heureuses amourettes !
O amourettes doucelettes !
O couple d'amants bien heureux,
Ensemble aimés et amoureux !
O Robine bien fortunée
De s'estre au bon Jaquet donnée !
O bon Jaquet bien fortuné
De s'être à Robine donné !
O doucelettes amourettes !
O amourettes doucelettes !

L.M.F.

Je te salue, ô vermeillette fente
Qui vivement entre ces flancs reluis ;
Je te salue, ô bienheureux pertuis,
Qui rends ma vie heureusement contente !

C'est toi qui fais que plus ne me tourmente
L'archer volant qui causait mes ennuis ;
T'ayant tenu seulement quatre nuits,
Je sens sa force en moi déjà plus lente.

O petit trou, trou mignard, trou velu,
D'un poil follet mollement crépelu,
Qui à ton gré dompte les plus rebelles :

Tous vers galants doivent, pour t'honorer,
A beaux genoux te venir adorer,
Tenant au poing leurs flambantes chandelles !

SONNET

Lance au bout d'or, qui sais et poindre et oindre,
De qui jamais la roideur ne défaut,
Quand, en champ clos, bras à bras, il me faut
Toutes les nuits au doux combat me joindre ;

Lance, vraiment, qui ne fus jamais moindre
A ton dernier qu'à ton premier assaut,
De qui le bout, bravement dressé haut,
Est toujours prêt de choquer et de poindre !

Sans toi le Monde un Chaos se ferait,
Nature manque inhabile serait,
Sans tes combats, d'accomplir ses offices ;

Donc, si tu es l'instrument de bonheur
Par qui l'on vit, combien à ton honneur
Doit-on de vœux, combien de sacrifices ?

L'HEPTAMÉRON

1559 – Marguerite de Navarre

Marguerite de Navarre commença sans doute la rédaction de *l'Heptaméron* au début des années 1540, alors qu'elle approchait du terme d'une existence hors du commun. Princesse de sang royal, elle bénéficia d'une éducation humaniste, apprit le latin et l'italien, et s'initia aux spéculations philosophiques et théologiques. Quand son frère adulé devient roi sous le nom de François Ier (1515), elle le conseille, anime la vie intellectuelle de la Cour et lui sert d'ambassadeur. Ainsi, quand il est capturé à Pavie (1525), elle se rend en Espagne pour y négocier sa libération. Le prestige de celle qui deviendra par son mariage reine de Navarre (1527) est alors tel qu'on la surnomme la Minerve de France. Les fastes royaux ne lui font cependant pas oublier ses exigences spirituelles. Liée aux évangélistes, qui réclament de profondes réformes au sein de l'Église, elle partage leurs convictions – la nécessité d'une vulgarisation des Écritures, une limitation du culte des saints, l'importance donnée à la foi et à la charité. Ennemie des dogmatiques de tous bords, elle use de son influence auprès du roi pour protéger les victimes des foudres de la Sorbonne : Lefèvre d'Étaples, coupable d'avoir traduit le Nouveau Testament, Rabelais, qui a multiplié les hardiesses dans *Pantagruel*, ou Clément Marot, emprisonné pour avoir mangé du lard pendant le carême. Elle-même n'échappe pas aux attaques des gardiens de l'orthodoxie. En 1533, son poème *Miroir de l'âme pécheresse* est interdit de publication. Cet écrit de la maturité contraste avec ses productions précédentes : pièces de théâtre édifiantes, odes, épîtres et rondeaux, ponctués d'envolées mystiques. Elle réunira ces premières œuvres en 1547 dans un recueil intitulé *les Marguerites de la Marguerite des princesses*.

Quand les conflits religieux s'exacerbent, elle se retire sur ses terres de Navarre, qu'elle ne quittera plus après la mort de son frère (1547). Elle y rédige ses deux plus beaux poèmes, *le Navire* et *les Prisons,* qui resteront longtemps inédits, car jugés imprégnés des idées de Luther, ainsi que *l'Heptaméron,* recueil de nouvelles qui épouse la structure du *Décaméron* de Boccace. Cinq hommes et cinq femmes, nous annonce son prologue, sont contraints, en raison de la crue d'un gave, de séjourner pendant dix jours dans une abbaye. Pour se distraire, ils vont conter chaque jour à tour de rôle une histoire vraie, qui sera ensuite commentée par les différents membres du groupe. Ces derniers sont des personnages aisément identifiables, des proches de la reine, témoignant ainsi de la mentalité des puissants de l'époque. Les thèmes qu'ils abordent touchent à l'amour, au mariage et à la pratique religieuse. Marguerite de Navarre mourut avant de terminer son œuvre, qui ne compte que soixante-douze récits au lieu des cent prévus. Elle fut publiée sous une première version tronquée en 1558, puis sous une seconde, plus fidèle, en 1559, dotée d'un titre façonné par l'imprimeur, à partir des mots grecs *hepta*, sept, et *emera*, jour.

Huitième nouvelle

Bornet, ne gardant telle loyauté à sa femme qu'elle à lui, eut envie de coucher avec sa chambrière, et déclara son entreprise à un sien compagnon, qui, sous espoir d'avoir part au butin, lui porta telle faveur et aide, que, pensant coucher avec sa chambrière, il coucha avec sa femme, au desceu de laquelle il fait participer son compagnon au plaisir qui n'appartenait qu'à lui seul, et se fait cocu soi-même, sans la honte de sa femme.

En le comté d'Alletz, il y avait un homme, nommé Bornet, qui avait épousé une honnête femme de bien, de laquelle il aimait l'honneur et la réputation, comme je crois que tous les maris qui sont ici font de leurs femmes. Et combien qu'il voulut que la sienne lui garda loyauté, si ne voulait-il pas que la loi fut égale à tous deux ; car il alla être amoureux de sa chambrière, auquel change il ne gagnait que le plaisir qu'apporte quelquefois la diversité des viandes. Il avait un voisin, de pareille condition que lui, nommé Sandras, tabourin et couturier ; et y avait entre eux telle amitié que, hormis la femme, n'avaient rien parti ensemble. Par quoi il déclara à son ami l'entreprise qu'il avait sur sa chambrière, lequel non seulement le trouva bon, mais aida de tout son pouvoir à la parachever, espérant avoir part au butin. La chambrière, qui ne s'y voulut consentir, se voyant pressée de tous côtés, le alla dire à sa maîtresse, la priant de lui donner congé de s'en aller chez ses parents ; car elle ne pouvait plus vivre en ce tourment. La maîtresse, qui aimait bien fort son mari, duquel souvent elle avait eu soupçon, fut bien aise d'avoir gagné ce point sur lui, et de lui pouvoir montrer justement qu'elle en avait eu doute, dit à sa chambrière : « Tenez bon, mamie ; tenez peu à peu bons propos à mon mari, et puis après lui donnes assignation de coucher avec vous en ma garde-robe ; et ne failles à me dire la nuit qu'il devra venir, et gardes que nul n'en sache rien. » La chambrière fait tout ainsi que sa maîtresse lui avait commandé, dont le maître fut si aise, qu'il en alla faire la fête à son compagnon, lequel le pria, *vu* qu'il avait été du marché, d'en avoir le demorant. La promesse faite et l'heure venue, s'en alla coucher le maître, comme il cuidoit, avec sa chambrière. Mais sa femme, qui avait renoncé à l'autorité de commander, pour le plaisir de servir, s'était mise en la place de sa chambrière ; et reçut son mari non comme femme, mais feignant la contenance d'une fille étonnée, si bien que son mari ne s'en aperçût point.

Je ne vous saurais dire lequel était plus aise des deux, ou lui de penser tromper sa femme, ou elle de tromper son mari. Et quant il eut demeuré avec elle, non selon son vouloir, mais selon sa puissance, qui sentit le vieux mari, s'en alla hors de la maison, il trouva son compagnon, beaucoup plus jeune et plus fort que lui ; et lui fait la fête d'avoir trouvé la meilleure robe qu'il avait point vue. Son compagnon lui dit : « Vous savez que vous m'avez promis ? Allez donc vistement, dit le maître, de peur qu'elle ne se lève, ou que ma femme ait affaire d'elle. » Le compagnon s'y en alla, et trouva encore cette même chambrière que le mari avait mescongneue, laquelle, cuidant que ce fût son mari, ne le refusa de chose que lui demandas (j'entends demander pour prendre, car il n'osait parler). Il y demeura bien plus longuement que non pas le mari ; dont la femme s'émerveilla fort car elle n'avait point accoutumée d'avoir telles nuitées: toutefois, elle eut patience, se réconfortant aux propos qu'elle avait délibérés de lui tenir le lendemain, et à la moquerie qu'elle lui ferait recevoir. Sur le point de l'aube du jour, cet homme se leva d'auprès d'elle, et, en se jouant à elle, au partir du lit, lui arracha un anneau qu'elle avait au doigt, duquel son mari l'avait épousée ; chose que les femmes de ce pays gardent en grande superstition, et honorent fort une femme qui garde tel anneau jusque la mort. Et, au contraire, si par fortune le perd, elle est mésestimée, comme ayant donné sa foi à autre que à son mari. Elle fut très contente qu'il lui ôtât, pensant qu'il serait son témoignage de la tromperie qu'elle lui avait faite.

Quant le compagnon fut retourné devers le maître, il lui demanda : « Et puis ? » Il lui répondit qu'il était de son opinion, et que, s'il n'eut craint le jour, encore y fut il demeuré. Ils se vont tous deux reposer le plus longuement qu'ils purent. Et, au matin, en s'habillant, aperçu le mari l'anneau que son compagnon avait au doigt, tout pareil de celui qu'il avait donné à sa femme en mariage, et demanda, à son compagnon, qui le lui avait donné. Mais, quant il entendit qu'il l'avait arraché du doigt de la chambrière, fut fort étonné ; et commença à donner de la tête contre la muraille, disant : « Ha ! vertu Dieu ! me serais-je bien fait cocu moi-même, sans que ma femme en sut rien ? » Son compagnon, pour le conforter, lui dit : « Peut-être que votre femme baille son anneau en garde au soir à sa chambrière ? » Mais, sans rien répondre, le mari s'en va à la maison, là il trouva sa femme plus belle, plus gorgiase et plus joyeuse qu'elle n'avait accoutumé, comme celle qui se réjouissait d'avoir sauvé la conscience de sa chambrière, et d'avoir expérimenté jusqu'au bout son mari, sans rien y perdre que le dormir d'une nuit. Le mari, la voyant avec ce bon visage, dit en soi-même : « Si elle savait ma bonne fortune, elle ne me ferait pas si bonne chère. » Et, en parlant à elle plusieurs propos, la prit par la main, et avisa qu'elle n'avait point l'anneau, qui jamais ne lui partait du doigt ; dont il devint tout transi ; et lui demanda en voix tremblante : « Qu'avez-vous fait de votre anneau ? » Mais elle, qui fut bien aise qu'il la mettait au propos qu'elle avait envie de lui tenir, lui dit : « Oh ! le plus méchant de tous les hommes ! A qui est-ce que vous le cuides avoir ôtés ? Vous pensiez bien que ce fut à ma chambrière, pour l'amour de laquelle avez despendu plus de deux parts de vos biens, que jamais vous ne faites pour moi ; car, à la première fois que vous y êtes venu coucher, je vous ai jugé tant amoureux d'elle qu'il n'était possible de plus. Mais, après que vous fûtes sailli dehors et puis encore retourné, semblait que vous fussiez un diable sans ordre ni mesure.

VIES DES DAMES GALANTES

1611 – Brantôme

Pierre de Bourdeille, seigneur et abbé laïque de Brantôme, fut dès l'enfance bercé de récits héroïques et d'histoires de cour. Son père s'illustra pendant les guerres d'Italie aux côtés de Bayard, et sa mère fut dame d'honneur de la reine Marguerite de Navarre. Pendant ses études parisiennes, il se montre peu attiré par les humanités, apprend l'italien et l'espagnol, rêve d'aventures, de voyages et d'épopées chevaleresques. Introduit à la Cour, il lie tout d'abord sa fortune aux Guise, chefs du parti catholique, puis à Catherine de Médicis et à ses deux plus jeunes fils. Il suit ses premiers protecteurs en Italie (1558), en Écosse, quand il s'agit de raccompagner leur nièce Marie Stuart, veuve de François II, dans son royaume, puis en Angleterre. Avide de gloire militaire, il combattra les infidèles en Afrique aux côtés de l'armée espagnole, et participera de 1562 à 1570 aux guerres de Religion, qui lui laissent désillusions et amertume. Le refus d'Henri III de lui accorder la charge de sénéchal du Périgord l'incite, en 1582, à quitter la Cour et à projeter de passer au service du roi d'Espagne. Une fracture du bassin, conséquence d'une chute de cheval (1584), le contraint à renoncer une fois de plus à ses ambitions. N'ayant désormais pour seul adversaire que la souffrance, il troque les armes contre la plume.

Le militaire déçu, l'ancien courtisan zélé, l'éternel amant, demeuré célibataire, qui fut sans doute chargé par Catherine de Médicis d'instruire des réalités de l'amour son plus jeune fils, va, pendant trente ans, consigner par écrit ses souvenirs. Retiré dans ses terres, il dicte, pour s'assurer de terminer son œuvre, portraits de grands personnages, relations de voyage, récits de combats, anecdotes galantes et détails d'intrigues de palais, reconstituant de façon très partiale l'histoire de la cour des Valois. Dans les six tomes des *Vies des hommes illustres et des grands capitaines français*, il mêle rois et connétables, princes et amiraux, évoqués sans souci de la hiérarchie sociale, revanche prise sur les Grands qui n'avaient pas suffisamment reconnu ses mérites. Espérant gagner à titre posthume la gloire qu'il n'avait su atteindre de son vivant, Brantôme voulut que ses *Mémoires* soient publiés juste après sa mort. Ses héritiers s'acquittèrent de cette tâche avec retard et elles ne parurent qu'en 1665. Leur éditeur hollandais scinda le *Recueil des dames* en deux parties, qu'il nomma respectivement *Vies des dames illustres* et *Vie des dames galantes*. La première fait l'éloge de reines et de princesses telles Anne de Bretagne, Marie Stuart ou Marguerite de Valois, la deuxième, divisée en sept discours, l'un sur les cocus, les autres sur les moyens d'éveiller « la dormante Vénus » ou sur les ruses d'amour inventées par les femmes, éclipsa pour la postérité la qualité de mémorialiste de son auteur au profit de celle d'écrivain licencieux.

Septième discours

Une fille de bon lieu et de bonne maison que j'ai connue et dont j'ai ouï parler, le soir de ses noces, qu'un chacun était aux écoutes à l'accoutumée, lorsque son mari lui eut livré le premier assaut, étant un peu sur son repos, non pas du dormir, lui demanda si elle en voudrait encore ; gentiment elle lui répondit : « Ce qu'il vous plaira, monsieur. » Pensez qu'à telle réponse le galant mari devait bien être étonné et frotter l'oreille.

De telles filles qui disent de telles sornettes si promptement après les noces pourraient bien donner de bons martels à leurs pauvres maris et leur faire accroire qu'ils ne sont les premiers qui ont mouillé l'ancre dans leur fond, ni les derniers qui la mouilleront : car il ne faut point douter que, qui ne s'efforce et ne se tue à saper sa femme, qu'elle ne s'avise de lui faire porter les cornes (ce disait un ancien proverbe français) :

Qui ne la contente pas
Va ailleurs sercher son repas.

Toutefois, quand une femme tire tout ce qu'elle peut de l'homme, elle l'assomme, c'est-à-dire qu'il en meurt ; et c'est un dire ancien : qu'il ne faut tirer de son ami ce qu'on voudrait bien, et qu'il le faut épargner ce que l'on peut, mais non pas le mari, duquel il en faut tirer jusques à l'os. Et voilà pourquoi, dit le refrain espagnol, *que el primero pensamiento de la mujer, luego que es casada, es de enviudarse* : « Le premier pensement de la femme mariée est de songer à se faire veuve. » Ce refrain n'est pas général, comme j'espère le dire ailleurs, mais il n'est que pour quelques-unes.

Il y a de certaines filles qui, ne pouvant tenir longuement leurs chaleurs, ne s'adonnent aisément qu'aux princes et aux seigneurs, qui sont gens fort propres à les ébranler, tant pour leurs faveurs que pour leurs présents, et aussi pour l'amour de leurs gentillesses, car enfin tout est beau et parfait en lui, encore qu'il fût un fat, comme j'en ai vu. D'autres y a qui ne les recherchent et qui les fuient grandement, à cause qu'ils ont un peu la réputation d'être scandaleux, grands vanteurs, et peu secrets, et causeurs ; aimant mieux des gentilshommes sages et discrets, desquels pourtant le nombre est rare ; et bien heureuse pour cela est celle-là qui en rencontre et en trouve. Mais, pour obvier à tout cela, elles choisissent (au moins d'aucunes) leurs valets dont les uns sont beaux, d'autres non, comme j'en ai connu qui l'ont fait ; et aussi n'en faut pas prier longuement leursdits valets : car, les levant, couchant, déshabillant, chaussant, déchaussant et leur baillant leurs chemises, comme j'ai vu beaucoup de filles à la cour et ailleurs qui n'en faisaient aucune difficulté ni scrupule, il n'est pas possible qu'eux, voyant beaucoup de belles choses en elles, n'en eussent des tentations, et plusieurs d'elles, qu'elles ne le fissent exprès ;

si bien qu'après que les yeux avaient fait bien leur office, il fallait bien que d'autres membres du corps vinssent à faire le leur.

J'ai connu une fille de par le monde, belle s'il en fut onques, qui rendit son valet compagnon d'un grand prince qui l'entretenait et qui pensait être le seul heureux et jouissant ; mais le valet en cela marchait de pair avec lui : de plus elle l'avait bien su choisir, car il était très beau et de très belle taille ; si bien que, dans le lit ou bien à la besogne, on n'y eût connu aucune différence. Encore le valet en beaucoup de beautés emportait-il le prince, auquel telles amours et telles privautés furent inconnues jusqu'à ce qu'il la quitta pour se marier ; et pour ce n'en traita plus mal le valet, mais se plaisait fort à le voir ; et, quand il le voyait en passant, il disait seulement : « Est-il possible que cet homme soit été mon corrival ? Oui, je le crois, car, ôté ma grandeur, il m'emporte par ailleurs. » Car il avait même nom que le prince ; et fut très bon tailleur, et des renommés de la cour ; si bien qu'il n'y avait guère filles ou femmes qu'il n'habillât quand elles voulaient être bien habillées. Je ne sais s'il les habillait de la même façon qu'il habillait sa maîtresse, mais elles n'étaient point mal.

J'ai connu une fille de bonne maison, qui, ayant un laquais de l'âge de quatorze ans et en ayant fait son bouffon et plaisant, parmi ses bouffonneries et plaisanteries, elle faisait autant de difficulté que rien à se laisser baiser, toucher et tâter de lui, aussi privément que si ce fût une femme, et bien souvent devant le monde, excusant le tout en disant qu'il était fou et plaisant bouffon. Je ne sais s'il passait outre, mais je sais bien que depuis, et mariée et veuve, et remariée, elle a été une très insigne putain. Pensez qu'elle alluma sa mèche à ce premier tison, si bien qu'elle ne lui faillit jamais après en ses autres plus grandes fougades et plus hauts feux. J'avais bien demeuré un an à voir cette fille, mais, quand je la vis en ses privautés devant sa mère, qui avait la réputation d'être l'une des plus feintes et prétendues prudes femmes de son temps, qui en riait et en était bien aise, je présageai aussitôt que de ce petit jeu l'on viendrait au grand, et à bon escient, et que la demoiselle serait un jour quelque bonne fripe-sauce, comme elle fut.

J'ai connu deux sœurs d'une fort bonne maison, de Poitou, et filles, desquelles on parlait étrangement, et d'un grand laquais basque qui était à leur père, lequel, sous l'ombre qu'il dansait très bien non seulement le branle de son pays, mais tous autres, et les menait danser ordinairement, même les y apprenait, il les fit danser et leur apprit après le branle des putains, et en furent assez gentiment exposées au scandale ; toutefois ne laissèrent d'être bien mariées, car elles étaient riches ; et sur ce nom de richesse on n'avise rien, on prend tout, et fût-il encore plus chaud et plus ardent. J'ai connu ce Basque, depuis gentil soldat et de brave façon, et qui montrait bien avoir fait le coup. On lui donna congé, pour fuir le scandale. Il fut soldat des gardes de la colonelle de M. de Strozzi.

LE PARNASSE SATYRIQUE

1622 – Théophile de Viau

En 1622 paraissait *le Parnasse satyrique* ou *Dernier recueil des vers piquants et gaillards de notre temps*, rassemblant 166 poèmes, la plupart anonymes, dont 125 inédits, les autres étant l'œuvre d'auteurs du passé, tel le révéré Ronsard. Cet ouvrage collectif succédait à d'autres du même type, édités depuis 1600 sans avoir ému les censeurs. Le scandale qu'il allait susciter s'explique par le contexte politique du moment.

Le règne du Vert-Galant avait été marqué par un esprit de tolérance qui perdura sous la régence de Marie de Médicis. Mais cet interrègne, intervenant après un changement dynastique et la difficile conclusion des guerres de Religion, fut aussi caractérisé par un affaiblissement du pouvoir royal, qui créa une situation propice aux désordres. Soucieux d'asseoir son autorité et de consolider l'unité du royaume, le jeune Louis XIII décida de s'attaquer, avec l'aide des Jésuites, à ceux qu'il considérait comme des ennemis du régime, les protestants et les libertins. Ces derniers étaient des individus se voulant libres de penser par eux-mêmes, en s'affranchissant des croyances et des dogmes dominants. Pour comprendre le monde, ils faisaient appel à leur raison, partant de la réalité tangible. Panthéistes, sceptiques, déistes ou athées, ils niaient l'existence du Créateur omnipotent des Écritures, au profit du Destin, qui avait organisé la nature, et de la Matière, dont les lois règlent l'Univers. Ces convictions les amenaient à contester la nature divine de la monarchie. Mettant aussi en doute l'existence d'un au-delà, ils estimaient que l'homme doit profiter de la vie terrestre, en jouissant des plaisirs offerts, qu'ils soient esthétiques ou charnels. Ces prises de position subversives les exposaient aux persécutions. Condamné en 1619 pour athéisme, le philosophe César Vanini fut brûlé vif à Toulouse.

Outre ses penseurs, le courant libertin comptait aussi des poètes tel Théophile de Viau. Né dans une famille protestante, ce dernier servit tout d'abord dans une armée huguenote luttant contre les troupes royales. Devenu un adepte des idées de Vanini, il fut banni du royaume en 1619 pour avoir écrit des vers impies. Deux ans plus tard, il rejoint l'armée du roi, publie un recueil de poèmes et fait jouer son *Pyrame et Thisbé,* qui connaît un triomphe. Quand paraît *le Parnasse satyrique*, deux pères jésuites l'accusent d'être le principal auteur de ce livre sulfureux. Inculpé par le parlement de Paris « pour avoir composé et fait imprimer contre l'honneur de Dieu, son Église et honnêteté publique », il est condamné par contumace en 1623 à être brûlé vif. Secouru par le duc de Montmorency, un ennemi de Richelieu, il est arrêté alors qu'il tente de gagner les Pays-Bas. Après deux ans de détention dans un cachot insalubre, il est rejugé et démontre qu'il a été victime de faux témoignages. Condamné au bannissement perpétuel, il meurt d'épuisement en 1626. L'ouvrage qui avait causé sa perte restera connu sous le nom de *Parnasse satyrique du sieur Théophile.*

Contre une vieille

STANCES

Ceste vieille qui, des tombeaux,
Chasse les vers et les corbeaux,
Nasquit cent ans avant la guerre
Du fameux siège d'Ilion,
Et avant que Deucalion
N'eust encor repeuplé la terre.

Un jour, ceste vilaine là
Dans un benestier distilla
Les pleurs de son œil hypocrite ;
Depuis, le diable, qui la vid,
Craignant de gaigner mal au V.
N'osa toucher à l'eau bénite.

Ceste vesse, quand on la .. ut,
Descoule de sueur par tout ;
Elle rotte, pette, et se mouche ;
Si par fois, elle vesse aussi,
On ne sçait lequel a vessi,
Du cul, du nez, ou de la bouche.

Son ...tre jaune, verd, et bleu,
De morve, de cole, et de gleu,
Sentoit le soufre et le bytume,
Qui descouloit sur mes ....llons,
Comme deux pestilans caillons
Qui jaillissent d'une apostume.

Son c. vilain, baveux, suant,
Et plus que le retrait puant,
Cizelé de la cicatrice
De chaudepisse et de poullins,
Et de mille chancres malins
Qui percent jusqu'à la matrice.

Mille morpions, rangez aux bords,
Tous plats, pattus, et demy-morts,
Tenoient leur général concile,
Pour ronger l'onguent verolé
Qui leur a quatre fois volé
Le poil qui leur servoit d'azile.

SONNET

Saturne ayme le Ciel, et Jupin son tonnerre ;
Junon les cœurs hautains ; Cyprine les esbats ;
Mercure les discours ; Mars les cruels combats ;
Diane les forests ; Ceres toute la terre ;

Neptune son trident ; Bacche son verd lierre ;
Minerve la sagesse et Pluton les lieux bas ;
Vulcain le feu ardent ; Megere les debas ;
Flore les belles fleurs que Printinne desserre ;

Pan se plaist dans les bois et Priape aux jardins ;
Palés aime les prez et Themis les humains ;
Phœbus sa douce lyre et Cupidon ses flèches ;
Les Parques leurs fuseaux ; la Lune son esclat ;
Hercule ses labeurs ; les …teurs toutes breches,
Et Lise n'ayme rien que mon V. délicat !

SONNET

Phyllis, tout est .outu, je meurs de la verolle,
Elle exerce sur moy sa dernière rigueur :
Mon V. baisse la teste et n'a point de vigueur,
Un ulcère puant a gasté ma parole.

J'ay sué trante jours, j'ay vomy de la colle ;
Jamais de si grands maux n'eurent tant de longueur :
L'esprit le plus constant fut mort à ma langueur,
Et mon affliction n'a rien qui la consolle.

Mes amis plus secretz ne m'osent approcher ;
Moy-mesme, en cet estat, je ne m'ose toucher.
Philis, le mal me vient de vous avoir …tue !

Mon Dieu ! je me repans d'avoir si mal vescu,
Et si vostre couroux à ce coup ne me tuë,
Je fais veu désormais de ne ...tre qu'en cu !

Rembrandt f. 1634

OCCASION PERDUE RECOUVERTE

1650 – Pierre Corneille

Qui songerait à associer Pierre Corneille, ce bourgeois paisible, cet auteur de tragédies peuplées de pères nobles et de jeunes gens héroïques, à des vers licencieux ? Sans doute ceux, peu nombreux, qui connaissent le caractère étonnamment varié de son œuvre. Pour l'un de ses biographes, il était en effet « souverainement maître de sa technique et capable de traiter n'importe quel sujet ou d'écrire dans n'importe quel ton ». C'est d'ailleurs à la suite d' « une petite aventure galante » que, jeune magistrat, il compose sa première pièce, *Mélite* (1629). Confiée au comédien Mondory, dont la troupe était installée au théâtre du Marais, à Paris, elle est considérée comme la première comédie de mœurs du théâtre français. Aux antipodes de la farce caractérisée par des effets comiques grossiers, elle faisait, selon son auteur, « rire sans personnages ridicules ». Le succès qu'elle rencontre incite Corneille à écrire d'autres comédies : *Clitandre* (1630), qui comporte une scène de viol raté, *la Veuve* (1631), où il aborde les rapports entre le mariage et l'argent, *la Galerie du Palais* (1632), dans laquelle il met en scène le conflit entre liberté et engagement amoureux, *Place royale* (1633), qui contient des propos peu flatteurs pour les femmes, *la Suivante* (1633), dont les protagonistes effectuent leur éducation sentimentale, et *l'Illusion comique* (1635), où s'entremêlent plusieurs intrigues amoureuses.

Remarqué par Richelieu, Corneille est engagé dans le groupe d'auteurs qui rédigent des pièces de théâtre sur des thèmes fournis par le Cardinal. Il le quittera au bout de quelques mois, après avoir été réprimandé pour les modifications qu'il a apportées à *la Comédie des Tuileries*. En 1637, il fait jouer une pièce qui remporte un triomphe, *le Cid*. Celle-ci n'obéissant pas aux règles du théâtre classique naissant, elle est violemment attaquée par l'entourage de Richelieu et critiquée par l'Académie française. Dès lors, Corneille se conformera aux exigences du jour et consacrera l'essentiel de ses efforts à la tragédie. Il écrit coup sur coup plusieurs de ses chefs-d'œuvre, *Horace* (1640), *Cinna* (1641) et *Polyeucte* (1642). En 1640, il fait un mariage d'amour et épouse une jeune femme de onze ans sa cadette. Son existence provinciale et rangée ne l'empêchera cependant pas, en 1658, de succomber au charme de la belle actrice Marquise du Parc. Il lui dédie des stances qui s'achèvent par les vers suivants : « Quoiqu'un grison fasse effroi/ Il vaut bien qu'on le courtise/ Quand il est fait comme moi. » Est-ce pour cette raison que la rumeur lui attribue la parution, en 1662, d'un poème érotique intitulé *Occasion perdue recouverte* et signé monsieur de C… ? Selon certains spécialistes, Corneille aurait désavoué cette paternité. Selon d'autres, ces vers auraient été composés en 1650 et leur existence aurait été volontairement oubliée par leur auteur. Selon d'autres encore, ils seraient l'œuvre d'un certain Jean Benech, sieur de Cantenac, chanoine à Bordeaux…

STANCES

I

Un jour, le malheureux Lisandre,
Poussé d'un amour indiscret,
Attaquait Cloris en secret,
Qui ne pouvait plus se défendre.
Tout favorisait son amour :
L'astre qui nous donne le jour
Allait porter ses feux dans l'onde,
Et cet ennemi de Cypris
Ne laissait de lumière au monde
Que dans les beaux yeux de Cloris.

II

Avec un amoureux silence,
Dans un secret appartement,
Elle supporte doucement
Son amour et sa violence ;
Ses bras qu'elle veut avancer
Ne servent à le repousser,
Que pour l'attirer davantage ;
Elle le souffre à ses genoux,
Et n'a pas presque le courage
De lui dire : « Que faites-vous ? »

III

Avec un œil doux et sévère
Elle envisage son amant,
Et lui montre confusément
De l'amour et de la colère.
« Lysandre, dit-elle tout bas,
Je crierai, car ne pensez pas
Que je contente votre envie ;
Cessez d'attaquer mon honneur,
Ou commencez d'avoir ma vie,
Comme vous avez eu mon cœur ! »

IV

Mais Lisandre, aussi peu timide
Qu'il était beaucoup amoureux,
Imprime l'ardeur de ses feux
Sur les bords de sa bouche humide,
Et glisse sa brûlante main
Sur la neige de son blanc sein,
Dont il prétend fondre la glace,
Et, la tenant entre ses bras,
Il ose élever son audace
Sur un lieu plus saint et plus bas.

V

Là, sans respect et sans relâche,
Il cherche l'objet de ses vœux,
Et trouve ce lieu bien-heureux
Sous le cotillon qui le cache ;
De ses doigts tremblants et hardis
Il prend le sombre paradis
Qui donne l'enfer à nos âmes,
Ce trône vivant de l'amour,
Où, parmi les feux et les flammes,
L'on n'a jamais trouvé le jour.

VI

Attachés bouche contre bouche,
L'un et l'autre étroitement pris,
Il ébranla si bien Cloris,
Qu'il la jeta sur une couche,
Lorsqu'avecque des yeux roulants,
Demi-vifs et demi-mourants,
Elle feignit d'être pâmée,
Et, dans un si prompt changement,
Ne parut plus être animée
Que par des soupirs seulement.

VII

A voir sa gorge toute nue,
Son corps tout du long étendu,
L'on sait bien qu'elle avait perdu
Sa pudeur et sa retenue ;
Que sa constance était à bout,
Que son Lisandre pouvait tout,
Qu'elle se fût laissé tout faire ;
Mais, par un accident fâcheux,
Que je dis et qui se doit taire,
Il ne se passa rien entr'eux.

VIII

Près de goûter mille délices,
Ce triste et mal-heureux amant
Vit changer son contentement
En de très-rigoureux supplices :
Il était couché sur Cloris,
Lorsqu'il demeura tout surpris
D'une infortune sans seconde,
Et, pour comble de son ennui,
Ce qui donne la vie au monde
Demeura mort et froid en lui.

IX

Ce directeur de la nature,
Ce principe du mouvement,
Immobile et sans sentiment,
Perd sa vigueur et sa figure ;
Lisandre a beau se tourmenter,
Il a beau le solliciter
Et lui préparer des amorces,
Ce lâche qu'il excite en vain,
Au lieu de reprendre ses forces,
Pleure mollement sur sa main.

X

Dans cette cruelle aventure,
Triste, désespéré, confus,
Le pauvre amant ne songe plus
Qu'à renoncer à sa nature.
Dans sa furie et ses transports,
Craignant que, malgré ses efforts,
On ne l'accuse d'impuissance,
Appelle d'un air languissant
Des témoins de son innocence
Sur le crime auquel il consent.

XI

Cependant Cloris, revenue
De ce feint assoupissement,
Porte les deux mains promptement
Dessus sa cuisse toute nue.
Là, par dessein ou par hasard,
Elle empoigna ce dieu camard,
Second Priape de la Fable ;
Mais, le sentant froid et rampant,
Elle pense que c'est un diable
Sous la figure d'un serpent.

XII

Jamais une jeune bergère
Ne retira si promptement
Sa main qui trouve innocemment
Un aspic dessous la fougère,
Que fit Cloris sa belle main
De dessus ce membre trop vain
Qu'elle toucha dessous sa robe,
Lorsqu'avec un juste dépit
Elle se lève et se dérobe
Des bras de Lisandre et du lit.

XIII

Dans la colère qui l'emporte
Elle pousse ce pauvre amant,
Et sans l'écouter seulement,
Se dispose à gagner la porte,
Lorsque Lisandre, à ses genoux,
Lui dit : « Cloris, que faites-vous ?
Tout du moins écoutez mes plaintes.
Et regardez dans mon malheur
Toutes les plus vives atteintes
De l'amour et de la douleur.

XIV

« Ma chère Cloris, je vous aime
Plus que les délices des cieux,
Plus que les hommes et les dieux,
Et mille fois plus que moi-même ;
Je brûle d'une vive ardeur,
Et cette nouvelle froideur
Ne vous doit pas sembler étrange :
Je sais bien comme il faut aimer ;
Mais, pour m'ôter des bras d'un ange,
Un diable est venu me charmer.

XV

« Quelque ennemi de la Nature
Trouble mes sens et ma raison,
Et de son funeste poison
Souille une flamme toute pure ;
Peut-être sont-ce aussi les dieux
Qui, se voyant moins glorieux,
M'ont voulu rendre misérable :
Mais, que dis-je ? ils sont innocents ;
Cloris, elle seule, est coupable,
Elle seule a charmé mes sens.

XVI

« C'est sa beauté qui, dans mon âme,
A joint le respect à l'amour ;
C'est son œil plus beau que le jour
Qui fait croître et mourir ma flamme ;
Heureux dans ma captivité,
Je n'osais avec liberté
Jouir d'une grâce imprévue,
Et de tous mes sens transportés
Je n'ai réservé que la vue
Pour' admirer tant de beauté.

XVII

« Quoi qu'il en soit, mon adorable,
Avant que vous quittiez ces lieux.
Souffrez que je perce à vos yeux
Un cœur fidèle et misérable,
Afin que j'expie en mourant
Un crime si noir et si grand,
Qu'il choque la Nature même,
Et que, pour venger vos appas,
Ma mort vous témoigne que j'aime,
Puisque ma vie ne le fait pas. »

XVIII

Il allait parler davantage
Pour exprimer son désespoir,
Et peut-être qu'il eût fait voir
Des sanglants effets de sa rage,
Lorsque, l'arrêtant par le bras,
Cloris lui dit : « Ne parlez pas !
J'entends quelqu'un qui se promène,
Et je vois avecque grand bruit
Resplendir la chambre prochaine
De la lumière de la nuit ! »

XIX

Soudain une voix entendue
Redoubla son étonnement,
Et lui fit dire promptement :
« Cher Lisandre, je suis perdue !
Ha ! cessez de me retenir ;
C'est mon mari qui va venir !
Je l'entends, il est à la porte ;
Il faut toujours craindre un jaloux,
Et, vous, dont la vigueur est morte,
Comment lui résisterez-vous ? »

XX

Lors cette belle, transportée
D'amour, de crainte et de souci,
Mena notre amoureux transi
Près d'une fenêtre écartée,
Et, sans beaucoup de compliment,
Il se glissa légèrement
Et descendit dedans la rue,
Où, pressé d'un mortel ennui,
Il fit longtemps le pied de grue,
Et puis se retira chez lui.

XXI

Frappé de la funeste envie
Qui fait la honte et le remords,
Il souffrit mille fois la mort
Du dernier malheur de sa vie.
Quoi qu'alors les jours fussent grands,
Cette nuit lui dura mille ans ;
Il ne put fermer la paupière ;
Sur le point du jour seulement,
Honteux de revoir la lumière,
Il les ferma pour un moment.

XXII

Le Soleil, qui chasse les ombres
Et l'épouvantement des nuits,
Loin de dissiper ses ennuis,
Les rendit plus noirs et plus sombres ;
Quand il vit ce père du jour,
Il crut, par un excès d'amour,
Voir de Cloris la vive image ;
Mais il connut dans un moment,
Comme Ixion dans un nuage,
Que son amour n'était que vent.

XXIII

Après mille secrètes gênes,
Cet amant, par un digne effort,
Résolut de chercher la mort
Ou bien le remède à ses peines.
« Ha ! je ne crains plus mon malheur !
Je mourrai, dit-il, de douleur,
Ou je réparerai ma gloire ;
Et, quoi qu'il en soit, dans ce jour,
Je remporterai la victoire
De la mort ou bien de l'amour. »

XXIV

Le bouillant désir qui le presse
Fait que d'abord après dîner
Il sort et se va promener
Près le logis de sa maîtresse ;
A peine y fut-il un moment,
Qu'il en vit sortir Dorimant,
Le vieil mari de cette belle,
Et, se glissant dans la maison,
Il alla chercher auprès d'elle
Ou sa mort ou sa guérison.

XXV

Par une secrète avenue,
Il fut dans son appartement,
Et la trouva nonchalamment
Dormant sur son lit étendue :
Mais, dieux ! que devint-il alors ?
En approchant de ce beau corps,
Il eut des mouvements étranges,
Lorsqu'une cuisse à découvert
Lui fit voir le bonheur des Anges
Et le ciel de l'Amour ouvert.

XXVI

Dans cette agréable surprise
Où Cloris n'avait pas songé,
Elle avait assez mal rangé
Son cotillon et sa chemise ;
Lisandre aussi, trop curieux,
Vit lors les délices des dieux,
La peine et le plaisir des hommes,
Notre tombe et notre berceau,
Ce qui nous fait ce que nous sommes
Et ce qui nous brûle dans l'eau.

XXVII

Petit trésor de la Nature.
Etroite et charmante prison,
Doux tyran de notre raison,
Fixe et mouvante sépulture,
Autel que l'on sert à genoux,
Dont l'offrande est le sang de tous,
Sangsue avide et libérale,
Roi de la honte et de l'honneur,
Permettez que ma plume étale
Ce que Lisandre eut de bonheur.

XXVIII

Beau composé, belle partie,
Je sais bien que, lorsqu'il vous vit,
Il n'observa dessus ce lit
Ni l'honneur ni la modestie ;
Mais d'amour et de charité
Il couvrit votre nudité,
Pour faire évaporer sa flamme,
Et savoura tous les plaisirs
Que le corps fait sentir à l'âme
Dans le transport de nos désirs.

XXIX
Ce beau dédale qu'il contemple
Avec des yeux étincelants
Fait naître et couler dans ses sens
Une ardeur qui n'a point d'exemple.
Le feu dont il se sent brûler
Le consomme, et, pour se montrer,
Gagne son cœur et son visage,
Et ce lâche de l'autre jour,
Se roidissant d'un fier courage.
Écume le feu de l'amour.

XXX
Plein d'ardeur, d'audace et de joie
De remporter un si beau prix,
Le galant sauta sur Cloris,
Comme un faucon dessus sa proie,
Quand cette belle, ouvrant les yeux,
Vit Lisandre, victorieux,
Forçant ses défenses secrètes,
Et, la tenant par les deux bras,
Entrer, bouffi de ses conquêtes,
En un lieu qu'on ne nomme pas.

XXXI
Tandis que Cloris se tourmente
Par de doux et puissants efforts,
Et qu'elle agite tout son corps,
Pour sauver sa vertu mourante ;
Son heureux Lisandre aux abois
Roule les yeux et perd la voix ;
L'amour fait écouler son âme,
Elle est toute prête à partir ;
Il s'étend, il dort, il se pâme,
Et ne sent rien, pour trop sentir.

XXXII
D'abord que son âme ravie
De l'excès d'un plaisir si grand
Eut par un soupir tout brûlant
Donné des signes de sa vie,
Cloris avec sa belle main
Ota la bouche de son sein
Où son amant l'avait collée,
Et se déchargeant peu à peu,
Honteuse de se voir mouillée,
Essuya l'eau qui vient du feu.

XXXIII

Après une colère feinte,
De tout ce qui s'était passé,
Un reste d'honneur offensé
Fit ouvrir la bouche à la plainte :
« Ha ! dit-elle, c'est fait de moi ;
J'ai faussé l'honneur et la foi ;
Vous me perdez, cruel Lisandre !
Faut-il que, malgré mon devoir,
J'aie en un moment laissé prendre
Ce qu'on ne peut jamais ravoir !

XXXIV

« Mais, si pour une faute extrême
On peut trouver quelque couleur,
Je puis dire dans mon malheur
Que j'ai failli parce que j'aime.
Amour, ce maître impérieux,
Force les hommes et les dieux,
Et brûle les poissons dans l'onde ;
Nul ne peut éviter ses coups,
Et, puisque tout aime en ce monde,
Je peux brûler d'amour pour vous.

XXXV

« C'est avec raison que mon âme
Reçoit l'amour d'un favori ;
Ces noms de vieux et de mari
Font l'horreur d'une jeune femme ;
Les maris, ces lâches tyrans,
Ne se sont faits nos conquérants
Que contre le droit de Nature,
Et c'est en pratiquer la loi
D'aller chercher la nourriture
Que l'on ne trouve pas chez soi.

XXXVI

« Mais ces hommes sont infidèles ;
Leur plus beau feu s'éteint en peu,
Et de tout l'amour qu'ils ont eu
Ils n'en réservent que les ailes ;
Esclaves de la liberté,
Ils font voir leur légèreté
Dans leur geste ou dans leur langage,
Et, pour un plaisir indiscret,
Ces oiseaux, sortant de la cage,
Vont conter tout ce qu'ils ont fait.

XXXVII

« Trop juste et trop aimé Lisandre,
S'il en était ainsi de vous,
Je percerais de mille coups
Ce cœur qui s'est laissé surprendre ;
J'ai tout perdu pour vous gagner :
Voudriez-vous, pour me ruiner,
Eventer mes secrètes flammes,
Et tireriez-vous vanité
De la faiblesse d'une femme
Et de votre légèreté ? »

XXXVIII

« Ha! que plutôt la mort m'advienne ! »
Cria Lisandre à ce discours,
Dont, pour interrompre le cours,
Il mit sa bouche sur la sienne ;
L'élevant de terre il la prit
Et la coucha dessus le lit,
Où je ne sais pas ce qu'ils firent ;
Je crois bien qu'ils firent cela,
Puisque les Amours qui les virent
M'ont dit que le lit en branla.

XXIX

Ce fut alors qu'ils se pâmèrent
De l'excès des contentements ;
Que cinq ou six fois ces amants
Moururent et ressuscitèrent ;
Que bouche à bouche et corps à corps,
Tantôt vivants et tantôt morts,
Leurs belles âmes se baisèrent,
Et que, par d'agréables coups,
Entr'eux ils se communiquèrent
Tout ce que l'amour à de doux.

XL

Muse, n'échauffez plus ma veine ;
De grâce, arrêtez-vous un peu,
Ou m'inspirez un autre feu
Que celui de votre fontaine.
Je ne sais quoi dedans mon cœur
Se glisse avec tant de douceur,
Que je suis forcé de me rendre :
Ha ! Cloris, quand je m'en souviens,
Je m'imagine être Lisandre,
Et me semble que je vous tiens.

L'ÉCOLE DES FILLES ou la Philosophie des dames

1655 – Michel Millot

« Belles et curieuses damoiselles, voici l'École de votre sagesse, et le recueil des principales choses que vous devez savoir pour contenter vos maris quand vous en aurez ; c'est le secret infaillible pour vous faire aimer des hommes quand vous ne seriez pas elles, et le moyen aisé de couler en douceurs et en plaisirs tout le temps de votre jeunesse. » Telles sont les premières lignes de *l'Épître invitatoire aux filles* en introduction de cet ouvrage fortement inspiré de l'Arétin et de ses *Ragionamenti*. En 1534, le libertin vénitien présente son livre sous forme de dialogues entre la Nanna, la mère, et sa fille, la Pippa, qu'elle initie au délicat métier de courtisane. Un siècle plus tard paraît un autre dialogue initiatique, sorte de manuel éducatif entre une vierge peu farouche, Fanchon, et sa cousine entremetteuse, Suzanne. Le fait que l'on puisse discourir de la sexualité féminine est un blasphème sous le règne de Louis XIV, où l'on se déchire pour des questions religieuses.

De notoires érudits, Frédéric Lachèvre, Pascal Pia et Pierre Louÿs, ont étudié de près toute l'affaire entourant l'édition princeps. Et même à l'aide du dossier judiciaire de 1655, rien n'est clair. Ce texte est attribué à un certain Millot, contrôleur ou payeur de la Compagnie des Cent-Suisses du corps du roi. Rappelons-nous ces militaires suisses qui, désireux de protéger Louis XVI, eurent « maille à partir » avec le peuple de Paris. Millot est donc proche de Versailles. L'ouvrage à peine achevé, Louis Piot, l'imprimeur, prend peur et parle. Encore en feuilles, la plus grande partie du tirage est saisie dans le grenier de Millot, sur l'île Notre-Dame, et quelques exemplaires chez son ami Jean L'Ange, rue des Rosiers. Millot avoue en être l'auteur. L'Ange confirme, et il est écroué. Millot est relâché et s'empresse de disparaître. L'Ange confesse qu'il a remis au moins huit exemplaires à Scarron. Mais, curieusement, l'auteur du *Roman comique* n'est pas inquiété.

Dans un courrier adressé à Lachèvre et cité par Pia, Louÿs souligne : « Il se moque de tout. Il sait qu'on n'osera même pas l'interroger. L'accusation veut donc détruire le livre sans détruire Millot. » En 1661, le surintendant du roi Fouquet est disgracié. Choqué par ses fêtes somptueuses en son château de Vaux-le-Vicomte, Louis XIV lui reproche de s'être servi dans la caisse. Tout son patrimoine est perquisitionné. Dans la maison d'une des ses maîtresses, un seul livre : *L'École des filles* ! Comment est-il arrivé là ? Six ans après sa parution, un exemplaire de l'édition condamnée et totalement détruite – sauf les exemplaires remis à Scarron – découvert chez l'homme qui détenait alors tous les pouvoirs ? Fouquet pourrait être le protecteur qui permit à L'Ange et Millot de ne pas être inquiétés outre mesure.

La condamnation est une farce. Millot est condamné à être pendu, mais puisqu'il a disparu, on le pendra… en effigie. Caricature de châtiment ! Huit ans plus tard, jeune homme sans protection, son ami Claude Le Petit est torturé et exécuté pour des faits similaires.

Dialogue

FANCHON

Non seulement je le crois, ma cousine, mais je sens une émotion toute pareille dans la description que vous m'en faites, et pour vous dire franchement mon avis, j'aimerais mieux les conclusions en ces sortes d'affaires que de m'amuser à tant de sortes d'apprêts que vous m'avez là racontés.

SUSANNE

C'est, au contraire, de ce que tu dis. La conclusion ne peut manquer, et cela étant, il faut être plus ménagère de ce plaisir, qui autrement serait de courte durée sans la préparation qu'on lui apporte. Or, si je croyais assez avoir de temps avant que Robinet fût venu, je te ferais un petit discours qui te servirait encore bien d'instruction là-dessus.

FANCHON

Hé ! de grâce, ma cousine, puisque nous y sommes, achevez et faites que je vous aie l'obligation entière.

SUSANNE

Apprends donc qu'il y a cent mille délices en amour qui précèdent la conclusion, et lesquelles on ne peut autrement goûter que dans leur temps, avec loisir et attention, car autre chose est le baiser et l'attouchement, et le regard que la jouissance parfaite. Chacun de ces quatre a ces différences ou divisions particulières. Il y a premièrement le baiser du sein et de la bouche et des yeux, bref de tout le visage ; il y a le baiser mordant, qui se fait par l'attouchement et impression des dents dedans la chair ; le baiser de la langue, qui est le plus suave, et le baiser des autres parties du corps, selon que la fantaisie amoureuse, qui n'a point de bornes, est capable d'emporter la raison ; et chacun de ces baisers a ses goûts différents et qui sont capables d'amuser longtemps par la nouveauté et douceur qui s'y rencontrent. Pour l'attouchement, il est divisé selon la division des membres et ses plaisirs sont aussi différents. Le téton ferme et rebondi remplit agréablement la main et fait aussitôt dresser le vit par imagination d'autres délices ; du téton l'on vient aux cuisses, et l'on goûte un autre plaisir à sentir deux colonnes d'albâtre vives et charnues quand la main se promène autour. Bref, la main va agissant partout : tantôt sur le ventre plein et arrondi, tantôt sur la motte velue, qu'elle empoigne et tire par les poils, fouillant et farfouillant les doigts à l'entrée du con, en faisant entrouvrir les deux lèvres de nature avec des émotions vives et ardentes, et de là faisant le tour par les hanches, elle est emportée sur les fesses qui sont d'aimant pour elle et qui l'attirent avec tant de vertu que l'on voit le membre amoureux se tendre roidement vers le centre velu qui l'attire. Ce membre aussi a ses plaisirs particuliers d'attouchement et se plaît d'être logé tantôt dans la main de la dame, tantôt entre les cuisses, tantôt entre les fesses et tantôt entre les mamelles. Si tu savais quel plaisir c'est quand un corps nu se vautre sur un autre et que les bras, les jambes, les cuisses sont entrelacés les uns parmi les autres d'une douce étreinte, à la façon des anguilles, tu ne voudrais jamais faire autre chose. Pour les regards amoureux, il n'y a rien si plaisant à considérer qu'un beau corps en la personne aimée, la structure de ses membres, ses postures et ses dispositions lascives ; il n'y a rien qui excite davantage au plaisir, autant à voir qu'à être vu ; toutes les passions s'expriment par là, et l'âme se donne entièrement à connaître en furetant les lieux qui lui sont plus plaisants à voir. A cette heure, la joie est si grande de regarder aux yeux de la personne aimée et de lui faire cependant quelque lascivité au corps dont elle soit honteuse ou émue de quelque autre passion, qu'il n'y a langue humaine qui le puisse dignement exprimer. Quelle joie aussi de se montrer nu aux yeux de ce qu'on aime, et, de plus, lui causer ainsi d'abord de l'étonnement et de la confusion par un spectacle qui ne lui doit donner par après que du ravissement. La jouissance vient ensuite dans son rang, comme la dernière, et elle doit donner lieu et temps que ces premières se soient passées auparavant, car après elle les autres n'ont presque plus de goût ni de pointe, et elles lui doivent toujours servir d'avant-coureurs. Or cette jouissance dernière comprend et surpasse tous les autres plaisirs, et a ses façons particulières de mettre le vit au con, qui sont de plusieurs sortes : dans le glissement d'un vit dans un con large ou étroit (et il est toujours plus plaisant qu'il soit trop étroit que trop large), dans la considération du temps et des lieux, dans le mouvement prompt ou tardif, dans les délais qu'on prend pour décharger, dans la quantité de la liqueur que l'on répand, dans les accolades et embrassements. Et parmi tout cela, depuis le premier moment qu'on a commencé à baiser, regarder, toucher et enconner, jusques à l'entier accomplissement de l'œuvre, il faut donner place et entremêler cent mille mignardises et agréments : jalousies et petits mots, lascivités, pudeurs, frétillements, douceurs, violences douces, querelles, demandes, réponses, remuements de fesses, coups de main, langueurs, plaintes, soupirs, fureurs, action, passion, gesticulation, souplesse de corps et instruction d'amour, commandements, prières, obéissance, refus, et une infinité d'autres douceurs qui ne peuvent pas être pratiquées en un moment. Voilà ce que je t'avais à dire là-dessus, ma cousine ; or regarde donc maintenant si toutes ces sortes de douceurs et caresses ne sont pas douces à supporter, et si je n'ai pas occasion de me louer de ma bonne fortune qui m'a procuré un ami qui en sait si bien user dans le temps et qui est si raisonnable d'ailleurs.

L'Escole des Filles
1665

FANCHON
Certainement, je reconnais que c'est un art bien difficile à apprendre que celui-là, ma cousine, et il y aurait bien encore plus de choses à dire, ce me semble, si l'on demandait les raisons particulières de chaque point.

SUSANNE
Vraiment, il ne faut pas que tu doutes qu'on n'y puisse ajouter, et quand je te reverrai, j'espère bien de t'en raconter davantage. Mais parlons encore de mon ami, à propos, que t'en semble, encore une fois ?

FANCHON
Je vous dis que vous êtes bien heureuse, ma cousine, et que votre mérite aussi vous rend digne en partie du bien qu'il vous fait recevoir.

SUSANNE
Point du tout, mon cœur, car mon mérite ne le rend point sage comme il est. Tu ne saurais croire, au reste, la discrétion qu'il a pour moi : quand nous sommes devant le monde, il n'oserait presque me regarder, par respect, et il semble qu'il n'aurait pas la hardiesse de baiser le bas de ma robe, tant il a peur de m'offenser. Et cependant, il faut avouer qu'il sait si bien bannir le respect quand il est temps, qu'il n'y a sorte de mignardises et de lascivités qu'il ne commette et ne fasse commettre pour me donner du plaisir et à tous deux du contentement.

FANCHON
Eh ! paix !

SUSANNE
Qu'y a-t-il donc ?

FANCHON
Ah ! ma cousine, le cœur me bat, et j'entends Robinet qui vient ici.

SUSANNE
Eh ! tant mieux ! réjouis-toi ; de quoi as-tu peur ? Que je porte déjà d'envie à ton bonheur et au plaisir que tu vas recevoir ! Cependant, rassure-toi toujours un peu et te dispose à lui faire bonne chère de tes faveurs ; je m'en vais au-devant de lui pour le recevoir. Tandis que tu l'attendras sur le lit, feignant de travailler à ton ouvrage, je lui conterai comment il se doit comporter, afin que tu ne sois pas surprise. Adieu.

FANCHON
Adieu, ma chère cousine, je me recommande bien à vous.

L'ACADÉMIE DES DAMES

1658 – Nicolas Chorier

Le chef-d'œuvre de l'érotisme littéraire français ! La quintessence du dialogue initiatique libertin ! Un monstre de raffinement et d'érudition ! L'incontournable *Académie des dames*…

Nicolas Chorier est un notable dauphinois ayant toute l'apparence d'un sage bourgeois de province bien intégré au régime de Louis XIV, le monarque absolu. C'est un auteur prolifique, latiniste chevronné, mais aussi un habile plaisantin, faiseur de canulars. Il présente trompeusement *L'Académie des dames* comme une suite de dialogues rédigée par Luisa Sigea, une noble espagnole qui a vécu vers 1550. Fille d'honneur de la nièce de Charles Quint, elle a marqué ses contemporains par son érudition. Ce manuscrit qui se devait d'être rédigé en espagnol aurait été traduit en latin par un certain Jean Meursius, humaniste hollandais vivant au début du XVIIe siècle. Le titre en fut donc *Aloisiæ Sigeæ Toletanæ Satyra sotadica… (La Satire Sotadique…)* dans sa version originale latine puis, au gré de ses éditeurs, il devient *l'Académie des dames, les Sept Entretiens galants, le Meursius français* ou encore *les Dialogues de Luisa Sigea*.

La farce est un peu lourde, et la mayonnaise ne prend pas. Certains identifient assez aisément les héros de Chorier comme étant des membres de la société dauphinoise, lyonnaise ou même parisienne. D'autres font remarquer que le latin usité dans l'ouvrage ne relève pas de la latinité belge mais présente plutôt « un goût de terroir gaulois ». Attaqué, l'auteur se défend à peine, trouvant même à l'œuvre incriminée « un style élégant et fleuri ».

Il a raison ! Son style est élégant et fleuri. C'est ce qui est nouveau et habile, car sa présentation demeure classique. Depuis Lucien et ses *Dialogues des courtisanes* inspirés du *Banquet* de Platon, lorsque la littérature veut débattre d'érotisme, elle le fait sous la forme d'entretiens, dialogues initiatiques où une femme d'expérience instruit une jeune novice qui ne demande qu'à apprendre. C'est vrai avec l'Arétin et ses courtisanes vénitiennes, c'est vrai avec *l'École des filles, Vénus dans le cloître, L'École des biches*… Bien sûr, il ne s'agit jamais de textes s'adressant à de jeunes potaches en manque de fantasmes. *L'Académie des dames* nécessite une érudition avancée, étant donné la somme de références et d'allusions semées tout au cours des sept entretiens.

Lorsque l'on y regarde bien, publiée dans sa version latine quelques mois après *l'École des filles*, *l'Académie des dames* est peut-être la réponse du « philosophe » Nicolas Chorier au dialogue de Millot qui, malgré toute sa saveur libertine, son aspect précurseur, présente les femmes comme vouées aux plaisirs des hommes. À l'opposé, celles du savant grenoblois sont les grands-mères, les modèles et les initiatrices des héroïnes de Sade, Juliette ou Eugénie. Elles possèdent une assurance, une distinction démontrant qu'à l'aube du régime de la Maintenon et de ses jésuites, le libertinage, tel que le concevront le Divin Marquis ou le chevalier de Nerciat, est déjà annoncé. Que le pouvoir imposé par les enfants de Loyola est condamné d'avance. La Régence qui s'approche en sera la meilleure illustration.

Troisième entretien académique

Octavie, Tullie

OCTAVIE
Ah ! ah ! ah ! comme tu te jettes sur moi ! Ah ! si les dieux avaient changé ton sexe et t'avaient métamorphosée en homme, que ne m'arriverait-il pas ?

TULLIE
Mon petit cœur, Pamphile fera tout de même ; il te fermera la bouche par ses baisers ; il sucera amoureusement tes deux tétons ; en un mot, il couvrira tout ton corps du sien, et te donnera des secousses d'autant plus pressantes, qu'il me surpasse en force et en vigueur : ses agitations seront si violentes que le lit dans lequel vous serez en fera du bruit, toute la chambre en tremblera, et les vitres et les fenêtres en éclateront. Je ne te dis rien que je n'aie éprouvé moi-même ; car la première nuit de mes noces, lorsqu'Oronte me dépucela, les efforts qu'il fit furent si grands, ses mouvements si rudes, et ses agitations si surprenantes, que tous ceux qui étaient dans des chambres assez éloignées les entendirent fort clairement. Imagine-toi, mon cœur, en quel état je pouvais être, moi qui remportai la victoire, de l'aveu même de mon adversaire !

OCTAVIE
Ah ! que deviendrai-je, si Pamphile est aussi vigoureux qu'Oronte ? Si tu as eu tant de peine, quoique tu fusses plus forte et plus âgée que moi, ah ! il est indubitable que je succomberai, et ne pourrai souffrir de si rudes attaques.

TULLIE
Il ne faut point te le dissimuler ; tu auras un peu à endurer lorsque Pamphile te percera de son instrument ; mais aussi à cette peine succéderont des douceurs, des plaisirs et des chatouillements que je ne puis exprimer, et qui effaceront bientôt le moindre souvenir de la douleur passée.

OCTAVIE
Ah ! ma chère Tullie, serai-je montée par un cavalier aussi aimable que toi ? Si cela est, je n'envierai point au Parnasse son Apollon, ni au mont Olympe son Jupiter. Ah ! qu'Oronte est heureux de te posséder, et que vous menez une vie bien douce ! Mais que regardes-tu si fixement, en me faisant ainsi ouvrir ? Ah ! tu m'étends un peu trop les lèvres de cette partie ; eh bien ! que vois-tu au-dedans ?

TULLIE
Ce que j'y vois ? ah ! j'y vois une fleur dont la couleur et l'éclat l'emportent sur la pourpre et sur l'écarlate. C'est un trésor dont je préférerais la jouissance et la possession à tout ce qu'il y a de plus riche dans le monde.

OCTAVIE
Retire, je te prie, ce doigt lascif que tu m'as mis au-dedans : ah, ah ! tu l'avances encore, tu me blesses ; retire-toi ; encore un coup, je t'en conjure.

TULLIE
Ah ! que j'ai pitié de toi, coquille précieuse, plus propre mille fois pour faire naître les amours et les grâces, que celle dont on dit que Vénus est sortie ! Ah ! que Pamphile est heureux, et qu'il est né sous une favorable constellation, puisque les dieux le doivent rendre maître d'une chose en même temps si aimable et si amoureuse.

OCTAVIE
Pourquoi dis-tu que tu as compassion de moi, et que cette partie te fait pitié ? Doit-il arriver quelque chose de fâcheux pour l'une ou pour l'autre ?

TULLIE
C'est l'amitié que je te porte qui me rend sensible à tes maux, avant même qu'ils soient arrivés ; je prévois les douleurs et les fatigues que tu souffriras dans les premières attaques de Pamphile. Ah ! que le combat sera sanglant ! Je m'imagine voir déjà avec quelle cruauté cette pauvre partie sera déchirée ! Tu as vu les armes dont il se doit servir ?

OCTAVIE
Non, mais je les ai senties, et il me semblait que c'était la massue d'Hercule, tant à cause de sa grosseur que de sa longueur prodigieuse.

TULLIE
Je sais d'Oronte qu'il n'y a pas un homme dans la ville mieux pourvu de cette partie que Pamphile. Oronte en a un long de huit doigts ; mais il dit que ce n'est rien auprès de lui, et qu'il a un membre de la longueur de onze pouces et de la grosseur de ton bras (je parle de l'endroit le plus proche de ta main).

OCTAVIE
Ah, dieux ! quel monstre ! Quoi ! il enfoncera dans mon ventre toute cette machine prodigieuse ? Je pourrai souffrir une chose semblable ? Non, non, la seule pensée m'étonne et me fait horreur ; et le cœur me manque par la seule réflexion que je fais sur tes paroles. Onze pouces ! oh ! grands dieux !...

TULLIE
Ne perds pas courage, mon enfant. Il est vrai que le membre de Pamphile surpasse en longueur celui d'Oronte, mais aussi il faut qu'il lui cède en grosseur. Vois-tu bien mon bras ?

OCTAVIE
Assurément je le vois.

TULLIE
Eh bien ! quand son membre est chaud, et lorsqu'il s'enfle de colère contre moi, il est de cette grosseur ; et avec tout cela il est fort bien proportionné à son fourreau.

OCTAVIE
Quoi ! il ne te blesse point, et ta partie peut facilement le recevoir ? Est-il possible ! Il faut que tu satisfasses ma curiosité, et que je voie de mes yeux ce que ne peut concevoir mon esprit. Tullie, mets-toi à quatre pieds sur le lit et tourne les cuisses du côté de la lumière ; écarte-les le plus que tu pourras, afin que je puisse mieux considérer l'étendue de cette partie.

TULLIE
Eh bien ! satisfais-toi ; mais prends garde de t'égarer dans un chemin qui est bien plus large que le tien, et qui a bien des détours qui te sont inconnus. Suis-je bien posée de cette manière ? Cette situation te plaît-elle ?

OCTAVIE
Ah, Dieux ! qu'elle est luxurieuse, qu'elle est lubrique ! ah ! je ne puis voir la beauté de tes fesses sans les contempler amoureusement, et je ne puis pas même m'empêcher de leur donner mille baisers.

TULLIE
Ah ! que tu seras lascive, petite cousine ! ah ! comme tu me mords ! Quitte donc ce badinage et considère bien la longueur, la largeur et la profondeur de ce pays que tu as découvert : bon, ouvre encore davantage les deux lèvres de cette partie ; eh bien ! que vois-tu ?

OCTAVIE
Ah, dieux ! ce que je vois ! je ne l'aurais jamais cru ! je vois cet endroit où Corsius se précipita tout armé avec son cheval ; je vois un chemin où je crois que Priape même se pourrait égarer. Est-il possible, Tullie, que ma partie devienne semblable à la tienne sans une métamorphose des dieux ?

TULLIE
Eh bien ! es-tu contente, et ta curiosité est-elle pleinement satisfaite ?

OCTAVIE
Oui, je le suis ; et je t'ai si bien considérée dans la posture où tu étais, que je crois connaître à présent tout ce qu'il y a de plus caché dans cette partie qui nous fait femmes. Il reste, Tullie, à m'apprendre quelque chose du membre de l'homme, comment on le nomme ordinairement.

TULLIE
Je le veux de tout mon cœur. Tu sauras donc que cette partie de l'homme est située dans le même endroit que la nôtre. On l'appelle communément *le vit, le membre, la pique, la verge,* et par antonomase, *la nature* ; il y a encore mille autres noms dont nous nous servons dans nos fureurs.

ACADÉMIE
DES DAMES.

Apprends donc que *ce membre, ce vit, ce nerf,* ou comme tu voudras l'appeler, hors de l'acte vénérien, est lâche et pendant, et on peut dire qu'il n'est qu'un portrait en raccourci de ce qu'il est dans l'action ; car, dans ce moment, il se dresse, il s'enfle, il s'allonge, mais d'une longueur surprenante, et devient si furieux que d'abord la seule vue nous fait peur. Dans les attaques où il se rend maître de notre virginité, il nous cause une sensible et cuisante douleur ; mais elle est bientôt apaisée par l'excès du plaisir que nous recevons un moment après.

OCTAVIE
Le plaisir, je ne le connais point encore ; la douleur, je ne souhaite pas l'expérimenter ; mais pour la crainte, elle me saisit déjà.

TULLIE
Au-dessous de ce membre, il y a une bourse garnie et entourée de petits poils frisés, et que la nature semble avoir mise là pour conserver la chaleur de cette partie, qui n'en doit jamais manquer. Or, dans cette bourse, il y a deux petits globes qui sont les marques de la virilité : ils ne sont pas d'une rondeur fort régulière, mais ils sont fort durs ; et plus ils ont de fermeté, plus ils sont capables de donner du plaisir. On les appelle vulgairement *testicules* ou *couillons.* Il s'est trouvé des personnes en qui la nature a été si libérale de ces trésors, qu'ils en ont été pourvus de trois, comme Agatocle, tyran de Syracuse ; et il y a encore une noble et illustre famille en Italie, dont tous les descendants ont ce même avantage. Avoue avec moi, Octavie, que les femmes de ces athlètes sont heureuses, puisqu'il n'y a rien de plus doux et de plus capable d'apaiser la douleur que l'entrée précipitée du vit nous cause, que cette suave liqueur, ce doux nectar, cet élixir précieux, qui sort avec abondance des veines poreuses de ces petites boules de chair. Cette liqueur s'appelle *semence, foutre, sperme,* etc. ; et de tous les animaux, il n'y en a pas en qui elle abonde davantage que dans l'homme : or, imagine-toi de quelle pluie sont arrosées les femmes de ceux qui sont si bien partagés.

OCTAVIE
Peut-être, Tullie, que Pamphile en aura aussi trois, et j'ai sujet de le croire ; car, comme je t'ai dit, il m'arrosa avec tant de profusion, que non seulement mes cuisses et mon ventre jusqu'au nombril en furent mouillés, mais même ma chemise et mes jupes.

TULLIE
Cela n'est pas surprenant ; car ce serait une chose honteuse à un jeune homme comme lui de faire un sacrifice à Vénus, ou plutôt à la beauté, sans répandre sur la victime cette céleste rosée avec abondance. Cette liqueur est comme la salive du vit de l'homme ; elle est si remplie d'esprits, qu'elle sort avec véhémence, et est portée quelquefois à trois pieds de la personne dont elle part. Représente-toi donc, Octavie, l'excès du plaisir que l'on ressent, quand, après plusieurs secousses et de fréquentes agitations, cela vient à se décharger dans la matrice et la remplit de cette divine ambroisie. Ah ! cela cause un chatouillement et une si douce démangeaison à la partie, que nous en tombons en extase ; nous en

perdons l'usage de nos sens, et notre âme semble abandonner toutes ses fonctions pour goûter avec nous, ou plutôt pour s'enivrer de l'excès de cette volupté. Ah ! Octavie, il n'y a point de termes qui puissent t'exprimer comme il faut la nature de ce contentement.

OCTAVIE
Je ne me lasserais jamais, ma cousine, de vous entendre ; et votre entretien est si charmant, que je souhaite qu'Oronte soit souvent absent, afin de trouver l'occasion de passer de semblables nuits avec vous. Quoi, vous bâillez ?

TULLIE
Oui, mon enfant, je m'endors, et je ne puis plus résister au sommeil.

OCTAVIE
Continuons notre entretien ; pourquoi s'endormir si tôt ? Accordez cette grâce à celle qui vous caresse.

TULLIE
Tu ne sais ce qui t'est nécessaire, petite folle ; tu as plus besoin de repos que moi : il faut que tu saches que la nuit prochaine tu ne trouveras pas le sommeil dans les fureurs et les embrassements de Pamphile : c'est pourquoi repose-toi, afin de prendre des forces pour soutenir en vraie fille de Vénus tous les assauts qui te seront donnés.

OCTAVIE
Je ferai ce que tu voudras, mais plutôt pour te complaire que par intérêt pour ma santé ; elle est, Dieu merci, assez bonne pour n'avoir pas besoin de tous ces ménagements. Dors donc à présent, je te promets de garder le silence.

TULLIE
Donne-moi un baiser, mon cœur, auparavant que je ferme les yeux.

OCTAVIE
Prends, voilà ma bouche, mes lèvres et tout mon corps ; je les mets en ta puissance, contente-toi.

TULLIE
Ah ! baisers capables de donner de la jalousie aux dieux ! ah ! que ces embrassements sont remplis de tendresse ! que ces attouchements sont délicieux ! Permets-moi, ma petite femme, de dormir avec toi comme Mars reposait avec Vénus : que je couvre d'une main cette partie si aimable et ce mont consacré à l'amour ; que je touche de celle-ci ton derrière et ces fesses si blanches et si fermes. Voilà qui est bien ; ne remue donc point. Aussitôt que je serai éveillée, je te promets de continuer notre entretien. Dors, mon petit cœur.

OCTAVIE
Dors toi-même : tu es une étrange causeuse, tu veux reposer, et tu ne cesses de faire la folle et de badiner.

LE BORDEL DES MUSES ou les Neuf Pucelles putains

1662 – Claude Le Petit

Noir destin. Claude Le Petit naît fils de tailleur et, sous Louis XIV, cette corporation a très mauvaise réputation. On assimile les coupeurs d'habits, dits larrons familiers, aux coupeurs de bourses, dits larrons sauvages. On les accuse de n'être ni juifs ni chrétiens, car ils n'observent ni le sabbat ni le repos dominical. L'impiété règne dans leurs rangs. Preuve ! Ils n'ont pas de saint patron. Aucun tailleur ne figure au martyrologe, donc jamais prétendant n'a pu être canonisé. Sa mère morte prématurément, son père l'envoie chez les Jésuites. La sévérité de leur éducation ne le séduit pas. Il s'enfuit du collège après une violente correction, entame des études de droit et fréquente les libertins de son temps, dont Michel Millot, qui est en train de rédiger *l'École des filles*. Selon le biographe Frédéric Lachèvre[1], il est fort probable que Claude collabore au manuscrit et il est incontestable qu'il en a rédigé le madrigal – « Auteur foutu d'un foutu livre,... ». Le jeune homme manie les vers avec aisance, tel un Rimbaud du XVIIe siècle. Il se dit avocat au parlement de Paris, mais il n'est pas certain qu'il ait été reçu, et de toute façon il n'exerce pas. Son incroyable facilité à versifier lui permet de vivre en composant des rimes élogieuses à l'attention de quelque grand seigneur ou financier, qui se doit en échange de rétribuer le compliment. Dans des conditions non élucidées – le crime n'est connu que par les révélations de Jean Rou, l'un de ses amis –, le jeune libertin poignarde un tout aussi jeune novice dans une église près de la rue Dauphine, cache son cadavre et s'enfuit de Paris. Il parcourt l'Europe et rentre à Paris au début de l'année 1661, avec la certitude que son affaire de meurtre est classée.

Après ses trois années d'exil, Claude le talentueux a acquis une maîtrise des langues qui lui permet de vivre de traductions. Il ramène aussi d'Italie « une grande liberté d'expression et un déplorable penchant pour l'impiété »[2]. Cette inconscience lui sera fatale. En ces temps de superstition, Claude le provocateur ose s'en prendre à la Trinité et à la plus vénérée de toutes, la Sainte Vierge. Le manuscrit du *Bordel des Muses* est découvert par imprudence. L'auteur, facilement identifié, convaincu du crime de lèse-majesté divine et humaine, est condamné à avoir le poing droit tranché et à être brûlé vif en place de Grève. Quelques heures avant d'être exécuté, il rencontre son ami le baron de Schildebek, qui s'engage à publier l'œuvre incriminée. Fier de cette dernière turpitude, Claude Le Petit marche au bûcher avec courage et fermeté. Il a vingt-trois ans. Son ami Jean Rou[3], le seul alors à connaître l'existence du crime du jeune novice versifie : « Des hauts Secrets des Cieux, le Secret redoutable, / Fait qu'à chaque moment je frémis de terreur ; / Quoique pour ton péché mon cœur soit plein d'horreur, / Le genre de ta mort me semble insupportable. »

1 & 2. Frédéric Lachèvre, *les Œuvres libertines de Claude Le Petit*, Edouard Champion, 1918, rééd. Slatkine reprints, 1968.
3. Jean Rou, *Mémoires inédits et opuscules*, Société de l'histoire du protestantisme français, 1857.

SONNET FOUTATIF

Foutre du cul, foutre du con,
Foutre du Ciel et de la Terre,
Foutre du diable et du tonnerre,
Et du Louvre et de Montfaucon.

Foutre du temple et du balcon,
Foutre de la paix, et de la guerre,
Foutre du feu, foutre du verre,
Foutre de l'eau et de l'Hélicon.

Foutre des valets et des maîtres,
Foutre des moines et des prêtres,
Foutre du foutre et du fouteur.

Foutre de tout le monde ensemble,
Foutre du Livre et du Lecteur,
Foutre du sonnet, que t'en semble ?

Au lecteur critique

ÉPIGRAMME

Critique qui fais l'esprit fort
En matière de fouterie,
Ne t'étonne point, je te prie,
De trouver foutre ici d'abord.
J'aimerais mieux mourir de rage
Que d'avoir dedans mon ouvrage
Malicieusement laissé
Aucun mauvais exemple à suivre,
Mais puisque nos aïeux pour nous faire survivre
Ont foutre sur foutre entassé,
Je puis bien commencer mon livre
Par où le monde a commencé.

Sur mon livre

SONNET

Courtisans de Priape et du père Bacchus,
Vigoureux officiers des nocturnes patrouilles,
Vénérables fouteurs d'inépuisables couilles,
Experts dépuceleurs, artisans de cocus.

Et vous, garces à chiens, croupions invaincus,
Qui de nos braquemards vous faites des quenouilles,
Dames du Putanisme, agréables gargouilles,
Vous, lâches empaleurs et chaussonneurs de culs.

Venez tous au bordel de ces Muses lubriques :
L'esprit qui prend plaisir aux discours satyriques
Déchargera sans doute, entendant ces accords.

Ce livre fleurira sans redouter les flammes ;
On souffre ici des lieux pour le plaisir des corps,
On en souffrira bien pour le plaisir des âmes.

Au lecteur curieux

SONNET

Etant hier en débauche au faubourg Saint-Germain,
Entre une heure et minuit dans mon humeur bourrue,
Et cherchant à tâtons tout seul de rue en rue
Un bordel pour gîter jusques au lendemain.

Marchant moitié de pied et moitié de la main,
Et crotté jusqu'au cul comme un soc de charrue,
Je vis le long du mur venir à pas de grue
Un grand fantôme sec comme du parchemin.

Qui fut lors bien surpris, ce fut moi, je te jure,
On m'aurait d'une paille estoupé la nature,
Jamais je ne me vis en pareil embarras.

Tu voudrais bien savoir ce que c'était sans doute,
Mais Lecteur... Pourquoi non ? Si fait, tu le sauras,
C'était Dieu me pardonne, un diable qui te foutes.

Sur mon Bordel des Muses

STANCES

Tout fout maintenant sur Permesse
Et les pucelles d'Hélicon
S'en font donner dedans le con
Aussi bien que dessus la fesse,
Phœbus même les fout pour rien,
Par prudence afin que son bien
N'entre point en d'autres familles,
Dieu nous garde d'en juger mal,
Mais lorsqu'on a foutu ses filles,
On peut bien foutre son cheval.

Pégase est de belle encolure,
Il est bien fait et bien fourni,
Il est de couillons bien muni,
Il a la croupe large et dure.
Je ne prends point dans ce calcul
L'intérêt du con ni du cul,
De la putain ni du bardache,
Mais je croie qu'on fait plus de mal
De foutre neuf sœurs à la tâche
Que de chevaucher un cheval.

Mais que dis-je? Je ne vois goutte
De censurer un immortel
Qui se fout du péché mortel,
Et qui n'en fait point, quoi qu'il foute.
Jupin là-haut comme un pourceau,
Outre sa sœur el son oiseau,
Se fout de tout tant que nous sommes ;
D'autres en seraient châtiés,
Mais dans les sottises des hommes
Les Dieux sont privilégiés.

Fous donc à perte d'haleine
Phœbus, grand Dieu de Carnaval,
Fous tes Muses et ton cheval,
Fous les poissons de ta fontaine,
Diables et Dieux qui m'écoutez,
Branlez, boujaronnez, foutez,
Sans crainte que jamais j'en gronde ;
Foutez tout, mais souffrez aussi,
Si vous foutez dans l'autre monde
Que nous foutions dans celui-ci.

NOUVEAUX CONTES

1674 – Jean de La Fontaine

Le nom de Jean de La Fontaine reste universellement associé aux 243 fables qu'il publia à partir de 1668 et dont les morales, riches de sagesse et de bon sens, ont été livrées à la réflexion de générations d'écoliers. Le fabuliste champenois a cependant laissé d'autres œuvres touchant à des registres aussi contrastés que divers. Il est notamment l'auteur d'un roman, de livrets d'opéras, de tragédies, de chansons, de poèmes d'inspiration religieuse, d'étonnants vers de circonstance, telle une ode au quinquina, et de 64 contes, considérés comme les plus licencieux de son siècle.

Paradoxalement, sa première vocation fut d'embrasser l'état ecclésiastique. En 1641, il entre comme novice chez les Oratoriens, peine à s'intéresser aux subtilités de la théologie, leur préfère des romans célébrant l'amour bucolique, et quitte les bons pères après dix-huit mois d'un régime monacal. Devenu étudiant en droit, il s'entoure d'amis poètes, fréquente assidûment les tavernes, où il goûte aux délices du bon vin et des amours faciles qui l'enchanteront toute sa vie. En 1654, cet avocat sans cause, ce maître des eaux et forêts distrait publie une comédie adaptée d'un auteur latin, *l'Eunuque,* qui passe inaperçue. L'épître qu'il dédie peu après à l'abbesse de Mouzin, avec laquelle il eut une aventure galante, suscite le ravissement de Mme de Sévigné et l'intérêt du surintendant Fouquet. Jusqu'à son arrestation, en 1661, ce dernier lui versera une pension en échange de vers glorifiant ses entreprises et la politique de Louis XIV. Encouragé par l'une des nièces de Mazarin, qui apprécie sa verve, La Fontaine entreprend la rédaction de ses premiers *Contes et nouvelles en vers*. Présentés par leur auteur comme inspirés de Boccace, Rabelais et Marguerite de Navarre, ils paraissent en 1665. Leur succès est tel qu'ils seront suivis d'une trentaine d'autres en 1666 et 1671. D'une veine nettement plus gaillarde que les précédents, ils mettent en scène des femmes roublardes, des maris cocus, des moines lubriques et des nonnes dévergondées. Les *Nouveaux Contes*, qui comprennent notamment *Comment l'esprit vient aux filles* et *la Jument du père Pierre,* sont pour leur part édités en 1674 sans les autorisations d'usage. À l'heure où le parti dévot gagne en influence, ils indignent les esprits vertueux et irritent le roi. L'ouvrage sera interdit en 1675, mais circulera abondamment sous le manteau. Son parfum de scandale retardera l'admission de La Fontaine à l'Académie française, où il sera accueilli (1684) par un discours moralisateur. Quand il tombe gravement malade (1693), son confesseur le convainc de renier publiquement ses contes infâmes et de renoncer à leur réimpression, sous peine d'être damné. Il s'exécutera, respectera, une fois rétabli, ses engagements et s'éteindra deux ans plus tard. Deux *Contes* inédits paraîtront cependant en 1696, l'une de ses maîtresses en ayant pieusement conservé les manuscrits.

La jument du compère Pierre

Messire Jean, c'était certain curé
Qui prêchait peu sinon sur la vendange ;
Sur ce sujet, sans être préparé,
Il triomphait : vous eussiez dit un ange.
Encore un point était touché de lui,
Non si souvent qu'eût voulu le messire :
Et ce point-là les enfants d'aujourd'hui
Savent que c'est, besoin n'ai de le dire.
Messire Jean tel que je le décris
Faisait si bien, que femmes et maris
Le recherchaient, estimaient sa science.
Au demeurant il n'était conscience
Un peu jolie, et bonne à diriger,
Qu'il ne voulût lui-même interroger,
Ne s'en fiant aux soins de son vicaire.
Messire Jean aurait voulu tout faire,
S'entremettait en zélé directeur,
Allait partout, disant qu'un bon pasteur
Ne peut trop bien ses ouailles connaître,
Dont par lui-même instruit en voulait être.
Parmi les gens de lui les mieux venus,
Il fréquentait chez le compère Pierre,
Bon villageois à qui pour toute terre,
Pour tout domaine et pour tous revenus,
Dieu ne donna que ses deux bras tout nus,
Et son louchet, dont pour toute ustensile
Pierre faisait subsister sa famille.
Il avait femme et belle et jeune encor,
Ferme sur tout ; le hâle avait fait tort
À son visage, et non à sa personne.
Nous autres gens peut-être aurions voulu
Du délicat ce rustic ne m'eût plu :
Pour des curés la pâte en était bonne,
Et convenait à semblables amours.
Messire Jean la regardait toujours
Du coin de l'œil, toujours tournait la tête
De son côté, comme un chien qui fait fête
Aux os qu'il voit n'être par trop chétifs,
Que s'il en voit un de belle apparence,

Non décharné, plein encor de substance,
Il tient dessus ses regards attentifs,
Il s'inquiète, il trépigne, il remue
Oreille et queue, il a toujours la vue
Dessus cet os, et le ronge des yeux
Vingt fois devant que son palais s'en sente.
Messire Jean tout ainsi se tourmente
A cet objet pour lui délicieux.
La villageoise était fort innocente,
Et n'entendait aux façons du pasteur
Mystère aucun : ni son regard flatteur,
Ni ses présents ne touchaient Magdeleine.
Bouquets de thym, et pots de marjolaine
Tombaient à terre : avoir cent menus soins
C'était parler bas-breton tout au moins.
Il s'avisa d'un plaisant stratagème.
Pierre était lourd, sans esprit, je crois bien
Qu'il ne se fût précipité lui-même,
Mais par-delà de lui demander rien,
C'était abus et très grande sottise.
L'autre lui dit : « Compère mon ami
Te voilà pauvre, et n'ayant à demi
Ce qu'il te faut, si je t'apprends la guise
Et le moyen d'être un jour plus content
Qu'un petit roi, sans te tourmenter tant,
Que me veux-tu donner pour mes étrennes ? »
Pierre répond : « Parbleu ! Messire Jean,
Je suis à vous, disposez de mes peines,
Car vous savez que c'est tout mon vaillant.
Notre cochon ne nous faudra pourtant,
Il a mangé plus de son, par mon âme !
Qu'il n'en tiendrait trois fois dans ce tonneau,
Et d'abondant, la vache à notre femme
Nous a promis qu'elle ferait un veau :
Prenez le tout. – Je ne veux nul salaire,
Dit le pasteur, obliger mon compère
Ce m'est assez. Je te dirai comment :
Mon dessein est de rendre Magdeleine
Jument le jour, par art d'enchantement,
Lui redonnant sur le soir forme humaine.
Très grand profit pourra certainement
T'en revenir, car ton âne est si lent,

Que du marché l'heure est presque passée
Quand il arrive ; ainsi tu ne vends pas,
Comme tu veux, tes herbes, ta denrée,
Tes choux, tes aulx, enfin tout ton tracas.
Ta femme, étant jument forte et membrue,
Ira plus vite, et sitôt que chez toi
Elle sera du logis revenue,
Sans pain ni soupe un peu d'herbe menue
Lui suffira. » Pierre dit : « Sur ma foi !
Messire Jean, vous êtes un sage homme.
Voyez que c'est d'avoir étudié !
Vend-on cela ? si j'avais grosse somme,
Je vous l'aurais, parbleu ! bientôt payé.
Jean poursuivit : Or çà je t'apprendrai
Les mots, la guise, et toute la manière
Par où jument, bien faite et poulinière,
Auras de jour, belle femme de nuit.
Corps, tête, jambe, et tout ce qui s'ensuit
Lui reviendra : tu n'as qu'à me voir faire.
Tais-toi surtout ; car un mot seulement
Nous gâterait tout notre enchantement ;
Nous ne pourrions revenir au mystère,
De notre vie ; encore un coup, motus,
Bouche cousue, ouvre les yeux sans plus :
Toi-même, après, pratiqueras la chose. »
Pierre promet de se taire, et Jean dit :
« Sus, Magdeleine, il se faut, et pour cause,
Dépouiller nue et quitter cet habit.
Dégrafez-moi cet atour des dimanches :
Fort bien. Otez ce corset et ces manches :
Encore mieux. Défaites ce jupon :
Très bien cela. » Quand vint à la chemise,
La pauvre épouse eut en quelque façon
De la pudeur : être nue ainsi mise
Aux yeux des gens ! Magdeleine aimait mieux
Demeurer femme, et jurait ses grands dieux
De ne souffrir une telle vergogne.
Pierre lui dit : « Voilà grande besogne !
Et bien ! tous deux nous saurons comme quoi
Vous êtes faite ; est-ce, par votre foi,
De quoi tant craindre ? Et là, là, Magdeleine,
Vous n'avez pas toujours eu tant de peine

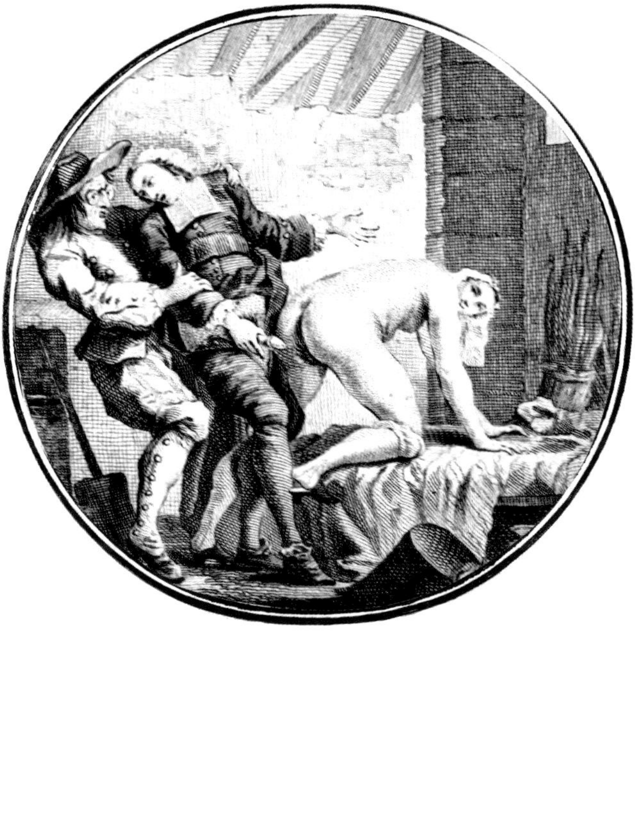

A tout ôter. Comment donc faites-vous
Quand vous cherchez vos puces ? dites-nous.
Messire Jean, est-ce quelqu'un d'étrange ?
Que craignez-vous ? Hé quoi ! qu'il ne vous mange ?
Çà, dépêchons, c'est par trop marchandé.
Depuis le temps, Monsieur notre curé
Aurait déjà parfait son entreprise. »
Disant ces mots il ôte la chemise,
Regarde faire, et ses lunettes prend.
Messire Jean par le nombril commence,
Pose dessus une main en disant :
« Que ceci soit beau poitrail de jument.
Puis cette main dans le pays s'avance.
L'autre s'en va transformer ces deux monts
Qu'en nos climats les gens nomment tétons,
Car, quant à ceux qui sur l'autre hémisphère
Sont étendus, plus vastes en leur tour,
Par révérence on ne les nomme guère.
Messire Jean leur fait aussi sa cour ;
Disant toujours pour la cérémonie :
« Que ceci soit telle ou telle partie,
Ou belle croupe, ou beaux flancs », tout enfin.
Tant de façons mettaient Pierre en chagrin ;
Et ne voyant nul progrès à la chose,
Il priait Dieu pour la métamorphose.
C'était en vain, car de l'enchantement
Toute la force et l'accomplissement
Gisait à mettre une queue à la bête.
Tel ornement est chose fort honnête :
Jean, ne voulant un tel point oublier
L'attache donc. Lors Pierre de crier
Si haut qu'on l'eût entendu d'une lieue :
« Messire Jean je n'y veux point de queue !
Vous l'attachez trop bas, Messire Jean ! »
Pierre à crier ne fut si diligent,
Que bonne part de la cérémonie
Ne fût déjà par le prêtre accomplie.
A bonne fin le reste aurait été,
Si non content d'avoir déjà parlé,
Pierre encor n'eût tiré par la soutane
Le curé Jean, qui lui dit : « Foin de toi !
T'avais-je pas recommandé, gros âne,

De ne rien dire, et de demeurer coi ?
Tout est gâté, ne t'en prends qu'à toi-même ! »
Pendant ces mots l'époux gronde à part soi ;
Magdeleine est en un courroux extrême,
Querelle Pierre, et lui dit : « Malheureux !
Tu ne seras qu'un misérable gueux
Toute ta vie ! et puis viens-t'en me braire,
Viens me conter ta faim et ta douleur !
Voyez un peu, Monsieur notre pasteur
Veut de sa grâce à ce traîne-malheur
Montrer de quoi finir notre misère :
Mérite-t-il le bien qu'on lui veut faire ?
Messire Jean, laissons là cet oison :
Tous les matins tandis que ce veau lie
Ses choux, ses aulx, ses herbes, son oignon,
Sans l'avertir venez à la maison :
Vous me rendrez une jument polie. »
Pierre reprit : « Plus de jument, ma mie !
Je suis content de n'avoir qu'un grison. »

ŒUVRES BADINES

1735 – Alexis Piron

Lorsque naît Piron, la France sombre dans la morosité. C'est la fin du règne de Louis XIV, dominé par la dévote Mme de Maintenon. Mais Éros veille. L'austère couple royal cède la place à la Régence et à son libertinage. Certes, résidant à Dijon, le jeune Piron ne risque pas de croiser le Régent, mais l'esprit de sensualité mêlé de paillardise se diffuse dans toute la France. Mauvais élève chez les Jésuites, Piron est assez talentueux pour réussir ses études de droit. Comme la plupart de la jeunesse dorée bourguignonne, la poésie surtout l'attire. Tels des boxeurs gantés de leur arrogance et de leurs vers, les jeunes gens joutent à coups de couplets ou d'épigrammes. Avec la lecture de son *Ode à la paresse,* Jehannin, l'adversaire d'un soir, semble mettre Piron au tapis. Alexis encaisse, mais c'est le méconnaître que le penser K.O. Pendant la nuit, il compose d'un seul jet une ode qu'il dédie à Priape. Le lendemain, dès le début de son allocution, la salle est en délire. Puis les éclats de rire traversent la ville et gagnent les oreilles du procureur général qui souhaite condamner le jeune poète. C'est sans compter avec l'indulgence complice du président au parlement de Bourgogne Bouhier, fin érudit et amateur d'erotica et de pœdica de l'Anthologie grecque dont les oreilles sont plutôt charmées.

Il faut bien que jeunesse se passe. Vers 1720, Alexis monte tenter sa chance à Paris. Il écrit pour l'Opéra-Comique, rejoint la Société du Bout du Banc de Mlle Quinault, une comédienne spécialisée dans les rôles de soubrette qui devient sa maîtresse. Il fréquente l'Opéra et les filles d'Opéra, dont il tombe souvent amoureux ; mais il est sans le sou, donc sans grand succès.

Séduite par son talent et sa verve, Mme de Mimeure, qui tient salon, lui apporte son soutien amical et surtout économique. Mais un autre protégé, Voltaire, voit d'un mauvais œil l'arrivée de ce nouveau venu et ne l'épargne guère. Alors, c'est la guerre ! Les chroniques littéraires de l'époque regorgent de joutes oratoires et de coups bas voltairiens. Le philosophe de Ferney ayant une grande influence sur le Paris des arts, le poète dijonnais y laisse souvent des plumes, mais avec panache. Grimm rapporte : « C'était une machine à saillies, à traits, à épigrammes. En l'examinant de près, on voyait que ses mots s'entrechoquaient dans sa tête, partaient comme une fusée et se poussaient pêle-mêle, sur ses lèvres, par douzaines. Dans le combat à coups de langue, c'était l'athlète le plus fort qui n'eût jamais existé. Il avait la répartie plus terrible toujours que l'attaque. Voilà pourquoi M. de Voltaire craignait comme le feu la rencontre avec Piron. »

Malgré Voltaire et ses coups bas, Piron va de succès en succès. Il intègre le Tout-Paris. Mais quand l'Académie désire le prendre en son sein, le roi s'y oppose, sur les conseils de ses amis jésuites, qui n'ont pas oublié l'*Ode à Priape*. Personne ne l'oublie, d'ailleurs : plus d'une centaine d'éditions sont publiées au cours des deux siècles qui suivirent sa première parution.

Ode à Priape

Foutre des neuf Grâces du Pinde,
Foutre de l'amant de Daphné,
Dont le flasque vit ne se guinde
Qu'à force d'être patiné !
C'est toi que j'invoque à mon aide,
Toi qui, dans les cons, d'un vit raide
Lance le foutre à gros bouillons :
Priape ! soutiens mon haleine,
Et pour un moment dans ma veine
Porte le feu de tes couillons !

Que tout bande, Que tout s'embrase ;
Accourez, putains et ribauds.
Que vois-je ! où suis-je ! ô douce extase !
Les cieux n'ont point d'objets si beaux.
Des couilles en blocs arrondies,
Des cuisses fermes et bondies,
Des bataillons de vits bandés,
Des culs ronds, sans poils et sans crottes,
Des cons, des tétons et des mottes,
D'un torrent de foutre inondés.

Restez, adorables images !
Restez à jamais sous mes yeux ;
Soyez l'objet de mes hommages,
Mes législateurs et mes dieux.
Qu'à Priape, on élève un temple
Où jour et nuit l'on vous contemple
Au gré des vigoureux fouteurs :
Le foutre y servira d'offrandes ;
Les poils de couilles, de guirlande.
Les vits de sacrificateurs.

Aigle, baleine, dromadaire,
Insecte, animal, homme, tout,
Dans les cieux, sous l'eau, sur la terre,
Tout nous annonce que l'on fout.

Le foutre tombe comme grêle ;
Raisonnable ou non, tout s'en mêle,
Le con met tous les vits en rut ;
Le con, du bonheur est la voie,
Dans le con gît toute la joie,
Mais hors le con, point de salut.

Que l'or, que l'honneur vous chatouille,
Sots avares, vains conquérants ;
Vivent les plaisirs de la couille
Et foutre des biens et des rangs !
Achille, aux rives du Scamandre,
Ravage tout, met tout en cendre,
Ce n'est que feu, que sang, qu'horreur ;
Un con paraît, passe-t-il outre ?
Non, je vois bander mon jean-foutre,
Ce héros n'est plus qu'un fouteur.

Quoique plus gueux qu'un rat d'église,
Pourvu que mes couillons soient chauds
Et que le poil de mon cul frise,
Je me fous du reste, en repos.
Grands de la terre, l'on se trompe,
Si l'on croit que de votre pompe
Jamais je puisse être jaloux ;:
Faites grand bruit, vivez au large ;
Quand j'enconne et que je décharge,
Ai-je moins de plaisir que vous ?

De fouteurs, la fable fourmille ;
Le Soleil fout Leucothoé,
Cynire fout sa propre fille,
Un taureau fout Pasiphaé ;
Pygmalion fout sa statue,
Le brave Ixion fout la nue :
On ne voit que foutre couler ;
Le beau Narcisse, pâle et blême,
Brûlant de se foutre lui-même,
Meurt en tâchant de s'enculer.

Socrate, direz-vous, ce sage,
Dont on vante l'esprit divin,
Socrate a vomi peste et rage
Contre le sexe féminin :
Mais pour cela le bon apôtre
N'en a pas moins foutu qu'un autre ?
Interprétons mieux ses leçons :
Contre le sexe il persuade ;
Mais sans le cul d'Alcibiade
Il n'eût pas tant médit des cons.

Mais voyons ce brave cynique,
Qu'un bougre a mis au rang des chiens,
Se branler gravement la pique
A la barbe des Athéniens :
Rien ne l'émeut, rien ne l'étonne,
L'éclair brille, Jupiter tonne,
Son vit n'en est pas démonté ;
Contre le ciel, sa tête altière,
Au bout d'une courte carrière,
Décharge avec tranquillité.

Jupin lui-même dans l'Olympe
Perce des culs, bourre des cons ;
Neptune, au fond des eaux, y grimpe
Nymphes, sirènes et tritons.
L'ardent fouteur de Proserpine
Semble dans sa couille divine
Avoir tout le feu des enfers ;
Amis, jouons les mêmes farces,
Foutons, tant que le con des garces
Nous foute enfin l'âme à l'envers.

Tisiphone, Alecto, Mégère,
Si l'on foutait encor chez vous,
Les Parques, vous, Caron, Cerbère,
De mon vit vous tâteriez tous ;
Mais puisque, par un sort barbare,
On ne bande plus au Ténare,

Je veux y descendre en foutant ;
Là, mon plus grand tourment, sans doute,
Sera de voir que Pluton foute
Et de n'en pouvoir faire autant.

Redouble donc tes infortunes,
Sort, foutu sort plein de rigueur,
Ce n'est qu'à des âmes communes
Que tu pourrais foutre malheur :
Mais la mienne, que rien n'alarme,
Plus ferme que le vit d'un carme,
Rit des maux présents et passés.
Qu'on me méprise et me déteste,
Que m'importe ! mon vit me reste ;
Je bande, je fous… c'est assez !

LE SOPHA

1740 – Crébillon fils

En 1742, alors que circulait la première traduction des *Mille et Une Nuits* et que l'Orient investissait l'imaginaire européen, paraissait *le Sopha, conte moral.* Le titre de cet ouvrage fait référence au lit de repos dans lequel fut confinée l'âme de l'un de ses héros, ainsi châtié par Brama pour ses dérèglements. Ayant retrouvé forme humaine après que deux adolescents eurent connu sur ses coussins leur première expérience amoureuse, il raconte au sultan cette vie antérieure pendant laquelle il accueillit les ébats de sept couples et fut « en tiers dans les choses que l'on croirait le plus caché ». Cette intrigue exotique sert de prétexte à une satire politique et sociale féroce, ainsi qu'à une série de portraits au vitriol, composés par un auteur au style alerte, élégant et recherché : Claude Jolyot de Crébillon, également connu sous le nom de Crébillon fils. Sa vie durant, il dut surmonter deux handicaps : l'écrasante célébrité d'un père, auteur de tragédies, considéré comme « le Sophocle du siècle », et ses désirs contradictoires – s'intégrer grâce à son talent à la société aristocratique qu'il décrivait, tout en refusant d'aliéner son indépendance et de ménager les puissants.

Plongé dès l'enfance dans le monde littéraire, Claude Crébillon eut très tôt ses entrées au Théâtre-Français et commença sa carrière en composant, sans les signer pour ne pas gêner son père, des comédies en vers et de brillantes parodies de pièces et d'opéras pour les Comédiens-Italiens. À partir de 1730, il publie une série de contes et de romans salués par un immense succès : *le Sylphe,* relatant les privautés accordées en songe par une comtesse à un génie des airs, suivi de *Tanzaï et Néardarné* (1734), « histoire japonaise » où, sous couvert d'un conte licencieux, il critique le despotisme et la religion d'État, en attaquant notamment la bulle *Unigenitus,* promulguée par le pape à la demande de Louis XIV pour condamner les jansénistes. Ce dernier ouvrage lui vaut d'être emprisonné au château de Vincennes. Après sa libération paraissent *les Égarements du cœur et de l'esprit* (1736), où il met en scène un séducteur cruel, précurseur du Valmont des *Liaisons dangereuses*, et *le Sopha,* dans lequel, à l'instar de Montesquieu, il établit un parallèle entre les us d'une société et son régime politique, et où il décrit des personnages aisément identifiables. Coupable d'avoir à nouveau écrit un ouvrage « très contraire aux bonnes mœurs », il est éloigné de Paris, vit dans la pauvreté et cesse de publier pendant douze ans. Quand il reprend la plume, ses œuvres sont dénigrées par les milieux à la mode. À la mort de son père (1762), il hérite de sa charge de censeur et prendra des risques personnels, en autorisant notamment l'impression du *Barbier de Séville.* Jusqu'à la Révolution, ses œuvres ne cesseront d'être rééditées, tant en France que dans le reste de l'Europe, reléguant dans l'ombre celles de Crébillon père.

Partie II – Chapitre XX

AMUSEMENTS DE L'ÂME

Tel est notre sort que notre âme toujours inquiète au milieu des plus grands plaisirs, est réduite à en désirer plus encore qu'elle n'en trouve. La mienne collée sur la bouche de Zéinis, abîmée dans sa félicité, cherche à s'en procurer une encore plus grande. Elle essaya, mais vainement, à se glisser tout entière dans Zéinis ; retenue dans sa prison par les ordres cruels de Brahma, tous ses efforts ne purent l'en délivrer. Ses élans redoublés, son ardeur, la fureur de ses désirs, échauffèrent apparemment celle de Zéinis. Mon âme ne s'aperçut pas plutôt de l'impression faite sur la sienne, qu'elle redoubla ses efforts. Elle errait avec plus de vivacité sur les lèvres de Zéinis, s'élançait avec plus de rapidité, s'y attachait avec plus de feu. Le désordre qui commençait à s'emparer de celle de Zéinis augmenta le trouble et les plaisirs de la mienne. Zéinis soupira, je soupirai ; sa bouche forma quelques paroles mal articulées, une aimable rougeur vint colorer son visage. Le songe le plus flatteur vint enfin égarer ses sens. De doux mouvements succédèrent au calme dans lequel elle était plongée.

« Oui, tu m'aimes ! » s'écria-t-elle tendrement.

Quelques mots, interrompus par les plus tendres soupirs, suivirent ceux-là.

« Doutes-tu, continua-t-elle, que tu ne sois tendrement aimé ? »

Moins libre encore que Zéinis, je l'entendais avec transport, et n'avais plus la force de lui répondre. Bientôt, son âme aussi confondue que la mienne, s'abandonna toute au feu dont elle était dévorée ; un doux frémissement… Ciel ! Que Zéinis devint belle !

Mes plaisirs et les siens se dissipèrent par son réveil. Il ne lui resta plus que la douce illusion qui avait occupé ses sens, qu'une tendre langueur à laquelle elle se livra avec une volupté qui la rendait bien digne des plaisirs dont elle venait de jouir. Ses regards où l'amour même régnait, étaient encore chargés du feu qui coulait dans ses veines. Quand elle put ouvrir les yeux, ils avaient déjà perdu de l'impression voluptueuse que mon amour et le trouble de ses sens y avaient mise, mais qu'ils étaient encore touchants ! Quel mortel en se devant le bonheur de les voir ainsi, ne serait expiré de l'excès de sa tendresse et de sa joie !

« Zéinis ! m'écriais-je avec transport, aimable Zéinis ! C'est moi qui viens de te rendre heureuse ; c'est à l'union de ton âme et de la mienne que tu dois tes plaisirs. Ah ! puisses-tu les lui devoir toujours, et ne répondre jamais qu'à mon ardeur. Non, Zéinis, il n'en peut jamais être de plus tendre et de plus fidèle. Ah ! si je pouvais soustraire mon âme au pouvoir de Brahma, ou qu'il pût l'oublier ; éternellement attachée à la tienne, ce serait par toi seul que son immortalité pourrait devenir un bonheur pour elle, et qu'elle croirait perpétuer son être. Si je te perds jamais, âme que j'adore ! Eh ! comment dans l'immensité de la nature, ou accablé de ces liens cruels dont Brahma me chargera peut-être, pourrai-je te retrouver ! Ah Brahma ! Si ton pouvoir suprême m'arrache à Zéinis, fais au moins que, quelque douloureux que me soit son souvenir, je ne le perde jamais ! »

Pendant que mon âme parlait si tendrement à Zéinis, cette fille charmante semblait s'abandonner à la plus douce rêverie et je commençai à m'alarmer de la tranquillité avec laquelle elle avait pris ce songe, dont quelques instants auparavant je trouvais tant à me féliciter.

Zéinis, me disais-je, est sans doute accoutumée aux plaisirs qu'elle vient de goûter. Quelque chose qu'ils aient pris sur ses sens, ils n'ont point étonné son imagination : elle rêve, mais elle ne paraît pas se demander la cause des mouvements dont elle est agitée. Familiarisée avec ce que l'amour a de plus tendres transports, je n'ai fait que lui en tracer l'idée. Un mortel plus heureux a déjà développé dans le cœur de Zéinis ce germe de tendresse que la nature y a mis. C'est son image, non mon ardeur, qui l'a enflammée ; elle connaît l'amour, elle en a parlé, elle semblait au milieu de son trouble, être occupée du soin de rassurer un amant qui, peut-être, est accoutumé à porter dans ses bras, ses craintes et son inquiétude. Ah Zéinis ! S'il est vrai que vous aimiez, que, dans l'état où m'a mis la colère de Brahma, mon sort va devenir horrible !

Mon âme errait entre toutes ces idées, lorsque j'entendis frapper doucement à la porte. La rougeur de Zéinis à ce bruit imprévu augmenta mes craintes. Elle raccommoda avec promptitude le dérangement où les erreurs de son sommeil l'avaient laissée, et plus en état de paraître, elle ordonna qu'on entrât.

Ah ! me dis-je avec une extrême douleur, c'est peut-être un rival qui va s'offrir à ma vue ; s'il est heureux, quel supplice ! S'il le devient, que Zéinis soit telle que quelquefois je la suppose, et que ce soit à elle que je doive ma délivrance ; quel coup affreux pour moi, si je suis forcé de me séparer d'elle après les sentiments qu'elle m'a inspirés !

Quoique par la connaissance que j'avais des mœurs d'Agra, je dusse être rassuré contre la crainte de quitter Zéinis, et qu'il fût assez vraisemblable qu'à l'âge de quinze ans à peu près qu'elle paraissait avoir, elle n'eût pas tout ce que Brahma demandait pour me rendre à une autre vie, il se pouvait aussi que j'eusse tout à craindre d'elle de ce côté-là, et quelque cruel qu'il fût pour moi d'être témoin des bontés qu'elle aurait pour mon rival, je préférais ce supplice à celui de la perdre.

HISTOIRE DE DOM B., PORTIER DES CHARTREUX

1741 – Gervaise de La Touche

Sous le règne de Louis XV, si vous avez la chance de naître dans une famille aisée, noble ou bourgeoise, votre avenir est tout tracé. Jeune fille, vous aurez le choix entre le couvent et le mariage arrangé ; jeune homme, il est fort probable que, en tant qu'aîné vous soyez dirigé vers une carrière militaire, alors que vous recevrez une éducation vous incitant à entrer dans les ordres si vous êtes le cadet. Personne ne vous demande alors d'avoir la foi, ni d'appliquer le vœu de chasteté à la lettre mais, toutefois, suivant votre niveau dans la hiérarchie sociale, il vous faudra être plus ou moins discret sur vos mœurs.

Car, depuis les guerres de Religion et la philosophie des libertins du XVIIe siècle, l'anticléricalisme fait rage, et la police doit veiller sur tous ces débordements. Elle pourchasse aussi bien les ecclésiastiques libidineux au fond des bordels que les écrits libertins qui regorgent de propos outranciers. Tous ces procès-verbaux sont réunis à la Bastille. Le 14 juillet 1789, les assaillants ne libèrent que sept individus mais mettent au jour les archives administratives, dont le dossier concernant *l'Histoire de Dom B…*[1], l'ouvrage archétypal de l'anticléricalisme.

Le lieutenant-général de police Feydeau de Marville, en charge de rechercher l'ouvrage, arrête l'auteur des gravures, un certain Lefèvre. Immédiatement, douze de ses confrères les plus éminents se plaignent du préjudice considérable de sa détention pour la corporation. Ces réclamations de notables nous démontrent que l'édition clandestine n'est pas entre les mains de petits délinquants pornographes. Une « mouche » nommée la Poisson informe M. de Marville que les auteurs pourrait être les dénommés Billard et Gervaise, deux clercs de procureur initiés aux relations juridiques entre la police et leur ordre. Le lieutenant-général se méfie et ne veut pas commettre d'impair. Une autre information l'amène à perquisitionner chez l'abbé Noury. De sa chaise percée, le policier Dubut extrait du bout des doigts quarante gravures et cinq exemplaires du *Portier*. « Je viens de les acheter…, se justifie l'abbé, afin qu'il ne soient pas répandus dans le public… » Mais, après un interrogatoire convaincant, il avoue avoir vendu une quinzaine d'ouvrages pour le compte du marquis Le Camus. M. de Marville est coincé. Chaque affaire de littérature clandestine est commanditée par la noblesse. Car, d'une part, il faut beaucoup d'argent pour imprimer un livre et ses gravures et, d'autre part, le libertinage se confond avec l'oisiveté de la classe dirigeante. La police doit se contenter de faire peur, d'embastiller les sous-fifres, de détruire si possible l'ensemble du tirage, mais jamais de remonter jusqu'au commanditaire, de crainte de faire des vagues dans les sphères rapprochées du pouvoir. L'abbé confirme les craintes du policier. La principale partie du tirage est à Versailles, chez le duc de Talland. M. de Marville perd la partie. Son enquête à peine achevée, la seconde édition paraît, puis une troisième, et le « livre traqué » parvient jusqu'à nous.

1. Pascal Pia, *Histoire d'un livre traqué* in *Histoire de Dom B…, portier des Chartreux*, L'Or du Temps, 1969.

« Il faut nous mettre nus ! (Et, pour leur en donner l'exemple, je commençai la première. Robe, corset, chemise, tout partit dans la minute. Je les vis tous dans le même état que moi ; mes sœurs étaient aussi nues. Mes yeux savourèrent un moment le charmant spectacle de vingt vits roides, gros, longs, durs comme fer, et qui se présentaient fièrement au combat.) Allons, repris-je, il est temps de commencer. Je vais me coucher sur ce lit ; j'écarterai assez les cuisses pour qu'en accourant sur moi le vit à la main, vous m'enfiliez l'un après l'autre, car il faut que le sort règle le pas ; les maladroits n'auront pas à se plaindre, puisqu'en me manquant ils trouveront des cons tout prêts sur qui ils pourront décharger leur colère. Voilà, messieurs, ce que j'avais à vous proposer. Ils applaudirent tous à cet heureux essor de mon imagination. On tire au sort, je tends la bague, on court : un, deux, trois passent sans m'enfiler, et vont tomber sur mes sœurs, qui leur font oublier leur malheur par toutes sortes de plaisirs. Un quatrième vient, c'était vous, père prieur. Ah ! je payai votre adresse par les transports les plus vifs ; et si le plaisir qu'on goûte par une décharge mutuelle fait concevoir, vous partagez la gloire d'avoir fait Saturnin avec quatre ou cinq de ceux qui vous suivirent. Oui, mon ami, continua-t-elle en s'adressant à moi, tu as l'avantage d'être au-dessus des autres hommes, qui peuvent bien dire le jour de leur naissance, mais non pas celui où ils ont été faits. »

Telles étaient nos conversations dans la piscine, tels étaient les plaisirs que nous y goûtions. Je ne m'y rendais pas le dernier. Toutes les nuits j'allais chez le prieur ou chez le dépensier : j'étais infatigable ; je conduisais toujours la bande joyeuse. Bref, j'étais l'âme et les délices de la piscine ; tout, jusqu'aux vieilles, tout tâta de mon vit.

La réflexion cependant perçait quelquefois au milieu de mes plaisirs ; toutes nos sœurs me paraissaient charmées de leur sort. Je ne pouvais concevoir que des femmes, dont le naturel est vif et dissipé, eussent pu, sans frayeur, concevoir le dessein de passer leur vie dans une pareille retraite, y vivre sans dégoût et être sensibles à des plaisirs achetés par un esclavage éternel. Elles riaient de mon étonnement, et ne pouvaient elles-mêmes concevoir que je pusse avoir de pareilles idées. — Tu connais bien peu notre tempérament, me disait un jour une d'entre elles extrêmement jolie, et que le libertinage, fruit trompeur d'une éducation cultivée, avait fait jeter dans les bras de nos moines ; n'est -il pas vrai, me disait-elle, qu'il est plus naturel d'être sensible au bien qu'au mal ? J'en convenais. Ferais-tu difficulté, reprenait-elle, de sacrifier une heure du jour à la douleur, si l'on t'assurait que l'heure suivante se passerait dans une extrême joie ? — Non, assurément, lui disais-je. — Eh bien, poursuivit-elle, au lieu d'une heure mets un jour ; de deux, l'un sera pour le chagrin et l'autre pour le plaisir ; je te crois trop sage pour refuser un pareil parti si l'on te l'offrait. Je dis plus : l'homme le plus indifférent ne le refuserait pas, et la raison en est bien naturelle. Le plaisir est le premier mobile de toutes les actions des hommes ; il est déguisé sous mille noms différents, suivant les différents caractères. Les femmes ont de commun avec vous tous les caractères possibles ; mais elles ont au-dessus l'impression victorieuse du plaisir de l'amour ; leurs actions les plus indifférentes, leurs pensées les plus sérieuses naissent toutes dans cette source et portent toujours, quoique déguisées, la marque du fond d'où elles sortent. La nature nous a donné des désirs bien plus vifs, et par conséquent bien plus difficiles à satisfaire que les vôtres. Quelques coups suffisent pour abattre un homme, et ne font que nous animer ; mettons-en six : une femme ne recule pas après douze. Le sentiment du plaisir est donc au moins une fois aussi vif dans une femme qu'il l'est dans un homme, et si tu te croyais heureux de payer un jour de joie par un jour de chagrin, trouverais-tu étrange que j'en donnasse deux ? Serais-tu surpris que je passasse les deux tiers de ma vie dans la peine pour passer l'autre tiers dans le plaisir ? J'ai mis les choses égales entre nous : quand tu nous vois continuellement occupées de ce qui fait le souverain bonheur des femmes, quand nous sommes continuellement dans vos bras, dis-moi, crois-tu que nous puissions songer à la peine, qu'elle ait quelque empire sur nous ? Ne trouveras-tu pas notre condition mille et mille fois plus heureuse que celle de ces filles imprudentes qui, nées avec des inclinations aussi violentes que celles des autres femmes, viennent porter dans la solitude des désirs qui ne seront jamais apaisés par les embrassements d'un homme ? Qu'ils seraient plus vifs, ces désirs, s'il était possible de nous refroidir ! Nous ne regrettons rien ici. Libres des inquiétudes de la vie, nous n'en connaissons que les charmes ; nous ne prenons de l'amour que les agréments et nous ne remarquons la différence des jours que par la diversité des plaisirs qu'ils nous procurent. Désabuse-toi, père Saturnin, si tu nous crois malheureuses.

Je ne m'attendais pas à trouver des pensées aussi justes dans une fille que je ne croyais capable que de sentir le plaisir. Né pour le goûter, je profitai de l'heureux penchant qui me la livrait, et nous satisfîmes à loisir nos transports.

L'homme n'est pas né pour être toujours heureux ; je devins rêveur. J'étais en fouterie ce qu'Alexandre était en ambition : je désirais de foutre toute la terre, et après elle un nouveau monde. Depuis six mois j'avais toujours remporté le prix dans les combats amoureux, et du plus brave que j'étais je devins bientôt le plus lâche.

L'habitude du plaisir en avait émoussé la pointe, et j'étais avec nos six sœurs ce qu'un mari est avec sa femme. Le mal de mon esprit influa bientôt sur mon corps ; on m'en fit des reproches qui ne glissèrent que sur mon cœur, et il ne fallait pas moins que toute la tendresse du prieur

pour me faire aller à la piscine. Il engagea nos sœurs à travailler à ma guérison : elles ne négligèrent rien pour y réussir ; non seulement elles employèrent tous leurs charmes naturels, mais elles y joignirent encore ce que l'art le plus consommé peut suggérer à une vieille coquette fouteuse. Tantôt se rangeant en cercle autour de moi, elles offraient à ma vue les tableaux les plus lascifs : l'une, mollement appuyée sur un lit, laissait voir négligemment la moitié de sa gorge ; une petite jambe faite au tour, des cuisses plus blanches que la neige me promettaient le plus beau con du monde ; l'autre dans l'attitude d'une femme qui se prépare au combat, marquait l'ardeur qui la consumait; d'autres, dans des postures différentes, en se chatouillant le con, exprimaient par leurs soupirs les plaisirs qu'elles ressentaient. Tantôt elles se mettaient nues, et me présentaient la volupté dans tout son jour. Celle-ci, appuyée sur un canapé, me montrait le revers de la médaille, et, passant la main sous son ventre, elle écartait les cuisses et se branlait, de manière qu'à chaque mouvement que faisait son doigt je voyais l'intérieur de cette partie qui m'avait autrefois causé de si vives émotions. Une autre, couchée sur un lit de satin noir, me présentait la même image que l'autre ne me présentait qu'à l'envers ; une troisième me faisait coucher par terre entre deux chaises, et, mettant ensuite un pied sur l'une et un pied sur l'autre, elle s'accroupissait, et son con se trouvait perpendiculairement sur mes yeux. Dans cette situation, je la voyais travailler avec un godmiché, tandis qu'une autre foutait devant moi de toutes ses forces avec un moine, nu comme elle. Enfin, on offrit à ma vue les images les plus lubriques ; tantôt à la fois, tantôt successivement.

Quelquefois on me couchait tout nu sur un banc ; une sœur se mettait à califourchon sur ma gorge, de sorte que mon menton était enveloppé dans le poil de sa motte; une autre se mettait sur mon ventre ; une troisième, qui était sur mes cuisses, tâchait de s'introduire mon vit dans le con; deux autres s'étaient placées à mes côtés, de façon que je tenais un con de chaque main ; une autre enfin, — celle qui avait la plus belle gorge, — était à ma tête, et, s'inclinant, elle me pressait le visage entre ses tétons ; toutes étaient nues, toutes se grattaient, toutes déchargeaient ; mes mains, mes cuisses, mon ventre, ma gorge, mon vit, tout était inondé, je nageais dans le foutre et le mien refusait de s'y joindre. Cette dernière cérémonie appelée par excellence la *question extraordinaire*, fut aussi inutile que les précédentes : on me tint pour un homme confisqué, et l'on abandonna la nature à elle-même.

THÉRÈSE PHILOSOPHE

1748 – Boyer d'Argens

Entre deux séances de luxure, Juliette[1], héroïne sadienne, inspecte le manoir du moine Claude : « On n'a pas d'idée de ce que nous y trouvâmes d'estampes et de livres obscènes. » La libertine chevronnée connaît les ouvrages qu'elle découvre : *le Portier des Chartreux,* « production plus polissonne que libertine » ; *l'Académie des dames,* « le plan est bon, mais l'exécution mauvaise » ; *le Rideau levé*, « autre production manquée net par de fausses considérations ». Évidemment, ces critiques littéraires émanent du Divin Marquis, qui sait de quoi il parle lorsqu'il analyse les œuvres érotiques de ses contemporains. Il n'y a que *Thérèse philosophe* qui ait sa sympathie : « ouvrage charmant du marquis d'Argens, le seul qui ait montré le but, sans néanmoins l'atteindre tout à fait ; l'unique qui ait agréablement lié la luxure et l'impiété, et qui, bientôt rendu au public tel que l'auteur l'avait primitivement conçu, donnera enfin l'idée d'un livre immoral. »

Mais comment Sade peut-il se permettre d'être aussi catégorique lorsqu'il avance le nom de Boyer d'Argens alors que ce texte est plus souvent attribué à Diderot ou à un certain d'Arles de Montigny ? Puis, que veut nous dire Juliette par : « bientôt, rendu au public… » ? Connaissait-elle l'existence ou la préparation d'une suite ? Ou bien, faut-il en attribuer *Thérèse philosophe* à Sade, comme le font certains ? Sûrement pas, mais Sade fréquentait probablement Boyer d'Argens, tous deux originaires de la noblesse de Provence. Et, fait troublant, Jean-Baptiste est le fils de Pierre-Jean de Boyer, haut magistrat, procureur général au parlement d'Aix, ne pouvant ignorer les procédures les plus secrètes de l'affaire La Cadière-Girard.

Le début de *Thérèse philosophe* s'inspire de cette affaire qui scandalisa nombres d'apôtres. La Cadière – devenue par anagramme Éradice dans le roman et présentée comme une amie de Thérèse – est une jeune pénitente qui intenta un procès à son confesseur, l'accusant d'avoir abusé d'elle. Le père Girard – devenu Dirrag – fut épargné du bûcher à une voix près après un procès retentissant opposant Jésuites et Jansénistes. La jeunesse de Boyer d'Argens fut imprégnée de cette affaire. Il est donc tout à fait possible qu'il s'en soit inspiré comme mise en bouche pour son roman servant de prétexte à un long discours irrévérencieux mêlant érotisme et philosophie. Annonciatrice du féminisme, Thérèse y est dépeinte comme une candide anticonformiste visant à ébranler les valeurs de son époque où, sur une simple lettre de cachet, on enfermait sa femme ou sa fille. Comme le souligne Xavière Gauthier[2], l'ouvrage appelle à une conclusion qui séduirait Diderot : « Il n'y a de bien et de mal moral que par rapport aux hommes et non par rapport à Dieu. »

1. Marquis de Sade, *Histoire de Juliette ou les prospérités du vice, Tome troisième, p. 96,* En Hollande, [1870] 1797.

2. p. 482 du *Dictionnaire des œuvres érotiques*, Mercure de France, 1971.

« Prenez la peine, Mademoiselle, medit notre courtisan, de vous placer de l'autre côté du lit, et de chatouiller cette ample paire de c... qui pendent entre les cuisses de mon homme, qui est, comme vous voyez, un fort honnête *Lorrain.* »

Cela exécuté de ma part, nue, comme je vous ai dit, de la ceinture en haut, l'ordonnateur de la fête dit à son valet de chambre qu'il pouvait aller son train. Celui-ci pousse sur-le-champ et repousse avec une mobilité de fesses admirable : ma main suit leurs mouvements, ne quitte point les deux énormes *verrues.* Le maître parcourt des yeux les miroirs, qui lui rendent des tableaux diversifiés selon le côté dont les objets sont réfléchis. Il vient à bout de faire roidir son instrument, qu'il secoue avec vigueur ; il sent que le moment de la volupté s'approche.

« Tu peux finir », dit-il à son valet de chambre. Celui-ci redouble ses coups ; tous deux enfin se pâment et répandent la liqueur divine.

Chère Thérèse, dit la Bois-Laurier, en poursuivant son récit, je me rappelle fort à propos une plaisante aventure qui m'arriva ce même jour avec trois *capucins* : elle te donnera une idée de l'exactitude de ces bons Pères à observer leur vœu de chasteté.

Après être sortie de chez le courtisan dont je viens de te parler, et avoir dit adieu à ma compagne, comme je tournais le premier coin de rue pour y monter dans un fiacre qui m'attendait, je rencontrai la *Dupuis*, amie de ma mère, digne émule de son commerce, mais qui en exerçait les travaux dans un monde moins bruyant.

« Ah ! ma chère Manon, me dit-elle en m'abordant, que je suis ravie de te rencontrer ! Tu sais que c'est moi qui ai l'honneur de servir presque tous nos moines de Paris. Je crois que ces chiens-là se sont tous donné le mot aujourd'hui pour me faire enrager : ils sont tous en *rut.* J'ai depuis ce matin neuf filles en campagne pour eux, en diverses chambres et quartiers de Paris, et je cours, depuis quatre heures, sans en pouvoir trouver une dixième, pour trois vénérables capucins qui m'attendent encore dans un fiacre bien fermé sur le chemin de ma petite maison. Il faut, Manon, que tu me fasses le plaisir d'y venir ; ce sont de bons diables, ils t'amuseront. »

J'eus beau dire à la Dupuis qu'elle savait bien que je n'étais pas un gibier de moines, que ces messieurs ne se contentaient pas des plaisirs de fantaisie, de ceux de la petite oie ; mais qu'il leur fallait au contraire des filles dont les ouvertures fussent très libres.

« Parbleu ! répliqua la Dupuis, je te trouve admirable de t'inquiéter des plaisirs de ces coquins-là ; il suffit que je leur donne une fille ; c'est à eux à en tirer tel parti qu'ils pourront. Tiens, voilà six louis qu'ils m'ont mis en main : il y en a trois pour toi, veux-tu me suivre ? »

La curiosité autant que l'intérêt me détermina. Nous montâmes dans son fiacre, et nous nous rendîmes près de Montmartre, à la petite maison de la Dupuis.

Un instant après, entrent nos trois capuchons, qui, peu accoutumés à goûter d'un morceau aussi friand que je paraissais l'être, se jettent sur moi comme trois dogues affamés. J'étais dans ce moment debout, un pied élevé sur une chaise, nouant une de mes jarretières. L'un, avec une barbe rousse et une haleine infectée, vient m'appuyer un baiser sur la parole ; encore cherchait-il à chiffonner avec sa langue. Un second tracassait grossièrement sa main dans mes tétons ; et je sens le visage du troisième, qui avait levé ma chemise par-derrière, appliqué contre mes fesses, tout près du trou mignon ; quelque chose de rude comme du crin, passé entre mes cuisses, me farfouillait le quartier de devant ; j'y porte la main : qu'est-ce que je saisis ? La barbe du Père Hilaire, qui, se sentant pris et tiré par le menton, m'applique, pour m'obliger à lâcher prise, un assez vigoureux coup de dent dans une fesse. J'abandonne en effet la barbe et un cri perçant, que ma douleur m'arrache en impose heureusement à ces effrénés, et me tira pour un moment de leurs pattes. Je m'assis sur un lit de repos près lequel j'étais ; mais à peine ai-je le temps de m'y reconnaître, que trois instruments énormes se trouvent braqués devant moi.

« Ah ! mes Pères, m'écriai-je, un moment de patience, s'il vous plaît ; mettons un peu d'ordre dans ce qui nous reste à faire. Je ne suis point venue ici pour jouer la vestale : voyons donc avec lequel de vous trois je... »

« C'est à moi », s'écrièrent-ils tous ensemble, sans me donner le temps d'achever.

« A vous, jeunes barbes ? reprit l'un d'eux en nasillant. Vous osez disputer le pas à Père Ange, ci-devant gardien de ..., prédicateur du carême de..., votre supérieur ! Où est donc la subordination ? »

« Ma foi, ce n'est pas chez la Dupuis, reprit l'un d'eux sur le même ton ; ici, Père Anselme vaut bien Père Ange. »

« Tu en as menti ! » répliqua ce dernier, en apostrophant un coup de poing dans le milieu de la face du très révérend père Anselme. Celui-ci, qui n'était rien moins que manchot, saute sur père Ange ; tous deux se saisissent, se collettent, se culbutent, se déchirent à belles dents ; leurs robes, relevées sur leurs têtes, laissent à découvert leurs misérables outils, qui, de saillants qu'ils s'étaient montrés, se trouvaient réduits en forme de lavettes. La Dupuis accourut pour les séparer ; elle n'y réussit qu'en appliquant un grand seau d'eau fraîche sur les parties honteuses de ces deux disciples de saint François.

Pendant le combat, père Hilaire ne s'amusait point à la moutarde. Comme je m'étais renversée sur le lit, pâmée de rire et sans force, il fourrageait mes appas, et cherchait à manger l'huître disputée à belles gourmades par ses deux compagnons. Surpris de la résistance qu'il rencontre, il s'arrête pour examiner de près les débouchés ; il entrouvre la coquille, point d'issues... Que faire ? Il cherche de nouveau à percer : soins perdus, peines inutiles. Son instrument, après des efforts redoublés, est réduit à l'humiliante ressource de cracher au nez de l'huître qu'il ne peut gober.

Le calme succéda tout à coup aux fureurs monacales. Père Hilaire demanda un instant silence : il informa les deux combattants de mon irrégularité et de la barrière insurmontable qui fermait l'entrée du séjour des plaisirs. La vieille Dupuis essuya de vifs reproches, dont elle se défendit en plaisantant ; et en femme qui sait son monde, elle tâcha de faire diversion par l'arrivée d'un convoi de bouteilles de vin de Bourgogne qui furent bientôt sablées.

Cependant, les outils de nos Pères reprennent leur première consistance. Les libations bachiques sont interrompues de temps à autre par des libations à Priape. Tout imparfaites qu'étaient celles-ci, nos frapparts semblent s'en contenter, et tantôt mes fesses, tantôt leurs revers servent d'autel à leurs offrandes.

Bientôt une excessive gaieté s'empare des esprits. Nous mettons à nos convives du rouge, des mouches : chacun d'eux s'affuble de quelqu'un de mes ajustements de femme ; peu à peu je suis dépouillée toute nue, et couverte d'un simple manteau de capucin, équipage dans lequel ils me trouvèrent charmante.

« N'êtes-vous pas trop heureux, s'écria la Dupuis qui était à moitié ivre, de jouir du plaisir de voir un minois comme celui de la charmante Manon ? »

« Non, ventrebleu ! répliqua Père Ange d'un ton de fureur bachique ; je ne suis point venu ici pour voir un minois : c'est pour f... un c... que je m'y suis rendu ; j'ai bien payé, ajouta-t-il, et ce v... que je tiens en main n'en sortira ventre-Dieu pas, qu'il n'ait f..., fût-ce le diable. »

Ecoute bien cette scène, me dit la Bois-Laurier en s'interrompant, elle est originale ; mais je t'avertis (peut-être un peu tard) que je ne puis rien retrancher à l'énergie des termes, sans lui faire perdre toutes ses grâces.

La Bois-Laurier avait trop élégamment commencé pour ne pas la laisser finir de même : je souris ; elle continua ainsi le récit de cette aventure :

« Fût-ce le diable ! répéta la Dupuis, se levant de dessus sa chaise et élevant sa voix du même ton nasillant que celui du capucin ; eh bien, b..., dit-elle en se troussant jusqu'au nombril, regarde ce c... vénérable, qui en vaut bien deux. Je suis une bonne diablesse : f...-moi donc, si tu l'oses, et gagne ton argent. »

Elle prend en même temps Père Ange par la barbe, et l'entraîne sur elle, en se laissant tomber sur le petit lit. Le Père n'est point déconcerté par l'enthousiasme de sa Proserpine ; il se dispose à l'enfiler, et l'enfile à l'instant.

A peine la sexagénaire Dupuis eut-elle éprouvé le frottement de quelques secousses du Père, que ce plaisir délicieux, qu'aucun mortel n'avait eu la hardiesse de lui faire goûter depuis plus de vingt-cinq ans, la transporte et lui fait bientôt changer de ton.

« Ah ! mon papa, disait-elle, en se démenant comme une enragée, mon cher papa, f... donc...; donne-moi du plaisir..., je n'ai que quinze ans, mon ami ; oui, vois-tu ? Je n'ai que quinze ans... Sens-tu ces allures ?... Va donc, mon petit chérubin !... Tu me rends la vie... tu fais une œuvre méritoire... »

Dans l'intervalle de ces tendres exclamations, la Dupuis baisait son champion, elle le pinçait, elle le mordait avec les deux uniques chicots qui lui restaient dans la bouche.

D'un autre côté, le Père, qui était surchargé de vin, ne faisait que hannequiner ; mais ce vin commençant à faire son effet, la galerie, composée des révérends Pères Anselme, Hilaire et de moi, s'aperçut bientôt que Père Ange perdait du terrain, et que ses mouvements cessaient d'être régulièrement périodiques.

« Ah ! b... ! s'écria tout à coup la connaisseuse Dupuis, je crois que tu déb..., chien ; si tu me faisais un pareil affront...! »

Dans l'instant, l'estomac du Père, fatigué par l'agitation, fait *capot,* et l'inondation portant directement sur la face de l'infortunée Dupuis, au moment d'une de ses exclamations amoureuses, qui lui tenait la bouche béante ; la vieille, se sentant infectée de cette exlibation infecte, son cœur se soulève, et elle paie l'agresseur de la même monnaie.

Jamais spectacle plus affreux et plus risible en même temps. Le moine s'appesantit, s'écroule sur la Dupuis. Celle-ci fait de puissants efforts pour le renverser de côté ; elle y réussit. Tous deux nagent dans l'ordure : leurs visages sont méconnaissables ; la Dupuis, dont la colère n'était que suspendue, tombe sur Père Ange à grands coups de poing ; mes ris immodérés et ceux des deux spectateurs nous ôtent la force de leur donner du secours ; enfin, nous les joignîmes, et nous séparâmes les champions. Père Ange s'endort ; la Dupuis se nettoie ; à l'entrée de la nuit, chacun se retire et gagne tranquillement son manoir.

LES BIJOUX INDISCRETS

1748 – Denis Diderot

Lorsque Diderot écrivit *Les Bijoux indiscrets*, il était déjà l'auteur de plusieurs ouvrages : *les Pensées philosophiques* (1746), où il affichait son déisme et que le parlement de Paris avait condamnées à être brûlées, *De la suffisance de la religion naturelle* et *la Promenade du sceptique,* composées en 1747, où il mettait l'accent sur la nature biologique de l'homme, et il venait de s'engager dans l'entreprise qui l'absorberait pendant vingt ans, la rédaction de *l'Encyclopédie*. Présenté comme un livre licencieux, son premier roman semble donc fondamentalement différent de ses œuvres précédentes, de nature purement philosophique. Sa naissance résulta d'un étonnant pari. La maîtresse de Diderot, Mme de Puisieux, femme de lettres au talent médiocre mais aux besoins d'argent conséquents, l'avait mis au défi de rédiger en deux semaines un roman à succès, à la façon des récits exotiques de Crébillon fils. L'action des *Bijoux indiscrets* se déroule en Afrique, dans un Congo présentant bien des points communs avec la France et dont la capitale, Banza, ressemble fort à Paris. Ses principaux personnages, le sultan Mangogul et sa favorite Mirzoza, évoquent furieusement Louis XV et Mme de Pompadour, les autres, tels Sambuco et Thélis, répliques du maréchal de Villars et de Mme de Tencin, rappellent des figures influentes du siècle. Le sultan s'ennuyant à mourir, un génie lui fait don d'un anneau magique qui a pour propriété de rendre invisible et de faire parler les femmes en toute franchise par la voie de leur bijou, c'est-à-dire, de leur sexe. Grâce à ce procédé, le monarque entendra trente « essais » différents, après avoir engagé un pari sur la nature vertueuse des femmes avec sa favorite. Au-delà de leur caractère grivois, ces récits sont le prétexte à une attaque de certains grands personnages, notamment Louis XIV, auquel Diderot reproche d'avoir révoqué l'édit de Nantes et ruiné la France. Ils expriment aussi ses partis pris dans les querelles du temps sur le théâtre, la musique, la philosophie, la science et les réfutations que ses progrès apportent à certains dogmes religieux. Ils offrent également la parole à des femmes de différents milieux sur des sujets tels que l'amour, la morale, le mariage ou la religion, et témoignent de l'oppression dont elles souffrent et des dissimulations auxquelles elles sont contraintes.

Devenu résolument matérialiste et athée, Diderot s'élèvera à nouveau contre la condition faite aux femmes dans *la Religieuse*, roman qu'il commença en 1760, où il dénonce la pratique contre nature de l'enfermement des individus et le scandale des vocations forcées. Il abordera à nouveau ce sujet en 1772 dans un essai intitulé *Sur les femmes*, écrit à la veille du mariage de sa fille, dans lequel il plaide pour une extension du droit des femmes, et dans *le Supplément au voyage de Bougainville*, où il souligne la fragile situation sociale des Françaises et les invite à se libérer de l'hypocrisie que la société leur impose.

Chapitre XXI
Neuvième essai de l'anneau

DES CHOSES PERDUES ET RETROUVÉES

Qu'on imagine la surprise de Mangogul à ce discours ! Il avait entendu l'oraison funèbre de Zermounzaid, et il ne le reconnaissait point à ces traits. Erguebzed son père avait regretté cet officier : les nouvelles à la main, après avoir prodigué les derniers éloges à sa belle retraite, avaient attribué sa défaite et sa mort à la supériorité des ennemis, qui, disaient-elles, s'étaient trouvés six contre un. Tout le Congo avait plaint un homme qui avait si bien fait son devoir. Sa femme avait obtenu une pension : on avait accordé son régiment à son fils aîné, et l'on promettait un bénéfice au cadet.

Que d'horreurs ! s'écria tout bas Mangogul. Un époux déshonoré, l'Etat trahi, des concitoyens sacrifiés, ces forfaits ignorés, récompensés même comme des vertus, et tout cela à propos d'un bijou !

Le bijou de Thélis, qui s'était interrompu pour reprendre haleine, continua : « *Me voilà donc abandonné à la discrétion de l'ennemi. Un régiment de dragons était prêt à fondre sur nous. Thélis en parut éplorée, et ne souhaita rien tant ; mais les charmes de la proie semèrent la discorde entre les prédateurs. On tira les cimeterres, et trente à quarante hommes furent massacrés en un clin d'œil. Le bruit de ce désordre parvint jusqu'à l'officier général. Il accourut, calma ces furieux, et nous mit en séquestre sous une tente, où nous n'avions pas eu le temps de nous reconnaître, qu'il vint solliciter le prix de ses services. Malheur aux vaincus ! s'écria Thélis en se renversant sur un lit ; et toute la nuit fut employée à ressentir son infortune.*

Nous nous trouvâmes le lendemain sur le rivage du Niger. Une saique nous y attendait, et nous partîmes, ma maîtresse et moi, pour être présentés à l'empereur de Benin. Dans ce voyage de vingt-quatre heures, le capitaine du bâtiment s'offrit à Thélis, fut accepté, et je connus par expérience que le service de mer était infiniment plus vif que celui de terre. Nous vîmes l'empereur de Benin ; il était jeune, ardent, voluptueux : Thélis fit encore sa conquête ; mais celles de son mari l'effrayèrent. Il demanda la paix, et il ne lui en coûta, pour l'obtenir, que trois provinces et ma rançon.

Autres temps, autres fatigues. Sambuco apprit, je ne sais comment, la raison des malheurs de la campagne précédente ; et pendant celle-ci, il me mit en dépôt sur la frontière chez un chef de brahmines de ses amis. L'homme saint ne se défendit guère ; il succomba aux agaceries de Thélis, et en moins de six mois, j'engloutis ses revenus immenses, trois étangs et deux bois de haute futaie. »

Miséricorde ! s'écria Mangogul, trois étangs et deux bois ! quel appétit pour un bijou !

« *C'est une bagatelle, reprit celui-ci. La paix se fit, et Thélis suivit son époux en ambassade au Monomotapa. Elle jouait et perdait fort bien cent mille sequins eu un jour, que je regagnais en une heure. Un ministre, dont les affaires de son maître ne remplissaient pas tous les moments, me tomba sous la dent, et je lui dévorai en trois ou quatre mois une fort belle terre, le château tout meublé, le parc, un équipage avec les petits chevaux pies. Une faveur de quatre minutes, mais bien filée, nous valait des fêtes, des présents, des pierreries, et l'aveugle ou politique Sambuco ne nous tracassait point.*

Je ne mettrai point en ligne de compte, ajouta le bijou, les marquisats, les comtés, les titres, les armoiries, etc., qui se sont éclipsés devant moi. Adressez-vous à mon secrétaire, qui vous dira ce qu'ils sont devenus. J'ai fort écorné le domaine du Biafara, et je possède une province entière du Béléguanze. Erguebzed me proposa sur la fin de ses jours… »

A ces mots, Mangogul retourna sa bague, et fit taire le gouffre ; il respectait la mémoire de son père, et ne voulut rien entendre qui pût ternir dans son esprit l'éclat des grandes qualités qu'il lui reconnaissait.

De retour dans son sérail, il entretint la favorite des vaporeuses, et de l'essai de son anneau sur Thélis. « Vous admettez, lui dit-il, cette femme à votre familiarité ; mais vous ne la connaissez pas apparemment aussi bien que moi.

— Je vous entends, seigneur, répondit la sultane. Son bijou vous aura sottement conté ses aventures avec le général Micokof, l'émir Féridour, le sénateur Marsupha, et le grand brahmine Ramadanutio. Eh ! qui ne sait qu'elle soutient le jeune Alamir, et que le vieux Sambuco, qui ne dit rien, en est aussi bien informé que vous !

— Vous n'y êtes pas, reprit Mangogul. Je viens de faire rendre gorge à son bijou.

— Vous avait-il enlevé quelque chose ? répondit Mirzoza.

— Non pas à moi, dit le sultan, mais bien à mes sujets, aux grands de mon empire, aux potentats mes voisins : des terres, des provinces, des châteaux, des étangs, des bois, des diamants, des équipages, avec les petits chevaux pies.

— Sans compter, seigneur, ajouta Mirzoza, la réputation et les vertus. Je ne sais quel avantage vous apportera votre bague ; mais plus vous en multipliez les essais, plus mon sexe me devient odieux : celles même à qui je croyais devoir quelque considération n'en sont pas exceptées. Je suis contre elles d'une humeur à laquelle je demande à Votre Hautesse de m'abandonner pour quelques moments. »

Mangogul, qui connaissait la favorite pour ennemie de toute contrainte, lui baisa trois fois l'oreille droite, et se retira.

MARGOT LA RAVAUDEUSE

1750 – Louis Charles Fougeret de Monbron

Louis Charles Fougeret de Monbron était un être singulier, un frondeur né, un éternel insatisfait, un « mauvais sujet » se fuyant lui-même et fuyant les autres, dont la particularité était selon ses propres termes, « de haïr les hommes à visage découvert ».

Ce misanthrope qui, mieux qu'un autre, exprima le malaise d'une génération née avec le siècle des Lumières, était issu d'une famille à la fortune récente. Son père le destine tout d'abord à la carrière militaire et le fait entrer aux gardes du corps, régiment qu'il quitte au bout de quatre ans. Il se voit ensuite offrir la charge de valet de chambre ordinaire du roi, qui le mène à Versailles. Mais le jeune homme préfère les plaisirs de la vie parisienne à la poursuite d'une réussite financière et sociale. Il fréquente la bohème littéraire, court les maisons closes, les cafés, les théâtres, les bals et l'Opéra. Les comportements qu'il y observe lui inspireront un conte galant, *le Canapé couleur de feu*, publié à Amsterdam en 1741. À l'inverse du *Sopha* de Crébillon, dont il emprunte le procédé narratif, cet ouvrage use d'une satire grossière et d'un langage cru pour principalement dénoncer les vices du clergé.

Accablé d'ennui, influencé par l'anglophilie de Voltaire et enrichi par la vente de sa charge, Monbron effectue un premier séjour à Londres, dont il revient « tout à fait Jacques Rost-Beef ». Trouvant désormais l'air de Paris irrespirable, il multiplie les voyages, gagnant tour à tour Constantinople, l'Italie, la Prusse, la Saxe, l'Espagne, le Portugal et à nouveau l'Angleterre, alors en guerre contre la France. Entre deux déplacements, il écrit des poèmes burlesques, parmi lesquels *la Henriade travestie*, éblouissante parodie de l'épopée consacrée par Voltaire à Henri IV. En 1748, il termine un roman, sorte de chronique sur la société de son temps, l'autobiographie de Margot, passée pour échapper à la misère du rapiéçage de vieux vêtements à la galanterie. Dénoncé, il est incarcéré pour « avoir composé un libelle contre la religion et le gouvernement », puis éloigné de Paris. L'ouvrage paraît cependant à Hambourg (1750), en même temps que *le Cosmopolite ou le Citoyen du monde*, récit critique de ses pérégrinations. Cette provocation le met sous la menace d'une nouvelle arrestation qui l'oblige à quitter la France, non plus par goût, mais pour échapper à la police. On le voit à Moscou, en Hollande et à Liège, mais il indispose ses hôtes par son caractère belliqueux et les critiques qu'il profère contre les Grands. Arrêté à Toulouse, il est conduit à la Bastille (1755), où il restera cinq mois.

Après avoir retrouvé la liberté, « le tigre à deux pieds », comme le surnommait Diderot en raison de sa férocité, publie quelques livres pamphlets, *le Préservatif contre l'anglomanie* (1757), où il ne reconnaît plus aux Anglais que l'excellence de leurs chevaux et de leurs chiens, et *la Capitale des Gaules ou la Nouvelle Babylone* (1759), dans lequel, revenu de tout, il dénonce la débauche et la corruption régnant à Paris.

Enfin, M. de Gr… M…, charmé de mes bonnes manières, s'habilla à la hâte, et me mena sur-le-champ chez M. Thuret, en ce temps-là directeur de l'Opéra. Je fus assez heureuse, pour qu'il me trouvât aussi de son goût. Il m'agrégea sans hésiter au corps sémillant des demoiselles de l'Académie royale de musique, et nous retint à dîner.

Comme j'aime à varier mes descriptions et mes tableaux, je ne dirai rien de ce qui se passa entre M. Thuret et moi le même jour. Il suffit de savoir que le bon homme était aussi paillard que M. de Gr… M… et n'était guère moins difficile à mettre en train. Je retournai coucher chez la bonne Mme Thomas, impatiente de lui faire part de l'effet qu'avait produit la lettre du frère Alexis ; et le lendemain je repris possession de mon domicile, n'ayant plus rien à redouter des gens de police.

Outre les leçons du magasin, auxquelles je ne manquais jamais, Malterre le Diable m'en donnait encore de particulières. Je fis de si rapides progrès, qu'en moins de trois mois je me trouvai en état de me tenir sur mes jambes d'une façon supportable dans le ballet.

Le jour de mon début fut marqué par une époque assez plaisante. On surprit sous le théâtre une de nos compagnes en péché mortel. Le conclave féminin n'en eut pas plus tôt connaissance, qu'il exigea que punition exemplaire en fût faite à toute rigueur. La délinquante parut au tribunal de M. Thuret pour y être jugée. Le contrôleur La Chamarée aurait bien voulu l'excuser ; mais la présidente Carton ayant pour assesseurs Fanchon Chopine, la Desaigles et la mère Carville, dit qu'il était de la plus dangereuse conséquence de pardonner de semblables fautes ; que les novices, encouragées par l'impunité d'une débauche si crapuleuse, tomberaient bientôt dans les excès licencieux et les débordements des filles de l'Opéra-Comique. Elle ajouta, qu'il serait honteux et infamant qu'on souffrît des prostitutions de cette nature sur un théâtre, qui avait toujours été depuis son établissement, l'école de la galanterie la plus délicate et la plus épurée, et qu'enfin si l'on ne sévissait contre la coupable, il n'y aurait pas désormais une honnête fille qui voulût entrer à l'Opéra. Fanchon Chopine donna ses conclusions à ce qu'elle fût immédiatement rayée du tableau : les autres opinèrent du bonnet ; et M. Thuret, voyant que ses remontrances ne serviraient de rien avec de pareilles cervelles, la déclara déchue de tous ses honneurs et prérogatives, et privée sans appel du droit de promener dorénavant sa figure chinoise sur les planches.

Il y avait environ quinze jours que je traînais la semelle parmi les élèves de Terpsichore, lorsqu'un matin, à mon lever, je reçus un poulet, dont voici la substance :

« Mademoiselle, je vous vis hier à l'Opéra. Votre physionomie me plut. Si vous vous sentez d'humeur à prendre des arrangements avec un

MARGOT
LA RAVAUDEUSE

homme qui abhorre les difficultés en amour, et ne soupire que l'argent à la main, ayez la bonté de me le mander promptement. Je suis, etc. »

Quoique je n'eusse pas encore un assez grand usage du monde pour connaître les gens à leur style, je devinai, sans peine, par la tournure concise et brusque de ce billet, que j'avais touché le cœur d'un financier. Des connaissances de cette espèce sont trop précieuses pour les rejeter lorsqu'elles se présentent : aussi ne fis-je point la sotte. Je lui répondis à l'instant que je ressentais vivement l'honneur qu'il me faisait de me donner la préférence sur tant d'aimables personnes de l'Opéra ; que ce serait mal répondre à ses bontés, et m'en rendre indigne, que de ne point accepter ses offres, et que s'il était impatient de me voir, je ne l'étais pas moins de l'assurer personnellement de mon profond respect.

Une heure après ma réponse, il arriva dans un équipage des mieux étoffés, et qui sans être brillant, annonçait l'opulence du maître. Je fus le recevoir en cérémonie sur le palier. Pour faire son portrait en trois mots, c'était un petit homme trapu, effroyablement laid, et d'environ soixante ans. Il me bredouilla en entrant cinq ou six phrases galantes, que je n'aurais pu comprendre sans un rouleau de cinquante louis qu'il me glissa discrètement dans la main. Il n'est pas de si maussade propos qu'on ne trouve admirable et des plus sublimes, quand il est accompagné de procédés aussi généreux. Non seulement ce qu'il me dit me parut très ingénieusement exprimé, mais même je crus découvrir dans ses traits un air de distinction et de noblesse qui m'avait échappé au premier coup d'œil. Voilà ce que produisent les belles manières : on est toujours sûr de plaire quand on débute ainsi.

J'étais dans un déshabillé plus agaçant que coquet. L'art que j'y avais mis était si voisin de la nature, que mes charmes ne semblaient rien emprunter de mon ajustement. J'avais tout lieu de présumer de leur pouvoir. Mon financier me trouvait adorable. L'avidité de ses regards, l'impatience de ses mains ne me laissaient pas douter que je ne touchasse au dénouement de la pièce. Cependant, qu'arriva-t-il ?

Après un badinage de trois quarts d'heure, je fus ratée comme une reine. Cette humiliante aventure me mortifia d'autant plus que je l'éprouvais pour la première fois. Je tremblais qu'il n'eût découvert en moi quelque imperfection que j'avais ignorée jusqu'alors. Heureusement il me rassura, en m'avouant qu'il était sujet à de pareils accidents. En effet, le bon homme me disait vrai ; car pendant un an que je vécus avec lui, il ne manqua pas de me rater régulièrement deux fois la semaine.

TABLEAUX DES MŒURS DU TEMPS

1750 – Alexandre Le Riche de La Poupelinière

Le fermier général Alexandre Jean-Joseph Le Riche de La Poupelinière passera t-il à la postérité comme un simple mécène fortuné, comme l'auteur des charmants *Tableaux des mœurs du temps* ou comme l'archétype de la victime de l'adultère ?

Nombreux sont ceux qui refusent de lui attribuer les *Tableaux,* lui préférant Crébillon fils. Pour Guillaume Apollinaire[1], poète incontesté mais biographe contestable, La Poupelinière est « un flagellant à l'imagination sénile » qui « faisait travailler des écrivains à ses gages ». Le poète juge ce fermier général incapable d'avoir rédigé l'un des textes libertins les plus fameux, chef-d'œuvre que, par ailleurs, il apprécie et qualifie de « l'une des productions les plus spirituelles et les plus gracieuses du XVIIIe siècle français ». Toutefois, il laisse à La Poupelinière la dernière partie de l'ouvrage, intitulée *l'Histoire de Zaïrette*, la trouvant « suffisamment ennuyeuse » pour ne pas en dépouiller l'auteur. Tous les chercheurs ne partagent pas cet avis. Dans le parti favorable au fermier général, nous trouvons Jacques Duprilot[2], pour qui aucun doute ne subsiste après sa découverte de comédies imputables sans conteste à La Poupelinière. Il nous révèle que « certaines de ces comédies comportent des corrections autographes du fermier général et surtout qu'un long passage de l'une d'entre elles, à la prose parfaite, se retrouve en entier dans l'un des dialogues des *Tableaux des mœurs* ! » Contrariant les propos d'Apollinaire, nous pensons, comme Duprilot, que *l'Histoire de Zaïrette* est « plutôt joyeuse, inattendue et baroque ».

Joyeuse, inattendue et baroque est aussi l'anecdote adultérine. Nous sommes au milieu du XVIIIe siècle, à l'époque bénie des salons où les notables rivalisent pour recevoir artistes, philosophes et écrivains. La demeure des La Poupelinière compte parmi les plus prisées. Comédienne à la trentaine rayonnante, Madame dirige sa maison avec charme et ravissement. Ce qui ne peut manquer d'attirer le séducteur redoutable, efficace incarnation de Don Juan, Louis François Armand de Vignerot Du Plessis, duc de Richelieu. Aucune jolie femme ne résiste à ce descendant du Cardinal qui symbolise à lui seul l'essence même du règne de Louis XV, cette recherche immodérée de toute jouissance, empreinte de cynisme et de volupté. Mme de La Poupelinière, très jolie, est facilement séduite. Afin de consommer son forfait, le duc n'hésite pas à occuper un appartement dans l'immeuble mitoyen de l'hôtel particulier où vit la belle, et à y faire installer un système complexe et discret de cheminée tournante lui permettant d'accéder à la chambre de sa proie en toute facilité. En 1748, le mari finit par découvrir le stratagème, renvoie l'infidèle et confirme probablement alors son goût prononcé pour la flagellation des rondeurs féminines.

1. Guillaume Apollinaire, *L'Œuvre de Crébillon le fils*, Bibliothèque des Curieux, 1911.
2. Jacques Duprilot, *Dix-huit Siècle n° 28, L'Orient*, Presses universitaires de France, 1996.

Dialogue XII

Voici, continua-t-il, de quoi il s'agit. Il y a une dame de considération dans le monde qui veut faire châtier un jeune homme, pour l'avoir méprisée après avoir tout obtenu d'elle. Elle a raison, lui dis je, monsieur : cela demande un exemple. Cette dame, reprit-il, sait de plus que son infidèle amant suit à la piste trois ou quatre autres dames, sans doute pour s'en moquer après, comme il a fait d'elle. Eh bien ! monsieur, lui dis-je, que veut on de moi dans cette affaire-là ? On veut, reprit-il, l'attraper comme dans un trébuchet. Nous devons, ce soir, remettre chez lui une lettre supposée et tournée de façon qu'il s'y trompe bien, qu'il croie que c'est une femme affolée de lui, qui a de grandes mesures à garder et qui pourtant lui propose un rendez-vous, dans une petite maison qui lui sera indiquée, sur les sept à huit heures du soir. Il n'est pas douteux que ce monsieur-là n'y vienne tout seul ; et ce que j'ai ordre, moi, de vous proposer, madame Dodo, c'est de vous y trouver avant lui pour l'y attendre avec une bonne camarade, si vous l'avez, car il est bon d'être en force, et, aussitôt qu'il sera dedans, les portes fermées, de l'étriller comme un enfant de bonne maison. N'est-ce que ça, monsieur ? m'écriai je. Oh ! ça sera fait ; je m'y entends ! J'y mènerai ma camarade, et nous ferons une bonne scène.

MME DE RASTARD

Ma foi, Mme Copen avait raison, et je crois qu'à sa place, j'en aurais fait autant... Eh bien ! poursuis donc.

MME DODO

Ça ne manqua pas. Nous nous rendîmes, le lendemain d'assez bonne heure, dans une petite maison du côté de Vaugirard, que le jardinier loue quand le maître n'y vient pas. Mais ce qui nous étonna, ma camarade et moi, c'est que, le moment d'après, nous y vîmes arriver la dame elle-même. Elle se déroba à nous le mieux qu'elle put. Elle passa dans une seconde chambre, à côté de celle où nous étions et s'y enferma. Je m'imaginai, moi, tout bonnement qu'elle ne venait là que pour faire un raccommodement, et nous nous en allions ; mais le même valet qui m'avait parlé la veille, et qui était là, nous retint et nous dit que cette dame voulait voir elle-même, par le trou de la chatière, comment nous nous comporterions avec son traître de galant ; qu'elle exigeait de nous qu'il fût fessé comme un toupin. A la bonne heure ! dîmes-nous : il n'y a qu'à l'attendre. Pendant ce temps-là, on mit une table. On servit dessus des rafraîchissements de toutes sortes, on répandit des fleurs partout. On avait apporté une jolie robe de chambre de taffetas toute neuve : je la mis sur un grand sofa qui était placé dans cette chambre, précisément tout vis-à-vis l'autre où était la dame, qui ne voulait pas se montrer, mais qui de là nous voyait faire. Rien n'avait l'air plus galant ni mieux trouvé pour faire une attrape. Cela ne fut pas plutôt préparé que nous entendons frapper et que, le moment d'après, nous voyons entrer un jeune seigneur, mis superbement et d'une belle mine, avec un petit air, pourtant, fort dédaigneux. Bonjour, vous autres, nous dit-il à ma camarade et à moi ; qui êtes vous ? N'y a-t-il pas quelqu'un ici ? Vraiment, oui, monsieur, lui répondis-je ; notre maîtresse est là dedans ; elle va venir. Elle vous prie, en attendant, de prendre quelques rafraîchissements. Elle n'entend pas ses intérêts, répliqua-t-il en souriant ; je n'en veux point... Mais que fait-elle donc là ? Monsieur, repris-je, elle change de robe : d'ailleurs vous pensez bien que la démarche qu'elle va faire lui coûte beaucoup... Bon ! Bon ! s'écria-t-il et souriant encore ; nous n'aurons pas été une minute ensemble qu'elle y sera accoutumée : je la mettrai à son aise. Je ne suis point exigeant : si ce n'est qu'une passade, à la bonne heure ! Cela est sans conséquence. Eh ! que sait-elle ? Peut-être que nous nous conviendrons et que cela durera ? Moi, je le souhaite par avance : je n'ai actuellement rien qui m'occupe. Monsieur, lui dis-je, vous feriez bien d'ôter vos habits et de prendre cette robe de chambre. Comment ! reprit-il, une robe de chambre pour moi ! Cela est aimable. Je le veux bien : mettons-nous à la légère. Ce joli seigneur fit tout ce que je lui conseillais, et de la meilleure foi du monde. II me donna son épée, que j'eus grand soin de serrer. II se mit en robe de chambre, prit des fleurs dans sa main et fut nonchalamment se coucher sur le sofa, où la dame le voyait et ne disait mot. Quand je le vis là, je fus à lui et je lui dit : Monsieur, vous êtes trop bien fait et trop aimable pour ne pas être à même de tromper bien des dames ! Je gagerais que cela vous arrive souvent. Mais quelquefois, quand cela amuse. Monsieur, lui dis-je, vous parlez là comme un jeune homme qui aurait besoin de correction, et, si vous voulez que je vous le dise, c'est qu'il faut tout à l'heure en recevoir une. Que voulez-vous dire ? reprit-il tout étonné. Oui, monsieur, lui répliquai-je d'une voix douce, il faut, s'il vous plaît, défaire votre culotte, parce que cela se reçoit ordinairement sur les fesses... Est-ce pour rire ?... Est-ce tout de bon ? s'écria-t-il d'un ton tout effaré. Monsieur, répliquai-je, ne vous faites pas prier. Culotte bas ! s'il vous plaît !... Il voulut au plus vite se mettre à terre, mais je le pris à bras-le-corps et j'eus plus tôt défait sa culotte qu'il n'eût vu comment. Il se défendit comme un petit diable. Il remontait sa culotte à tout moment en jurant, contre nous, que ça faisait trembler. Mais comme j'étais assise sur le sofa et que je le tenais par le fouet du corps, ma camarade trouva bientôt le moyen de lui arrêter les jambes, de telle sorte que nous rabattîmes sa culotte sur ses genoux, que je lui mis son cul à nu et que je le laissai voir comme ça un petit moment à la dame, qui nous lorgnait par la chatière ; après quoi, ma camarade prit une poignée de verges et moi une autre que nous avions apportées avec nous, et nous en donnâmes au seigneur à peu près autant qu'il en fallait, car il y paraissait déjà... Mais pendant que nous y étions, nous vîmes ouvrir la porte, et la dame vint à nous, sur la pointe du pied, comme pour nous voir faire de plus près. Elle avait les yeux enflammés de colère.

Elle prit en main la poignée de verges de ma camarade, et la voilà, sur le cul de son amoureux, pire qu'un diable… Elle s'en lassa : nous le quittâmes. Ah ! fallait voir quelle surprise quand il vit là Mme Copen ayant encore les verges à la main. Ah ! c'est toi, bougresse, qui me fais cette noirceur ! Si j'avais là mon épée, je te la passerais au travers du corps. Monsieur, monsieur, lui dis je, point de bruit, ou nous recommencerons !... Oui, c'est moi, petit infâme, qui ai voulu te punir d'avoir trahi une femme comme moi. Tu n'as que ce que tu mérites, et je me devais à moi-même de prêter la main à ton châtiment...

Le pauvre jeune homme, à la fin, était parvenu à nous faire pitié. Il ne disait mot ; il se rattachait, il se rhabillait… Morbleu ! s'écria-t-il tout à coup en s'adressant à ma camarade et à moi, vous ne faites justice qu'à demi ! Combien cette carogne vous a-t-elle donné pour me fesser ? Dix louis, lui répondis-je : ce n'est pas trop pour la belle défense que vous avez faite. Eh bien ! foutre ! dit-il, en voilà vingt : qu'elle y passe à son tour ! Elle le mérite, de reste, quand ce ne serait que pour la méchanceté avec laquelle elle est venue elle-même tomber sur moi... Vous avez votre compte, repartit Mme Copen : vous n'êtes qu'un impudent ! Sortez d'ici !... Vous voyez comme elle me traite encore, après ce qu'elle m'a fait ! nous dit le jeune homme. Ma foi, moi, je pris la parole ; je m'adressai à Mme Copen et je lui dis : Madame, nous n'avons pas l'avantage de vous connaître, non plus que ce monsieur ; et d'ailleurs, on ne sait guère qui a tort ou raison. Vous avez, de plus, fait une grande faute d'être sortie de votre cache, de nous interrompre dans nos fonctions et de fesser monsieur avec colère comme vous avez fait.

Madame, continuai-je, je ne sais pas comment vous sortirez de là. Allons ! s'écria le jeune homme, voilà vingt louis comptés ! Madame, repris-je, il faut, s'il vous plaît, venir à moi, là, sur ce même sofa. Si nous pouvons, vous en serez quitte à bon marché !... Ah ! coquines ! ah ! scélérates ! que voulez-vous me faire ? Tuez-moi mille fois plutôt !

Tout ce que Mme Copen nous dit là-dessus d'injures serait plus long que d'ici à demain. Ah ! disait-elle, et devant ce traître-là ! Vous m'allez faire mourir de douleur !... Je vous dirai que je me faisais quelque peine de lui lever ses jupes. J'étais pourtant assise sur le sofa ; je la tenais à demi couchée sur mes genoux et je badinais sur son derrière au travers de sa robe seulement. Mais le monsieur nous excitait sans cesse, et ma camarade avait reçu les vingt louis. Allons, belle dame, lui dis-je, permettez que je lève tout cela ! Ce fut une affaire bientôt faite, quoiqu'elle se défendît de toutes ses forces. Je lui découvris tout son derrière, qu'elle avait assurément blanc comme la neige.

Cela mit le premier cul fessé de la meilleure humeur du monde. Nous lui défendîmes de s'en mêler. Il me remit lui-même la poignée de verges qui s'acheva d'user sur le cul de Mme Copen, car je lui en donnai tant qu'à ses noces. Après quoi, chacun s'en fut de son côté, comme ayant chacun son affaire.

Mme de Rastard

Oh ! bon Dieu ! madame Dodo, quelle aventure ! Et comment est-ce que Mme Copen a pu te pardonner cela ? Comment a-t-elle eu le front de te revoir ?

TABLEAUX
TEMPS

LA PUCELLE D'ORLÉANS

1755 – Voltaire

Nous voici bien en terre de France ! Notre héroïne nationale, caricaturée par le chef de file des Lumières. Il ne s'agit plus d'un dialogue érotico-initiatique inspiré par l'Arétin ou autres mais d'un poème épique mettant en scène des personnalités de premier ordre de l'histoire de France.

L'étude bibliographique de ce poème de Voltaire est la plus complexe qui soit. Personne ne s'est aventuré à l'analyser dans sa totalité. La tâche paraît impossible. D'une part, nous avons l'auteur qui, pour se distraire, ironise sur quelques personnages historiques qui ne sont pas de son bord, despotes, militaires, personnalités canonisées ou autorité ecclésiastique. Il parodie *la Pucelle ou la France délivrée* de Jean Chapelain, poème particulièrement déiste publié en 1656. Voltaire s'amuse, écrit un chant, puis deux, les fait lire, offre un extrait, cède un manuscrit sous une forme achevée à une relation qui insiste : un à Mme de Pompadour, un au duc de La Vallière, etc. Quand ce n'est pas son propre secrétaire qui rédige des copies en catimini. L'infidèle y perdra sa place. D'autre part, nous avons ses ennemis, il en a beaucoup le philosophe contestataire, qui modifient le pamphlet, exacerbant sa provocation dans son fond et sa forme, le rendant plus dangereux pour son auteur. Et d'autre part encore, d'affreux spéculateurs qui, la demande s'amplifiant, mettent à la disposition des curieux moult manuscrits bâclés venant encore compliquer l'étude qui nous permettrait de déterminer la part de chacun. De plus, les différences entre les versions exacerbent l'intérêt, chacun se vantant de proposer ou de détenir la meilleure variante. Le texte sera présenté tour à tour en quinze livres, dix-huit chants, vingt-quatre chants, vingt chants, vingt et un chants et vingt-deux chants. Aucun bibliophile ne pourra y retrouver ses petits…

Voltaire, manipulé ou manipulateur, se plaint : « Ce chant est de moi mais ne devait pas être rendu public. Ce chant n'est pas de moi. Ce chant, je le renie, etc. etc. » Sous la pression et pensant arranger les choses, il finit par avouer une édition considérée comme définitive en 1762, après au moins une vingtaine de publications « pirates » en six ans et plus de trente ans de circulation de manuscrits pour la plupart apocryphes. Cette édition publiée à Genève est proposée avec vingt gravures décentes. Épuisée très rapidement, l'édition correcte se voit concurrencée par d'autres au texte plus cru et aux gravures beaucoup moins décentes. L'épopée en vers de notre respectable philosophe rejoint ainsi *l'Académie des dames* ou *le Portier des Chartreux* sur le marché répréhensible de la littérature libertine. Et encore, de façon très précaire… Car si l'on compte une quarantaine d'éditions pendant la seconde moitié du XVIIIe siècle, une seule édition clandestine sera publiée au début du XIXe siècle, puis une superbe suite attribuée à Achille Devéria vers 1840, quelques éditions pour bibliophiles et ensuite, depuis un siècle et demi, plus rien. Ce poème très convoité avant la Révolution est maintenant tombé dans l'oubli. C'est bien injuste…

Chant onzième

ARGUMENT

Les Anglais violent le couvent : combat de saint George, patron d'Angleterre, contre saint Denis, patron de la France.

Je vous dirai, sans harangue inutile,
Que le matin nos deux charmants reclus,
Lassés tous deux des plaisirs défendus,
S'abandonnaient, l'un vers l'autre étendus,
Au doux repos d'une ivresse tranquille.
Un bruit affreux dérangea leur sommeil.
De tous côtés le flambeau de la guerre,
L'horrible mort éclaire leur réveil ;
Près du couvent le sang couvrait la terre.
Cet escadron de malandrins anglais
Avait battu cet escadron français.
Ceux-ci s'en vont au travers de la plaine,
Le fer en main ; ceux-là volent après,
Frappant, tuant, criant tous hors d'haleine :
« Mourez sur l'heure, ou rendez-nous Agnès. »
Mais aucun d'eux n'en savait de nouvelles.
Le vieux Colin, pasteur de ces cantons,
Leur dit : « Messieurs, en gardant mes moutons,
Je vis hier le miracle des belles
Qui vers le soir entrait en ce moutier. »
Lors les Anglais se mirent à crier :
« Ah ! c'est Agnès, n'en doutons point, c'est elle ;
Entrons, amis. » La cohorte cruelle
Saute à l'instant dessus ces murs bénis :
Voilà les loups au milieu des brebis.
Dans le dortoir, de cellule en cellule,
A la chapelle, à la cave, en tout lieu,
Ces ennemis des servantes de Dieu
Attaquent tout sans honte et sans scrupule.
Ah ! sœur Agnès, sœur Marton, sœur Ursule,
Où courez-vous, levant les mains aux cieux,
Le trouble au sein, la mort dans vos beaux yeux ?
Où fuyez-vous, colombes gémissantes ?
Vous embrassez, interdites, tremblantes,
Ce saint autel, asile redouté,
Sacré garant de votre chasteté.
C'est vainement, dans ce péril funeste,
Que vous criez à votre époux céleste :

A ses yeux même, à ces mêmes autels,
Tendre troupeau, vos ravisseurs cruels
Vont profaner la foi pure et sacrée,
Qu'innocemment votre bouche a jurée.
Je sais qu'il est des lecteurs bien mondains,
Gens sans pudeur, ennemis des nonnains,
Mauvais plaisants, de qui l'esprit frivole
Ose insulter aux filles qu'on viole :
Laissons-les dire. Hélas ! mes chères sœurs,
Qu'il est affreux pour de si jeunes cœurs,
Pour des beautés si simples, si timides,
De se débattre en des bras homicides ;
De recevoir les baisers dégoûtants
De ces félons de carnage fumants,
Qui, d'un effort détestable et farouche,
Les yeux en feu, le blasphème à la bouche,
Mêlant l'outrage avec la volupté,
Vous font l'amour avec férocité ;
De qui l'haleine horrible, empoisonnée,
La barbe dure, et la main forcenée,
Le corps hideux, le bras noir et sanglant,
Semblent donner la mort en caressant,
Et qu'on prendrait dans leurs fureurs étranges,
Pour des démons qui violent des anges !
Déjà le crime, aux regards effrontés,
A fait rougir ces pudiques beautés.
Sœur Rebondi, si dévote et si sage,
Au fier Shipunk est tombée en partage ;
Le dur Barclay, l'incrédule Warton,
Sont tous les deux après sœur Amidon.
On pleure, on prie, on jure, on presse, on cogne.
Dans le tumulte on voyait sœur Besogne
Se débattant contre Bard et Parson :
Ils ignoraient que Besogne est garçon,
Et la pressaient sans entendre raison.
Aimable Agnès, dans la troupe affligée
Vous n'étiez pas pour être négligée ;
Et votre sort, objet charmant et doux,
Est à jamais de pécher malgré vous.
Le chef sanglant de la gent sacrilège,
Hardi vainqueur, vous presse et vous assiège,
Et les soldats, soumis dans leur fureur,
Avec respect lui cédaient cet honneur.

Le juste ciel, en ses décrets sévères,
Met quelquefois un terme à nos misères.
Car dans le temps que messieurs d'Albion
Avaient placé l'abomination
Tout au milieu de la sainte Sion,
Du haut des cieux, le patron de la France,
Le bon Denis, propice à l'innocence,
Crut échapper aux soupçons inquiets
Du fier saint George, ennemi des Français ;
Du Paradis il vint en diligence.
Mais, pour descendre au terrestre séjour,
Plus ne monta sur un rayon du jour ;
Sa marche alors aurait paru trop claire.
Il s'en alla vers le Dieu du mystère ;
Dieu sage et fin, grand ennemi du bruit,
Qui partout vole et ne va que de nuit.
Il favorise (et certes c'est dommage)
Force fripons, mais il conduit le sage :
Il est sans cesse à l'église, à la cour ;
Au temps jadis il a guidé l'Amour.
Il mit d'abord au milieu d'un nuage
Le bon Denis ; puis il fit le voyage
Par un chemin solitaire, écarté,
Parlant tout bas, et marchant de côté.
Des bons Français le protecteur fidèle
Non loin de Blois rencontra la Pucelle,
Qui sur le dos de son gros muletier
Gagnait pays par un petit sentier,
En priant Dieu qu'une heureuse aventure
Lui fît enfin retrouver son armure.
Tout du plus loin que saint Denis la vit,
D'un ton bénin le bon patron lui dit :
« O ma Pucelle, ô vierge destinée
A protéger les filles et les rois,
Viens secourir la pudeur aux abois,
Viens réprimer la rage forcenée,
Viens ; que ce bras vengeur des fleurs de lis
Soit le sauveur de mes tendrons bénis :
Vois ce couvent, le temps presse, on viole ;
Viens, ma Pucelle ! » Il dit, et Jeanne y vole.
Le cher patron, lui servant d'écuyer,
A coups de fouet hâtait le muletier.
Vous voici, Jeanne, au milieu des infâmes

Qui tourmentaient ces vénérables dames.
Jeanne était nue ; un Anglais impudent
Vers cet objet tourne soudain la tête ;
Il la convoite ; il pense fermement
Qu'elle venait pour être de la fête.
Vers elle il court, et sur sa nudité
Il va cherchant la sale volupté.
On lui répond d'un coup de cimeterre
Droit sur le nez. L'infâme roule à terre,
Jurant ce mot des Français révéré,
Mot énergique, au plaisir consacré,
Mot que souvent le profane vulgaire
Indignement prononce en sa colère.
Jeanne, à ses pieds foulant son corps sanglant,
Criait tout haut à ce peuple méchant :
« Cessez, cruels ; cessez, troupe profane ;
O violeurs, craignez Dieu, craignez Jeanne ! »
Ces mécréants, au grand œuvre attachés,
N'écoutaient rien, sur leurs nonnains juchés :
Tels des ânons broutent des fleurs naissantes
Malgré les cris du maître et des servantes.
Jeanne, qui voit leurs impudents travaux,
De grande horreur saintement transportée,
Invoquant Dieu, de Denis assistée,
Le fer en main, vole de dos en dos,
De nuque en nuque, et d'échine en échine,
Frappant, perçant de sa pique divine,
Pourfendant l'un alors qu'il commençait ;
Dépêchant l'autre alors qu'il finissait,
Et moissonnant la cohorte félonne ;
Si que chacun fut percé sur sa nonne,
Et perdant l'âme au fort de son désir,
Allait au diable en mourant de plaisir.
Isâc Warton, dont la lubrique rage
Avait pressé son détestable ouvrage,
Ce dur Warton fut le seul écuyer
Qui de sa nonne osa se délier,
Et droit en pied, reprenant son armure
Attendit Jeanne, et changea de posture.
O vous, grand saint, protecteur de l'Etat,
Bon saint Denis, témoin de ce combat,
Daignez redire à ma muse fidèle
Ce qu'à vos yeux fit alors ma Pucelle.

Jeanne d'abord frémit, s'émerveilla :
« Mon cher Denis ! mon saint ! que vois-je là ?
Mon corselet, mon armure céleste,
Ce beau présent que tu m'avais donné,
Brille à mes yeux au dos de ce damné !
Il a mon casque, il a ma soubreveste. »
Il était vrai : la Jeanne avait raison :
La belle Agnès, en troquant de jupon,
De cette armure en secret habillée,
Par Jean Chandos fut bientôt dépouillée.
Isâc Warton, écuyer de Chandos,
Prit cette armure et s'en couvrit le dos.
O Jeanne d'Arc ! ô fleur des héroïnes !
Tu combattais pour tes armes divines,
Pour ton grand roi si longtemps outragé,
Pour la pudeur de cent bénédictines,
Pour saint Denis de leur honneur chargé.
Denis la voit qui donne avec audace
Cent coups de sabre à sa propre cuirasse,
A son armet d'une aigrette ombragé.
Au mont Etna, dans leur forge brûlante,
Du noir Vulcain les borgnes compagnons
Font retentir l'enclume étincelante
Sous des marteaux moins pesants et moins prompts,
En préparant au maître du tonnerre
Son gros canon trop bravé sur la terre.
Le fier Anglais, de fer enharnaché,
Recule un pas ; son âme est stupéfaite,
Quand il se voit si rudement touché
Par une jeune et fringante brunette.
La voyant nue, il sentit des remords ;
Sa main tremblait de blesser ce beau corps.
Il se défend, et combat en arrière,
De l'ennemie admirant les trésors,
Et se moquant de sa vertu guerrière.
Saint George alors au sein du paradis,
Ne voyant plus son confrère Denis,
Se douta bien que le saint de la France
Portait aux siens sa divine assistance.

JOURNAL DES INSPECTEURS DE M. DE SARTINE

1763 – Meusnier et Louis Marais

Voilà bien un document singulier. Nous sommes au déclin du règne de Louis XV. Le Bien-Aimé – qui ne l'est plus – s'ennuie et surtout se méfie de sa cour. Il demande à ses lieutenants de police de surveiller les turpitudes sexuelles de ses proches et de les rapporter au travers d'un journal, afin de les prendre en défaut et de s'en amuser.

Il ne s'agit pas « que » de voyeurisme grivois, caprice de Sa Majesté. Pendant la Régence, des informations d'oreiller recueillies par la tenancière La Fillon permirent de déjouer la conspiration Cellamare.

Ces rapports sont établis par d'obscurs agents qui ne cherchent pas à passer à la postérité. Nous avons quelques noms, dont celui de l'inspecteur Louis Marais, commissaire du Palais-Royal et de la Pointe-Saint-Eustache, inspecteur des mœurs chargé de la surveillance des étrangers, des maisons de jeu, de toutes les personnalités en vue, dont les nobles et Sade en particulier. Ces hommes de terrain doivent quotidiennement s'adresser au roi. Alors, ils truffent leur texte d'expressions de leur temps réussissant à décrire les pires excès en des termes imagés. Quoi de plus élégant que ces demoiselles qui ont été « fourragées d'importance » ?

Ces enquêtes sulfureuses pour bien des notables furent conservées sur des registres de police puis archivées au dépôt des papiers secrets de la Bastille. Vint 1789, la prise de la Bastille, et de ses papiers, l'ère révolutionnaire où les rapports furent utilisés afin de dénigrer l'aristocratie. Dès le XVIIIe siècle, trois ouvrages furent édités – *la Police dévoilée, la Chronique scandaleuse* et *la Chasteté du clergé dévoilée* –, mettant à mal la réputation d'intégrité de la noblesse et du clergé.

Puis, un siècle après leur conception, l'érudit Lorédan Larchey décide d'une nouvelle publication. L'époque s'y prête. Tout au long du XIXe siècle, la France se déchire, paralysée par une incertitude politique. Le pouvoir est revendiqué par les révolutionnaires issus de 1789, qui forment à eux seuls plusieurs clans, par les ultras revendiquant les droits de la monarchie, façon Charles X, par les bonapartistes rêvant de la reconstitution de l'Empire de Napoléon Ier et par les partisans d'un nouveau concept, un cocktail royauté-république élaboré par Louis-Philippe d'Orléans (les d'Orléans étant la branche cadette des Bourbons), qui fonctionnera de 1830 à 1848. Donc, quand Larchey, homme de gauche dirait-on aujourd'hui, publie le *Journal des inspecteurs de M. de Sartine,* ce n'est pas un hasard. Dénoncer à l'aide de documents historiques incontestables, puisque provenant des archives royales, les mœurs de l'aristocratie n'est pas gratuit dans cette période d'instabilité. D'ailleurs, les attaques répétées et violentes de la droite, qui tente de faire interdire la publication, confirment qu'avec ce texte, Lorédan Larchey détient bien des éléments qui démontrent une nouvelle fois que « pouvoir » n'est pas toujours synonyme de « moralité ».

Aventure singulière

Du 7 août 1761

Le révérend père Fabre, religieux du couvent des Grands-Augustins – ayant appris que la veuve Boisselet avait une jolie fille, raccommodeuse de dentelles demeurant avec elle, rue Saint-Thomas-du-Louvre, – est parvenu à s'introduire chez elle, mercredi dernier, de la part d'une personne de leurs amis. Il a débuté par leur annoncer que le but de sa visite était de leur procurer la meilleure pratique de Paris, et qu'elles n'avaient qu'à se tenir prêtes pour jeudi matin, qu'il leur donnerait une lettre pour aller chez M. le marquis de Pertuis, demeurant rue Saint-Louis, au Marais (maison de Mme de Joigny).

En effet, le père se rendit le lendemain à leur logis, à sept heures du matin, dans un fiacre. Mais ayant appris par la conversation que la mère avait affaire rue Beaurepaire, il se chargea de l'y conduire et de présenter lui-même sa fille à M. le marquis de Pertuis, – ce qui fut accepté.

Arrivé à la porte de la maison du marquis, il prétexte une affaire et engage la demoiselle à s'introduire seule par le moyen de sa lettre, et assure qu'il va revenir la joindre dans un instant.

La demoiselle se fait annoncer en vertu de la lettre de sa révérence. Elle est très bien reçue. Le marquis la trouve charmante, lui proteste qu'il n'a jamais vu de plus beaux yeux que les siens et se met en devoir de pousser à bout cette aventure.

La jeune fille, qui n'a pour objet que d'emporter des dentelles, se défend de toutes ses forces et apostrophe le moine et le marquis de toutes les expressions que sa fureur lui peut suggérer.

Le marquis, de son côté, est étonné de sa résistance et s'écrie :

— Est-ce que le père ne vous a pas instruit que vous n'auriez mes dentelles qu'en m'accordant vos faveurs ? Lorsque l'on vient de sa part, on ne fait pas tant la vestale. Je ne lui pardonne pas de m'avoir envoyé un pareil dragon de vertu. Je lui en ferai les reproches les plus vifs... Allez, mademoiselle ! vous pouvez sortir ; mon ouvrage est pour des personnes plus complaisantes.

La demoiselle Boisselet n'a pas demandé son reste et s'est promptement retirée. Il y a lieu de craindre pour le père Fabre, que, si Brissault venait à découvrir ses menées, il ne lui cherche quelque dispute relativement à la concurrence.

Du 11 décembre 1761

M. le marquis de Torcy, attaché à M. le prince de Condé, logé rue Mazarine, à l'hôtel de Montmorency, vient de prendre des arrangements avec Mme de Moriencourt. Cette dame est mariée à Saint-Omer à un très bon gentilhomme, dont elle a plusieurs enfants. Son mari s'étant aperçu que sans aucun ménagement elle donnait dans la galanterie, a voulu, il y a environ dix-huit mois, la faire renfermer ; comme elle fut

instruite de son dessein, elle abandonna totalement son ménage et s'en vint à Paris. Arrivée en cette ville, elle fut conseillée, pour calmer son mari, de se mettre au couvent. Elle goûta volontiers cette proposition, entra aux Petites Cordelières après avoir été bien informée qu'elle y serait aussi libre que dans la ville, et que cette maison était plutôt un temple de débauche qu'un asile pour la vertu. Mais comme son mari, homme de province, ignorait la chronique scandaleuse de cette retraite, il s'en contenta et fit même à sa femme une petite pension pour pouvoir y vivre tranquillement. Elle n'y fut pas plutôt installée, qu'elle sentit l'esprit de cette maison réveiller son goût pour la coquetterie. Il ne fut plus question que de trouver les moyens de la satisfaire. Elle consulta les plus anciennes, qui toutes unanimement lui conseillèrent de s'adresser à Brissault. En conséquence, il fut mandé, l'objet lui fut présenté ; après l'avoir amplement examiné et écouté ses prétentions, il l'a trouvé de débit et a promis qu'on ne tarderait pas à connaître son savoir-faire.

Effectivement, après avoir passé en revue toutes ses connaissances, il l'a jugée propre à faire un amusement de cœur à M. le marquis de Torcy ; il lui en a parlé ; l'entrevue s'est faite lundi dernier, et le marché a été tout de suite conclu. M. le marquis de Torcy a promis de lui donner 300 livres par mois et plusieurs robes ; le premier mois a été payé d'avance. Brissault a reçu son courtage, c'est-à-dire la moitié du mois que la demoiselle lui a remis, sans compter un petit honoraire que lui a remis M. de Torcy. Mme de Moriencourt est âgée d'environ trente ans, grande, bien faite, cheveux bruns, blanche de peau, d'une très jolie figure, l'air noble, passant pour avoir de l'esprit et jouant de plusieurs instruments.

Du 1er janvier 1762

M. le marquis d'Armantières s'est si bien trouvé d'une passade qu'il a faite chez Brissault, avec la demoiselle Sonville, entretenue par M. de Boisgelin, attaché à M. le duc de Berry, qu'il a dit à cet homme de la lui ménager pour toutes les fois qu'il voudrait s'amuser, et qu'il aurait soin de les récompenser l'un et l'autre. Cette fille n'a d'autre mérite que d'être extrêmement libertine avec les hommes, et c'est ce qu'il faut à M. d'Armantières ; car elle est rousse on ne peut davantage, et a le visage rempli de taches de rousseur. A la vérité, elle est assez bien faite.

Du 1er janvier 1762

M. le duc de la Trémouille a donné à souper à sa petite maison, rue des Martyrs, près Montmartre, à MM. de Froulay, d'Estampes, de Vierville, de Valençay, avec les demoiselles Lozange et Martin, Ledoux et Buard, toutes quatre figurantes dans les ballets de l'Opéra. Ils ont poussé la débauche bien avant dans la nuit, et ces demoiselles peuvent se vanter d'avoir été fourragées d'importance.

PARAPILLA

1776 – Charles Borde

L'entrée en littérature des substituts phalliques est intervenue bien avant le XVIIIe siècle. À la Renaissance, des auteurs comme Pierre de Ronsard, dans *les Amours diverses,* ou Brantôme, dans *les Dames galantes,* mentionnent respectivement l'utilisation d'un « godmicy » et d'un « godemichi ». Dans le poème en cinq chants de Charles Borde, ce même instrument revêt la forme d'une singulière plante ailée, répondant au joli nom de parapilla. Cet étrange végétal est offert par l'ange Gabriel à Rodric, un jeune noble ayant dilapidé ses biens et réduit à cultiver seul son champ. Sur les conseils du céleste personnage, il s'en va à la ville vendre ce cadeau divin afin de rétablir sa fortune. Celle qui l'achètera n'aura ensuite qu'à crier ah ! ah ! pour que le « bijou unique et plein d'attraits » s'introduise, « non pas par l'oreille », et entre en action jusqu'à ce que soit prononcé le mot de parapilla. Il deviendra ainsi la propriété successive d'une riche veuve, d'une abbesse, des sœurs de son couvent, de la fille du prévôt et d'une servante, qui le cédera à sa voisine Lucrèce, la « fille du pape, et de plus, sa maîtresse », avant de finir dans les cieux, où il pourvoira au bonheur des comètes.

À la publication de *Parapilla* (1776), Charles Borde, ancien élève des Jésuites et membre de l'Académie des sciences et belles lettres de Lyon, avait déjà composé d'autres œuvres violemment antireligieuses, publiées anonymement. Il était notamment l'auteur du *Catéchumène* (1768), un pamphlet dirigé contre le clergé, du *Tableau philosophique du genre humain* (1769), où il attaquait les fondements mêmes du christianisme, et d'une épître demandant au pape d'interdire la castration des chanteurs dans ses États. Ces différents écrits avaient été attribués à Voltaire, dont Borde était l'ami. Il avait également été lié à Rousseau, jusqu'à sa réfutation, dans la *Profession de foi philosophique* (1763), des positions critiques contre les sciences et les arts prises par l'écrivain genevois dans son *Discours* primé par l'Académie de Dijon (1750). Quand parut *Parapilla*, la paternité de ce poème fut prêtée à un censeur royal qui venait de se suicider, à un certain abbé Charbonnet et à Mirabeau. Certains chroniqueurs estimèrent cependant que cette brillante adaptation d'un médiocre ouvrage italien était due au talent de Charles Borde, connu pour ses poésies galantes. L'œuvre originale portait le nom de *Novella dell'Angelo Gabriele,* et la plante fabuleuse qui y était décrite celui d'*Il Cazzo,* mot désignant à la fois le principal attribut sexuel masculin et un juron réputé fréquemment sortir de la bouche du pape Benoît XIV. En 1778, Borde produisit une autre œuvre sulfureuse, *la Papesse Jeanne*, poème en dix chants et vers de mirliton racontant la surprenante histoire de celle qui, selon la légende, aurait occupé le siège de saint Pierre sous le nom de Jean VIII.

CHANT SECOND

Fille du Ciel, douce Philosophie,
Combien de fous abusant de ton nom,
Et des Français corrompant le génie,
Ont, en Mégère, affublé la raison !
Timon se lève, et dit d'un ton sublime :
Meurent les Arts, et périsse l'esprit !
L'homme est charmant sitôt qu'il s'abrutit ;
Et tous les sots reçoivent pour maxime,
Qu'il est grand jour aussitôt qu'il fait nuit.
Ainsi bravant la sagesse éternelle,
Qui nous traça les routes du bonheur,
L'homme insensé se croit plus sage qu'elle.
Eh ! qu'a produit cette sombre fureur ?
Triste et farouche on dédaigne la vie,
Le Suicide a souillé ma patrie ;
De noirs forfaits remplacent le plaisir :
On tremblerait de caresser les grâces,
Le fanatisme est errant sur nos traces
La gaieté fuit, et je cours la saisir.

A l'heure même était à sa toilette,
Bien tristement Madame Capponi,
Très mal nommée, et les aimant, nenni !
Au demeurant riche, belle, discrète,
Pleurant encore la mort de son mari,
Et du veuvage assez mal satisfaite.

Le crieur passe, et certain son qui plaît,
Frappe la dame, et la trompe peut-être.
Marton, dit-elle, allez à la fenêtre ;
Ecoutez bien, et sachez ce que c'est.
Marton bientôt revient toute troublée ;
Le croirez-vous ! ah ! Madame, écoutez !
C'est un marchand, … je suis émerveillée.
— Mais que vend-il ? — Ce que vous regrettez.
La dame dit : faites venir cet homme.
— Quoi ! l'appeler !… la chose vous surprend ?
Tenez pour sûr qu'à Paris ou dans Rome,
Tout autre qu'elle en aurait fait autant ;
Et telle ici qui fait la précieuse,

A son marchand qu'elle voit chaque jour ;
Le Roi, la Reine, avec toute sa Cour,
N'ont-ils pas vu la pièce curieuse ?
Or, c'est le cas, ou jamais il n'en fut.

Le marchand donc à l'instant comparut ;
Bien humblement il fit sa révérence,
Ote le voile, et le tout se passa
Comme à Rodric Gabriel l'annonça.
Figurez-vous, en pareille occurrence,
L'émotion et le saisissement
D'une Beauté qui se voit envahie,
Et sans respect ainsi prise à partie.
Et néanmoins le premier mouvement,
Si naturel, fut de le laisser faire,
Se résignant, soupirant de grand cœur,
Et des deux mains, par excès de pudeur,
Cachant ses yeux. Le second tout contraire
Fut d'écarter, hélas ! le téméraire :
Mais vains efforts et nouvel embarras ;
Elle le veut, elle ne le peut pas.
— Mon cher monsieur, voulez-vous que je meure !
Je ne puis endurer ce méchant…
Ah ! par pitié, délivrez-moi sur l'heure.
— Très volontiers. Prononcez seulement
Parapilla — Fi donc, c'est du grimoire,
Vous me trompez. — Non ; vous pouvez m'en croire,
Le terme est neuf… propre à la chose. — Mais !
Elle frémit, et ne dira jamais
Ce vilain mot. La charmante hypocrite
Gagnait ainsi du temps et du plaisir,
Et ce ne fut qu'avec un grand soupir
Qu'elle lâcha la parole susdite.
L'esprit malin a déjà pris la fuite.
Parmi les fleurs prompt à se recueillir,
On le prendrait pour un Saint dans sa niche
Ah ! reprit-elle, avec un air confus,
Et le voilà dans l'instant qui déniche.
Pour se nicher tout comme ci-dessus.
Que ne peut point un procédé si tendre ?
Le cher ami déjà ressuscité,
Parapilla se fait longtemps attendre.
Le phénomène est vingt fois répété ;

Précaution que prend toujours le Sage,
S'il veut à fond savoir la vérité.
Je n'en dirai sur cela point davantage,
J'en ai trop dit, peut-être ; mais enfin
Vous connaissez ce pauvre genre humain :
Pour peu qu'un fait soit hors de leur portée,
Un grave sot, une tête éventée
Vous traitera de menteur, ou de fou,
Si l'on ne dit comment, pourquoi, par où.

Pour terminer, la dame bien instruite,
Bien exercée, acheta le bijou,
Sans marchander sur la valeur prescrite.
Le bon Rodric eut les cent mille écus.
C'était alors une assez forte somme,
Qui suffisait pour vivre en honnête homme.
Il est heureux ; que voulez-vous de plus ?
Mais il nous reste un trésor bien plus rare !
Que devint-il ? tout vous sera conté.

Jamais trésor ne fut par un avare
Gardé si bien, si souvent visité :
Il est caché au fond d'une cassette,
A double clef, et fermante à secret :
Même Marton confidente discrète,
Ne le vit plus, quoiqu'à son grand regret.
La dame, hélas ! toujours se séquestrait ;
Dirai-je seule, ou bien en tête en tête ?
Ne se lassant d'éprouver sa conquête,
Examinant cette propriété,
D'aller, venir toujours à volonté ;
Rare talent et vertu souveraine,
Que n'eut jamais pour Princesse ou pour Reine
Aucun amant, tant fourni ait été.
Ainsi passa le cours d'une semaine
Comme un instant : la dame en tout ceci
Ne regrettait au monde âme qui vive ;
Plus de visite active, ni passive :
Tout le quartier était fort en souci.
C'est une énigme ; est-elle folle, ou morte ?
Chacun raisonne, et chacun dit son mot.
Force valets vont sans cesse à la porte :
Or, convenez que le monde est bien sot.

La belle veuve eut une sœur abbesse,
Que tous les jours, avant ce cas pressant,
Elle allait voir par excès de tendresse.
De la nonnain peignez-vous la détresse !
Huit mortels jours ont duré comme cent.
Chaque matin un billet de reproche,
De désespoir ; son trépas est si proche,
Que notre Belle à la fin se résout,
Vole au parloir : la scène fut touchante :
La dame faible, et la nonne exigeante ;
De point en point on lui raconta tout.
Peut-on mentir, hélas ! à ce qu'on aime !
Oserez-vous cacher votre bonheur
A qui le doit sentir comme vous-même ?
L'abbesse avait un grand fond de pudeur ;
Elle frémit des péchés de sa sœur,
Et d'autant plus que l'outil diabolique
Fut sûrement formé par art magique.
Oh ! non, dit l'autre ; il est venu du ciel,
C'est un présent de l'ange Gabriel.
Prouvant ce point d'une façon très claire :
S'il est ainsi, prêtez-le moi, ma chère,
J'aurai bientôt connu la vérité ;
Si dans le fait c'est un fruit de la grâce,
Que parmi vous on appelle efficace,
Il ne saurait blesser la pureté :
Mais pardonnez à ce cœur agité
Qui doute encore ; il s'agit de votre âme.

Au nom du Ciel, au nom de la vertu,
Tant fut enfin requis et débattu,
Qu'il faut permettre un soin qu'elle réclame.
Le lendemain, de crainte d'accident,
Un laquais sûr, et de plus très prudent,
Doit apporter la céleste cassette ;
Un autre à part des clefs sera chargé :
Et le retour est de même arrangé.
Le tout enfin, après l'épreuve faite
Fidèlement sera rendu le soir.
Adieu, ma sœur, adieu, jusqu'au revoir.

La dame alors revient en diligence,
Le cœur serré, pleurant son imprudence,
Et maudissant ce funeste projet.
Qu'a-t-elle dit, hélas ! qu'a-t-elle fait !
Comment pouvoir supporter cette absence !
Et cependant, au fond, ce n'est qu'un jour.
Ah ! c'est un siècle ! ainsi compte l'Amour.
Vous concevez que la nuit fut fort tendre ;
On n'entendit que le bruit des soupirs,
Tous précédés ou suivis des plaisirs :
Un doux repos vint enfin les suspendre.
Mais quel réveil ! quel trouble ! quel moment !
L'âme, sans doute, a ses pressentiments.
Ah ! c'est sa faute ; elle fut fort peu sage,
Trop confiante, et connut mal le prix
D'un tendre amant que l'on tient au logis,
Point indiscret, et surtout point volage ;
Dont nul voisin ne disait, le voilà ;
Et qui, charmé de son doux ermitage,
Quand on voulait, se trouvait toujours là.
Mais à sa sœur elle a promis ce gage :
L'heure s'envole ainsi que les amours.
Adieu, dit-elle ; et de l'œil et du geste,
Le caressant en personne modeste,
Elle l'enferme, il part, et pour toujours.

POINT DE LENDEMAIN

1777 – Vivant Denon

La première version de ce chef-d'œuvre est publiée en 1777, anonymement – si ce n'est une mystérieuse et imprononçable signature « par M. D. G. O. D. R. » Il faut être initié pour y reconnaître les initiales de M. Denon, Gentilhomme Ordinaire du Roi. Ce qu'il était alors, et attaché d'ambassade, avant de se distinguer en pionnier de l'égyptologie pendant la campagne d'Egypte de Bonaparte et d'être bombardé, sous l'Empire, directeur des musées de France. Une carrière bien remplie qui n'empêchait pas cet homme de haute culture, protecteur des arts, de courtiser aussi la Muse libertine.

À 22 ans, il donne une pièce, *le Bon Père,* qui lui vaut la réputation de « jeune auteur de couleur rose ». Une couleur tendre qui vire au rouge sous la Terreur, quand paraît son *Œuvre priapique* (1793) : 23 illustrations où brillent, entre autres images érotiques, *les Noces des 50 filles du roy Testie*, évocation de l'épisode mythologique qui voit le demi-dieu honorer dans la même nuit ses cinquante hôtesses… d'où le sous-titre de *13e Travail d'Hercule* ! Autre curiosité justifiant le titre de ce recueil licencieux : un *phallus phénoménal* échoué sur une plage à la manière de Gulliver chez les Lilliputiens !

Rien d'aussi énorme dans *Point de lendemain*, le roman est court, léger dans le meilleur sens du terme. En 1812, un Vivant Denon sexagénaire reprend l'œuvre de ses trente ans pour y verser un peu de mélancolie et en faire ce joyau unanimement salué, dont la nouvelle attaque est un morceau d'anthologie : « J'aimais éperdument la comtesse de *** ; j'avais vingt ans, et j'étais ingénu ; elle me trompa ; je me fâchai ; elle me quitta. J'étais ingénu, je la regrettai ; j'avais vingt ans, elle me pardonna ; et comme j'avais vingt ans, que j'étais ingénu, toujours trompé, mais plus quitté… » Éblouissant.

Dans la XXIVe de ses *Méditations de philosophie éclectique sur le bonheur et le malheur conjugal*, plus connues sous le nom de *Physiologie du mariage* (1829), Balzac cite longuement *Point de lendemain*, sans en indiquer ni le titre ni le véritable auteur. Il parle simplement d'un conte « qui a le mérite de présenter à la fois de hautes instructions aux maris, et aux célibataires une délicieuse peinture des mœurs du siècle ». Balzac ajoute que sa lecture fit rougir les dames (dont il a pourtant vérifié l'âge !), même après la suppression de certains détails « trop érotiques pour l'époque actuelle » !

Même effarouchement à la fin du siècle : Anatole France dira encore que « ce conte, qui est un bijou, est peut-être un bijou indiscret qu'il faut laisser sous la clef fidèle des armoires de nos honnêtes bibliophiles » (*la Vie littéraire,* 3e série). Heureusement, *Point de lendemain* est sorti de son placard pour le plus grand bonheur de la littérature… et des lecteurs amoureux d'amour subtil et de style raffiné. Une épure libertine ! Sans rien qui pèse ou qui pose, sans même une morale – c'est justement le mot de la fin : « Je cherchai bien la morale de toute cette aventure, et… je n'en trouvai point. »

Nous étions rentrés. Les lampes des escaliers et des corridors étaient éteintes ; nous errions dans un dédale. La maîtresse même du château en avait oublié les issues ; enfin nous arrivâmes à la porte de son appartement, de cet appartement qui renfermait ce réduit si vanté. « Qu'allez-vous faire de moi, lui dis-je ? que voulez-vous que je devienne ? me renverrez-vous seul ainsi dans l'obscurité ? m'exposerez-vous à faire du bruit, à nous déceler, à nous trahir, à vous perdre ? » Cette raison lui parut sans réplique. « Vous me promettez donc... — Tout... tout au monde. » On reçut mon serment. Nous ouvrîmes doucement la porte ; nous trouvâmes deux femmes endormies, l'une jeune, l'autre plus âgée. Cette dernière était celle de confiance, ce fut elle qu'on éveilla. On lui parla à l'oreille. Bientôt je la vis sortir par une porte secrète, artistement fabriquée dans un lambris de la boiserie. J'offris de remplir l'office de la femme qui dormait. On accepta mes services, on se débarrassa de tout ornement superflu. Un simple ruban retenait tous les cheveux, qui s'échappaient en boucles flottantes ; on y ajouta seulement une rose que j'avais cueillie dans le jardin, et que je tenais encore par distraction ; une robe ouverte remplaça tous les autres ajustements. Il n'y avait pas un nœud à toute cette parure ; je trouvai madame de T... plus belle que jamais. Un peu de fatigue avait appesanti ses paupières, et donnait à ses regards une langueur plus intéressante, une expression plus douce. Le coloris de ses lèvres, plus vif que de coutume, relevait l'émail de ses dents et rendait son sourire plus voluptueux, des rougeurs éparses çà et là relevaient la blancheur de son teint et en attestaient la finesse. Ces traces du plaisir m'en rappelaient la jouissance. Enfin, elle me parut plus séduisante encore que mon imagination ne se l'était peinte dans nos plus doux moments. Le lambris s'ouvrit de nouveau, et la discrète confidente disparut.

Près d'entrer, on m'arrêta : « Souvenez-vous, me dit-on gravement, que vous serez censé n'avoir jamais vu, ni même soupçonné l'asile où vous allez être introduit. Point d'étourderie ; je suis tranquille sur le reste. — La discrétion est la première des vertus ; on lui doit bien des instants de bonheur. »

Tout cela avait l'air d'une initiation. On me fit traverser un petit corridor obscur, en me conduisant par la main. Mon cœur palpitait comme celui d'un prosélyte que l'on éprouve avant la célébration des grands mystères... « Mais votre comtesse, me dit-elle en s'arrêtant… » J'allais répliquer ; les portes s'ouvrirent : l'admiration intercepta ma réponse. Je fus étonné, ravi ; je ne sais plus ce que je devins, et je commençai de bonne foi à croire à l'enchantement. La porte se referma, et je ne distinguai plus par où j'étais entré. Je ne vis qu'un bosquet aérien qui, sans issue, semblait ne tenir et ne porter sur rien ; enfin je me trouvai dans une vaste cage de glaces, sur lesquelles les objets étaient si artistement peints, que, répétés, ils produisaient l'illusion de tout ce qu'ils représentaient. On ne voyait intérieurement aucune lumière ; une lueur douce et céleste pénétrait, selon le besoin que chaque objet avait d'être plus ou moins aperçu ; des cassolettes exhalaient de délicieux parfums ; des chiffres et des trophées dérobaient aux yeux la flamme des lampes qui éclairaient d'une manière magique ce lieu de délices. Le côté par où nous entrâmes représentait des portiques en treillage ornés de fleurs, et des berceaux dans chaque enfoncement ; d'un autre côté, on voyait la statue de l'Amour distribuant des couronnes ; devant cette statue était un autel, sur lequel brillait une flamme ; au bas de cet autel étaient une coupe, des couronnes et des guirlandes ; un temple d'une architecture légère achevait d'orner ce côté : vis-à-vis était une grotte sombre ; le dieu du mystère veillait à l'entrée ; le parquet, couvert d'un tapis pluché, imitait le gazon. Au plafond, des génies suspendaient des guirlandes, et du côté qui répondait aux portiques était un dais sous lequel s'accumulait une quantité de carreaux, avec un baldaquin soutenu par des amours.

Ce fut là que la reine de ce lieu alla se jeter nonchalamment. Je tombai à ses pieds ; elle se pencha vers moi, elle me tendit les bras, et dans l'instant, grâce à ce groupe répété dans tous ses aspects, je vis cette île toute peuplée d'amants heureux.

Les désirs se reproduisent par leurs images. « Laisserez-vous, lui dis-je, ma tête sans couronne ? si près du trône, pourrai-je éprouver des rigueurs ? Pourriez-vous y prononcer un refus ? — Et vos serments, me répondit-elle en se levant. — J'étais un mortel quand je les fis, vous m'avez fait un dieu : vous adorer, voilà mon seul serment. — Venez, me dit-elle, l'ombre du mystère doit cacher ma faiblesse, venez... » En même temps, elle s'approcha de la grotte. A peine en avions-nous franchi l'entrée, que je ne sais quel ressort, adroitement ménagé, nous entraîna. Portés par le même mouvement, nous tombâmes, mollement, renversés sur un monceau de coussins. L'obscurité régnait avec le silence dans ce nouveau sanctuaire. Nos soupirs nous tinrent lieu de langage. Plus tendres, plus multipliés, plus ardents, ils étaient les interprètes de nos sensations, ils en marquaient les degrés, et le dernier de tous, quelque temps suspendu, nous avertit que nous devions rendre grâce à l'Amour. Elle pris une couronne qu'elle posa sur ma tête, et soulevant à peine ses beaux yeux humides de volupté, elle me dit : « Eh bien ! aimerez-vous jamais la comtesse autant que moi ? » J'allais répondre, lorsque la confidente, en entrant précipitamment, me dit : « Sortez bien vite, il fait grand jour, on entend déjà du bruit dans le château. »

POINT DE LENDEMAIN

LES LIAISONS DANGEREUSES

1782 – Choderlos de Laclos

« Un de ces météores désastreux qui ont apparu sous un ciel enflammé ». Ainsi Alexandre de Tilly, ancien page de Marie-Antoinette, saluera-t-il, une bonne trentaine d'années plus tard, la naissance des *Liaisons dangereuses*. À la veille de la Révolution, ce livre singulier commis par un officier inventeur de l'obus éclate comme une bombe dans la haute société de l'Ancien Régime. Il ose étaier les secrets d'alcôve et les mœurs dépravées de ses pires représentants, qui n'ont vraiment de nobles que le titre, une marquise et un vicomte fictifs sans doute, mais que le roman rend à jamais inoubliables. Le mal est fait : « du jour où il parut, la mauvaise réputation du siècle fut consommée » (Giraudoux).

Ce chef-d'œuvre de la littérature, on le dévore alors souvent, à commencer par la reine elle-même, sous couverture cachée... Car ces *Liaisons*-là apparaissent effectivement dangereuses, même s'il ne s'agit pas d'un livre érotique au sens strict. Rien de crû dans les mots ; rédigé dans une langue châtiée et un style classique, il n'en fait pas moins sensation dans le public et « plus de ravages dans bien des têtes que les peintures les plus lascives ou les productions les plus obscènes » (*Mémoires du comte de Tilly pour servir à l'histoire des mœurs,* 1828).

Le livre a l'immoralité d'un manuel d'inconduite à l'usage de libertins sans scrupules (Valmont – leur modèle et porte-parole – parle de « catéchisme de débauche »). En plaçant Laclos au rang qui lui revient parmi les grands *Libérateurs de l'amour* (Seuil, 1977), Alexandrian a cette formule pour évoquer Valmont attaché à en jouer en virtuose de la passion sans y céder : « son art d'aimer est un art de ne pas aimer ». Au diable la carte du Tendre qui enchanta le XVIIe siècle ! La marquise et le vicomte n'ont que faire de gagner des cœurs ; la jouissance des corps, voilà ce qui les anime, et plus encore, le plaisir intellectuel de plier leurs victimes à leur volonté toute-puissante.

On touche là à ce qui choqua peut-être le plus : que Laclos ait donné à ses deux monstres une intelligence supérieure, et aussi que le pire des deux soit une femme (« Ève satanique », « Tartuffe femelle [...] chez qui tout ce qui est humain est calciné », notera Baudelaire). Un vrai scandale, à peine atténué par le retour de la morale *in fine* : les roués perdront la vie (Valmont) et la face (Merteuil, doublement d'ailleurs, puisqu'elle aura le visage rongé par la petite vérole) pour avoir succombé à des sentiments... une faiblesse indigne de purs et durs libertins ! Lui, en s'éprenant réellement de sa victime, la céleste Mme de Tourvel ; elle, en cédant à la jalousie que lui inspire cet amour. Double imprévu fatal qui amènera les deux complices à se combattre et se détruire.

Les *Mémoires* de Tilly nous ont livré cette confidence de Laclos sur la genèse et l'objectif de ses *Liaisons* : « Je résolus de faire un ouvrage qui sortît de la route ordinaire, qui fît du bruit, et qui retentît encore sur la terre quand j'y aurai passé. » Mission accomplie.

Lettre CX

LE VICOMTE DE VALMONT
À LA MARQUISE DE MERTEUIL

Puissances du Ciel, j'avais une âme pour la douleur : donnez-m'en une pour la félicité ! C'est, je crois, le tendre Saint-Preux qui s'exprime ainsi. Mieux partagé que lui, je possède à la fois les deux existences. Oui, mon amie, je suis, en même temps, très heureux et très malheureux ; et puisque vous avez mon entière confiance, je vous dois le double récit de mes peines et de mes plaisirs.

Sachez donc que mon ingrate Dévote me tient toujours rigueur. J'en suis à ma quatrième Lettre renvoyée. J'ai peut-être tort de dire la quatrième ; car ayant bien deviné dès le premier renvoi qu'il serait suivi de beaucoup d'autres, et ne voulant pas perdre ainsi mon temps, j'ai pris le parti de mettre mes doléances en lieux communs, et de ne point dater : et depuis le second Courrier, c'est toujours la même Lettre qui va et vient ; je ne fais que changer d'enveloppe. Si ma Belle finit comme finissent ordinairement les Belles, et s'attendrit un jour, au moins de lassitude, elle gardera enfin la missive, et il sera temps alors de me remettre au courant. Vous voyez qu'avec ce nouveau genre de correspondance, je ne peux pas être parfaitement instruit.

J'ai découvert pourtant que la légère personne a changé de Confidente, au moins me suis-je assuré que, depuis son départ du Château, il n'y est venu aucune Lettre d'elle pour madame de Volanges, tandis qu'il en est venu deux pour la vieille Rosemonde ; et comme celle-ci ne nous en a rien dit, comme elle n'ouvre plus la bouche de sa *chère Belle*, dont auparavant elle parlait sans cesse, j'en ai conclu que c'était elle qui avait la confidence. Je présume que d'une part, le besoin de parler de moi, et de l'autre, la petite honte de revenir vis-à-vis de madame de Volanges sur un sentiment si longtemps désavoué, ont produit cette grande révolution. Je crains d'avoir encore perdu au change : car plus les femmes vieillissent, et plus elles deviennent rêches et sévères. La première lui aurait bien dit plus de mal de moi ; mais celle-ci lui en dira plus de l'amour ; et la sensible Prude a bien plus de frayeur du sentiment que de la personne.

Le seul moyen de me mettre au fait, est, comme vous voyez, d'intercepter le commerce clandestin. J'en ai déjà envoyé l'ordre à mon Chasseur ; et j'en attends l'exécution de jour en jour. Jusque-là, je ne puis rien faire qu'au hasard : aussi, depuis huit jours, je repasse inutilement tous les moyens connus, tous ceux des Romans et de mes Mémoires secrets ; je n'en trouve aucun qui convienne, ni aux circonstances de l'aventure, ni au caractère de l'Héroïne. La difficulté ne serait pas de m'introduire chez elle, même la nuit, même encore de l'endormir, et d'en faire une nouvelle Clarisse : mais après plus de deux mois de soins et de peines, recourir à des moyens qui me soient étrangers ! me traîner servilement sur la trace des autres, et triompher sans gloire ! ... Non, elle n'aura pas *les plaisirs du vice et les honneurs de la vertu*. Ce n'est pas assez pour moi de la posséder, je veux qu'elle se livre. Or, il faut pour cela non seulement pénétrer jusqu'à elle, mais y arriver de son aveu ; la trouver seule et dans l'intention de m'écouter ; surtout, lui fermer les yeux sur le danger, car si elle le voit, elle saura le surmonter ou mourir. Mais mieux je sais ce qu'il faut faire, plus j'en trouve l'exécution difficile ; et dussiez-vous encore vous moquer de moi, je vous avouerai que mon embarras redouble à mesure que je m'en occupe davantage.

La tête m'en tournerait, je crois, sans les heureuses distractions que me donne notre commune Pupille ; c'est à elle que je dois d'avoir encore à faire autre chose que des Elégies.

Croiriez-vous que cette petite fille était tellement effarouchée, qu'il s'est passé trois grands jours avant que votre Lettre ait produit tout son effet ? Voilà comme une seule idée fausse peut gâter le plus heureux naturel !

Enfin, ce n'est que Samedi qu'on est venu tourner autour de moi et me balbutier quelques mots ; encore prononcés si bas et tellement étouffés par la honte, qu'il était impossible de les entendre. Mais la rougeur qu'ils causèrent m'en fit deviner le sens. Jusque-là, je m'étais tenu fier : mais fléchi par un si plaisant repentir je voulus bien promettre d'aller trouver le soir même la jolie Pénitente ; et cette grâce de ma part fut reçue avec toute la reconnaissance due à un si grand bienfait.

Comme je ne perds jamais de vue ni vos projets ni les miens, j'ai résolu de profiter de cette occasion pour connaître au juste la valeur de cette enfant, et aussi pour accélérer son éducation. Mais pour suivre ce travail avec plus de liberté j'avais besoin de changer le lieu de nos rendez-vous ; car un simple cabinet, qui sépare la chambre de votre Pupille de celle de sa mère, ne pouvait lui inspirer assez de sécurité, pour la laisser se déployer à l'aise. Je m'étais donc promis de faire *innocemment* quelque bruit, qui pût lui causer assez de crainte pour la décider à prendre, à l'avenir, un asile plus sûr ; elle m'a encore épargné ce soin.

La petite personne est rieuse ; et, pour favoriser sa gaieté, je m'avisai, dans nos entractes, de lui raconter toutes les aventures scandaleuses qui me passaient par la tête ; et pour les rendre plus piquantes et fixer davantage son attention, je les mettais toutes sur le compte de sa Maman, que je me plaisais à chamarrer ainsi de vices et de ridicules.

Ce n'était pas sans motif que j'avais fait ce choix ; il encourageait mieux que tout autre ma timide écolière, et je lui inspirais en même temps le plus profond mépris pour sa mère. J'ai remarqué depuis longtemps, que si ce moyen n'est pas toujours nécessaire à employer pour séduire une jeune fille, il est indispensable, et souvent même le plus efficace, quand on veut la dépraver ; car celle qui ne respecte pas sa mère ne se respectera pas elle-même : vérité morale que je crois si utile que j'ai été bien aise de fournir un exemple à l'appui du précepte.

Cependant votre Pupille, qui ne songeait pas à la morale, étouffait de rire à chaque instant ; et enfin, une fois, elle pensa éclater. Je n'eus pas de peine à lui faire croire qu'elle avait fait un *bruit affreux*. Je feignis une grande frayeur, qu'elle partagea facilement. Pour qu'elle s'en ressouvînt mieux, je ne permis plus au plaisir de reparaître, et la laissai seule trois heures plus tôt que de coutume : aussi convînmes- nous, en nous séparant, que dès le lendemain ce serait dans ma chambre que nous nous rassemblerions.

Je l'y ai déjà reçue deux fois, et dans ce court intervalle l'écolière est devenue presque aussi savante que le maître. Oui, en vérité, je lui ai tout appris, jusqu'aux complaisances ! je n'ai excepté que les précautions.

Ainsi occupé toute la nuit, j'y gagne de dormir une grande partie du jour ; et, comme la société actuelle du Château n'a rien qui m'attire, à peine parais-je une heure au salon dans la journée. J'ai même, d'aujourd'hui, pris le parti de manger dans ma chambre, et je ne compte plus la quitter que pour de courtes promenades. Ces bizarreries passent sur le compte de ma santé. J'ai déclaré que j'étais *perdu de vapeurs* ; j'ai annoncé aussi un peu de fièvre. Il ne m'en coûte que de parler d'une voix lente et éteinte. Quant au changement de ma figure, fiez-vous-en à votre Pupille. *L'amour y pourvoira.*

J'occupe mon loisir en rêvant aux moyens de reprendre sur mon ingrate les avantages que j'ai perdus, et aussi à composer une espèce de catéchisme de débauche, à l'usage de mon écolière. Je m'amuse à n'y rien nommer que par le mot technique ; et je ris d'avance de l'intéressante conversation que cela doit fournir entre elle et Gercourt la première nuit de leur mariage. Rien n'est plus plaisant que l'ingénuité avec laquelle elle se sert déjà du peu qu'elle sait de cette langue ! elle n'imagine pas qu'on puisse parler autrement. Cette enfant est réellement séduisante ! Ce contraste de la candeur naïve avec le langage de l'effronterie ne laisse pas de faire de l'effet ; et, je ne sais pourquoi, il n'y a plus que les choses bizarres qui me plaisent.

Peut-être je me livre trop à celle-ci, puisque j'y compromets mon temps et ma santé : mais j'espère que ma feinte maladie, outre qu'elle me sauvera l'ennui du salon, pourra m'être encore de quelque utilité auprès de l'austère Dévote, dont la vertu tigresse s'allie pourtant avec la douce sensibilité ! Je ne doute pas qu'elle ne soit déjà instruite de ce grand événement, et j'ai beaucoup d'envie de savoir ce qu'elle en pense ; d'autant plus que je parierais bien qu'elle ne manquera pas de s'en attribuer l'honneur. Je réglerai l'état de ma santé sur l'impression qu'il fera sur elle.

Vous voilà, ma belle amie, au courant de mes affaires comme moi-même. Je désire avoir bientôt des nouvelles plus intéressantes à vous apprendre ; et je vous prie de croire que, dans le plaisir que je m'en promets, je compte pour beaucoup la récompense que j'attends de vous.

Du Château de .., ce 11 octobre 17**.

MA CONVERSION
ou le Libertin de qualité

1783 – Comte de Mirabeau

Le Libertin de qualité, ce roman « tout à fait fou » que Mirabeau écrivit pour égayer son emprisonnement dans le donjon de Vincennes en 1780, a pour autre titre *Ma conversion*. Drôle de conversion ! Pas très catholique, comme le suggère d'emblée cet indice qui ouvre le livre et où l'auteur se déclare le très humble, très obéissant et très dévoué serviteur de Son Altesse diabolique « Monsieur Satan »..., à qui il souhaite que cette lecture ranime un peu son antique paillardise !

Le premier paragraphe révèle de quelle conversion il s'agit : « Jusqu'ici, mon ami, j'ai été un vaurien ; j'ai couru les beautés ; j'ai fait le difficile ; à présent, la vertu rentre dans mon cœur ; je ne veux plus foutre que pour de l'argent ; je vais m'afficher étalon juré des femmes sur le retour et je leur apprendrai à jouer du cul à tant par mois. » Intéressant programme qui explique pourquoi cet ouvrage dont l'originalité est d'avoir pour héros un jeune gentilhomme qui décide de se prostituer et de jouer les gigolos fut publié anonymement. Mais, à l'inverse du *Rideau levé*, l'autre roman érotique qui lui a été attribué, la paternité de Mirabeau ne fait ici aucun doute.

Les lettres qu'il envoie de son donjon à sa maîtresse Sophie montrent qu'il est bien l'auteur de ce roman absolument neuf : « *Ma Conversion* avance, écrit-il le 5 mars 1780. Si tu veux passer sur des mots un peu fermes et des peintures très libres, mais très vraies de nos mœurs, de notre corruption, de notre libertinage, je t'enverrai ce roman, qui est moins frivole que l'on ne croirait au premier coup d'œil. » Le fait est que, sous son écorce polissonne, il dénonce des injustices criantes : faute d'avoir donné aux hommes le mouvement perpétuel, le Créateur les a empêchés de forniquer tout le temps... Et s'il n'y avait que cela, mais « à la honte de la France, il n'y a pas de prix pour ceux qui foutent le mieux » !

Le Libertin de qualité dresse des portraits au vitriol d'une société en fin de course. « Tu ne saurais croire combien ce cadre amène de portraits et de contrastes plaisants – toutes les sortes de femmes, tous les états y passent tour à tour ; l'idée en est folle, mais les détails en sont charmants » (à Sophie le 21 février 1780). Tout y passe effectivement sous la plume allègrement féroce du futur grand orateur de la Révolution : des dames de cour aux religieuses, sans oublier les filles d'Opéra, les lesbiennes et les maquerelles. Bref, tous « ces êtres pétris de petitesses et de perfidies », comme les dévotes... qui ne le sont devenues que par le maléfice des années !

Emporté par sa nature généreuse (en bon apôtre de la volupté, Mirabeau projette sur son héros son propre tempérament de feu), le libertin en oublie parfois ses bonnes résolutions (rien que des rapports tarifés – « de l'or, sacredieu ! ») et, chemin faisant, donnera quelques coups de canif dans son contrat moral (?) : c'est ainsi qu'il passera gaillardement à l'acte avec Julie, la jeune nièce de sa vieille maîtresse obligée parce que argentée, et tombera même un temps amoureux d'une piquante Euphrosie. Personne n'est parfait.

— De grâce, Julie, nous n'avons qu'un moment, décidez de mon sort. Pourquoi me rendre la double victime de vos rigueurs et des faveurs de votre tante ? (Ce mot *faveurs* fut prononcé d'un ton si triste qu'il était persuasif ; la petite en sourit.)

— Eh bien ! je vous crois, me dit-elle, pourquoi me tromperiez-vous ?... Je suis déjà si malheureuse ! Hélas ! il ne tient qu'à vous de me le rendre bien davantage...

Je ne vous détaillerai pas le reste d'une conversation gênée par les observateurs ; mais, pour tout dire en un mot, nous convînmes que je serais l'amant de la tante, et que nous saisirions tous les moments favorables pour nous voir, en affectant, la petite et moi, beaucoup d'indifférence l'un pour l'autre.

On soupe. Après souper, je fais un brelan avec ma chère tante ; tout le monde défile. Julie, dès minuit, s'était retirée ; je reste seul. C'est alors que la vieille, par ses tendres caresses, me montre toute la rigueur de mon sort; cependant j'y réponds en grimaçant ; elle sort pour se rendre à sa chambre à coucher, et moi, pour faire ma toilette de nuit. Enfin, l'heure du berger, l'heure fatale sonne ; une femme de chambre m'appelle, j'arrive cherchant partout ce que tu sais, et ne trouvant rien.

— Rien ?

— Rien, ou le diable m'emporte : devine où il était allé se nicher. A côté d'une grosse bourse bien remplie, placée entre deux bougies sur la table de nuit de madame ; je le repris en passant. Ma déesse était en cornette... Sacredieu, qu'elle avait d'appas ! Son lit à la turque, de damas jonquille, semblait assorti à son teint (car celui de jour était répandu sur dix mouchoirs qui invoquaient la blanchisseuse) ; un sourire qu'elle grimace me fait apercevoir qu'elle ne mord point. Enfin, je grimpe sur l'autel.

— Bandais-tu ?

— Hélas ! il fallait bien bander de misère, ou renoncer à Julie et à cette bourse devenue nécessaire, car le maudit brelan m'avait arraché les derniers louis qui fussent en ma possession...

Que parlai-je de possession !... J'en ai sacredieu bien une autre. Regarde, mon cher ami, c'est pour toi que je n'abaisse pas la toile.

Je parcours des mains et des pieds les vieux charmes de ma Dulcinée... de la gorge... je lui en prêterais au besoin... Des bras longs et décharnés, des cuisses grêles et desséchées, une motte abattue, un c… flétri et dont l'ambre, qui le parfume, à peine affaiblit l'odeur naturelle... Enfin, n'importe, je bande ; je ferme les yeux ; j'arpente ma haridelle, et j'enfourne. Ses deux jambes sont passées par-dessus mes épaules ; d'un bras vigoureux, je la chauffe sur mon v… Une bosse de grandeur honnête que je viens de découvrir me sert de point d'appui pour l'autre main. Son cou tendu m'allonge un déplaisant visage, qui, gueule béante, m'offre une

MA
CONVERSION
Auri Sacra fames

langue appesantie, que j'évite par une forte contraction de tous les muscles de ma tête. Enfin, je prends le galop... Ma vieille sue dans son harnais ; sa charnière enrouillée s'électrise, et me rend presque coup pour coup ; ses bras perdent de leur raideur, ses yeux se tournent ; elle les ferme à demi, et réellement ils deviennent supportables... Sacredieu, j'enrage, cela ne vient pas ; je la secoue... et tout à coup la bougresse m'échappe... Foutre ! la fureur me prend, je m'échauffe ; le talon tendu contre une colonne, je la presse, je l'enlève ; la voilà qui marche... Ah ! mon ami ! mon petit ! Ah ! mon cher cœur !... je me meurs... ah ! je n'y comptais plus... Il y a si longtemps... ah ! ah ! ah !... je dé... dé... charge... mon cher ami, je décharge...! Le diable m'emporte ! ses convulsions me tiennent cinq minutes dan l'illusion ; la vieille coquine avait une jouissance comme à trente ans ; elle fut longtemps à se remettre ; elle était épuisée dans toute la force du terme. Moi j'étais en eau... Mais voici bien une autre histoire. En m'essuyant, je trouve une double perruque ; c'était celle de ma ribaude, qui, n'étant que collée, se joignait à la mienne par esprit de sympathie. Le désordre de la bonne dame était risible ; son bonnet et la toison qui lui tenait lieu de chevelure, tout était au diable... elle avait l'air honteux.

— Tiens, ma bonne, lui dis-je, entre nous point de façons ; je t'aime mieux tout naturellement, et, pour preuve de cela, je veux te recommencer.

A ces mots, je la ressaute, et j'amène l'aventure à bien. Pour cette fois, elle n'avait point de dents, Dieu merci ; car j'eusse été dévoré.

Après cette seconde reprise elle sonne... Mlle Macao, qui nous servait d'eunuque noir, lui arrange ses affaires. Tandis que je me rhabille, la bonne vieille ne tarissait pas sur mon éloge... Deux fois ma chère... Deux fois ! Oh ! ce petit ange-là est un prodige ; les autres me faisaient bien venir l'eau à la bouche ; mais lui... Mets la main là, j'en suis pleine.

Il était quatre heures du matin, je m'approche pour prendre congé ; la vieille, en m'embrassant (foutre ! ce n'était pas là le plaisant de l'histoire), m'offre deux bourses au lieu d'une, et m'accuse qu'elles contiennent deux cents louis, tandis qu'elle n'en donne ordinairement que cent.

LE PARC-AUX-CERFS
ou l'Origine de l'affreux déficit
1790 – Louis-Gabriel Bourdon

Mythe ou réalité ? Cent millions ou un milliard évaporés dans la luxure royale ? Certains détracteurs y voient la raison de la ruine de la France. D'autres historiens, plus sérieux, une petite maison versaillaise sans apparence. Comme souvent, la ruine est plutôt venue de guerres longues et inutiles. « On s'est battu pour le roi de Prusse », ironise Voltaire. Sous le règne du Bien-Aimé, beaucoup préfèrent les plaisirs aux combats. La plupart des particuliers fortunés, roués et petits-maîtres ont de « petites maisons », des folies où chacun entretient une ou plusieurs filles. Alors le roi…

D'abord, pour l'acquérir, Louis XV doit concevoir une manipulation notariale compliquée et discrète. La petite maison est située sur l'emplacement acquis par Louis XIII pour élever des cerfs, des daims et autres gibiers : on la nomme donc le Parc-aux-Cerfs. Le site de Versailles fut choisi par Louis XIII pour les plaisirs de la chasse. Louis XIV, désireux de fuir Paris et sa populace, transforma le relais de chasse en somptueux château, qu'il investit vers 1682. Puis Louis XV, éveillé au rythme des orgies du Régent, crée en 1755, avec l'aval de sa maîtresse la Pompadour, ce sérail à l'extérieur du château.

Mais un sérail, ce n'est pas donné ! Il faut financer la chaîne des entremetteurs chargés de recruter les filles, leur mise en condition : les transformer, les préparer, les habiller, les éduquer telles des geishas maîtrisant tous les plaisirs ; mais aussi indemniser celles qui ont échoué, récompenser conséquemment celles dont le rang ne peut se contenter d'un revenu de prostituée, et soutenir économiquement les fécondes, porteuses de bâtards royaux. Les frais étant engagés sur la cassette royale, chacun fantasme et jase sur les coûts réels du royal plaisir et le nombre de bâtards qui en résulte.

Mais le Parc-aux-Cerfs est-il le paradisiaque asile prêt à nourrir nos fantasmes ? Ce bordel privé est-il nécessaire au monarque pour combler ses plaisirs alors qu'il dispose d'un droit de cuissage consensuel, pouvant s'offrir la plupart, voire toutes les femmes de sa Cour avec l'aval de leurs maris ? N'est-il pas simplement une manipulation née de l'esprit de la Pompadour, qui espère raffermir son influence par cette complicité : « Tant que je lui présente des filles qui sont sous ma tutelle, il ne va pas voir ailleurs. Je reste ainsi la seule maîtresse en titre. »

Ce texte, publié en 1790, seize ans après la mort de Louis XV, et attribué sans certitude à un certain Louis-Gabriel Gourdon, est le produit même de l'abolition des privilèges et de la censure acquise par la Révolution. Voyeurisme aidant, la peinture grivoise de l'immoralité de l'aristocratie, à commencer par le roi lui-même, est jetée en pâture aux lecteurs. Sorte de pendant du *Journal des inspecteurs de M. de Sartine*, il est constitué d'une longue liste détaillée de personnalités, féminine et masculine, ayant un rapport avec le sérail contesté ou participant à la débauche générale qui domine le régime de la Pompadour puis de la Du Barry.

MADEMOISELLE TIERCELIN.
A été du nombre des jeunes et jolies personnes consacrées aux plaisirs de Louis XV. Elle était fille d'un cavalier de Maréchaussée, bâtard d'une maison illustre du nom que portait cette demoiselle. Le sieur le Bel, instruit de l'existence de cette rare beauté, l'avait fait enlever à onze ans, et éduquer jusqu'à quatorze, qu'il l'avait jugée propre à la couche de son maître. C'est cette destination forcée qui avait engagé le roi à l'excepter de la loi générale qu'il s'était faite, d'abandonner ses maîtresses, lorsqu'elles commençaient à lui déplaire.

Mademoiselle Tiercelin avait une pension de trente mille livres ; elle en dépensait cent, et tous les ans le roi ordonnait que l'on payât ses dettes. Elle a un fils d'environ quinze ans. A la mort de mademoiselle Tiercelin, son père et son frère ont trouvé une cachette précieuse, qu'ils ont remise, et ils ont été récompensés.

MADAME DE BEAUNOIR.
Cette femme, bel esprit, a écrit quelques pièces de théâtre, entre autres Céline, qu'elle dédia à Louis XV. Ce monarque voulut voir l'auteur ; sa figure et son habit lui plurent, et il lui fit donner un appartement aux petites écuries ; mais madame de Beaunoir se conduisit si mal, eut des circonstances si scandaleuses et si publiques que le roi s'en étant dégoûté, elle perdit bientôt ses bonnes grâces et son logement.

PEIXOTTE.
II y avait à Paris un nommé Peixotte, fameux banquier, qui ne haïssait pas les jolies femmes ; mais qui ne les aimait que d'un certain côté. La Dervieux était une fille de ce bas monde, jolie comme l'amour, toute jeune et très connue. Outre son entreteneur, elle avait, selon l'usage, deux bons amis, l'un conseiller au parlement, l'autre attaché au barreau, nommé la T..., jeune homme de vingt ans, très lié avec le duc de Chartres, aujourd'hui duc d'Orléans, joli et ressemblant à Louis XV, auquel, dit-on, il est impossible de ressembler de plus loin.

Peixotte arrive un matin chez la Dervieux où aucun de nos trois tenants ne se trouvait. Il offre cent louis si l'on veut dévoiler tous ses appas ; on les accepte, on se déshabille en folâtrant, et le vieux satyre, après quelques éloges très succincts sur une gorge et des charmes plus secrets qui méritaient des autels, s'extasie sur une chute de reins admirable ; il admire, il touche, il palpe, il caresse, il se met à genoux devant ses fesses qui le disputaient à celles de Vénus Callipyge, lunettes sur le nez ; représentez-vous l'infâme en délire et portant un doigt profane... « *Ah, monsieur ! retirez-vous, je n'en suis pas ! — Ma belle enfant, je te donnerai ce que tu voudras, laisse-moi un instant.* » II s'enhardit, elle se fâche, sourit, et il s'en va avec la promesse de revenir.

Le soir, la Dervieux conte à la T… son aventure et conclut par dire qu'elle ne veut plus le voir de même. « *Tu es une sotte ; tire-moi plutôt parti de ce goût hétéroclite. — Compliment ! tu voudrais… ? Repose-toi sur moi et donne rendez-vous à ce vieux coquin. — Mais… s'il allait vouloir assouvir sa fantaisie ? — J'entends sois tranquille, je veillerai avec notre ami.* » Rendez-vous donné, et cent autres louis apportés et reçus, Peixotte demande pour toutes grâces qu'on lui laisse placer entre ces belles fesses qu'il idolâtre, un petit étui de nacre de perle très mignon et très joli. Après bien des contorsions risibles, la Dervieux laisse placer ce qu'on lui présente. Les deux amis étaient cachés ; mais quel est leur étonnement de voir le sapajou tirer six grandes plumes de paon, de boucher l'étui et les faire entrer dans des trous fais exprès. Il se met ensuite à un bout de la chambre, la fait promener à quatre pattes, et commence avec lui-même l'opération d'Onan, en contemplant la jolie perspective qu'il s'était faite. On croit bien que la T.... et le magistrat, son digne acolyte, furent obligés de quitter leur cachette pour ne pas se trahir.

Sur ces entrefaites et pendant que la petite folle se mirait dans les glaces, et riait de tout son cœur, le vilain propose de remplacer l'étui. La belle, bien conseillée, se montre moins difficile, mais propose un autre rendez-vous, et met cet étrange pucelage à 500 louis. Peixotte n'est point effrayé, il accepte : on prend jour, on se sépare et l'homme emporte son étui et ses plumes.

Alors la T... bâtit un projet. Il suivait encore le barreau ; au jour nommé ils arrivent, son camarade et lui, chez la petite en robe du palais. Son valet de chambre, garçon robuste et d'une riche taille, qui parfois courait sur les brisés de son maître avec la voluptueuse Dervieux, portait un habit rouge, avec une tresse d'or et une épée, ce qui approchait beaucoup d'un sur-tout, uniforme de nos anciens inspecteurs de police. Deux grands et vigoureux laquais en habit gris composaient le reste de l'escorte. La petite, bien instruite de son rôle, surtout de faire déposer sur la cheminée les 500 louis, nos deux roués passent dans une autre chambre, aussitôt qu'ils entrevoient Peixotte qu'on annonce.

La scène s'ouvre par la génuflexion, la contemplation et les adorations. L'étui revient sur jeu ; le paon se promène pour mettre monsieur en train ; mais, au moment où les lèvres de l'aimable Dervieux touchaient le verre de l'Israélite d'une manière trop brusque pour ne pas aspirer en entier la liqueur qu'il renfermait, les portes s'ouvrent inopinément avec bruit, et l'on annonce MM. les commissaires du roi, avec un inspecteur de police. La fille, à qui, par un caprice singulier, l'expression de la passion de Peixotte cessait, depuis quelques instants, de paraître désagréable, reste immobile et se prête avec un certain plaisir au mouvement du voluptueux banquier ; celui-ci, entraîné par un feu dévorant, accélère la vivacité de ses mouvements, jette des regards troublés sur tout ce qui l'environne, fait pâmer sa compagne et ne lâche prise qu'au moment où ses flammes cessent d'avoir de l'aliment. La Dervieux, revenue à elle, veut alors se retirer ; mais l'inspecteur l'arrête, la T…, de son côté, coupe le chemin au vieux fou qui commençait à s'intriguer de l'aspect de tant de personnes qui lui étaient inconnues, et le magistrat se place auprès de la cheminée pour veiller à la sûreté de l'or qu'on y a déposé. Alors, de l'air le plus grave, la T…, dit à Peixotte : « *Monsieur, la Cour informée des déportements qui se commettent chez mademoiselle, a délibéré que nous nous transporterions ici pour y procéder à l'effet d'arrêter des débauches aussi scandaleuses que nuisibles à la population ; reprenez vos sens et asseyez-vous.* » Plus mort que vif, Peixotte s'assied dans un fauteuil et se remet dans un état décent, ainsi que sa jolie complice, qui avait toutes les peines du monde à contenir ses rires. On apporte une table, le conseiller au parlement tire du papier de sa poche, et la T... dicte un procès verbal où rien n'est oublié ; l'état des lieux, des choses, le signalement de l'homme, son refus de dire son nom, etc. etc., le tout est décrit dans le plus grand détail, et l'étui ainsi que les plumes mis en séquestre pour être déposés au greffe de la cour. Il approche ensuite de la cheminée ; à la vue de l'or, il marque de l'étonnement, de l'incertitude et demande à qui il est. La petite, suivant ses instructions, assure qu'il est à elle. Le scélérat affecte un doute, et déclare qu'il est obligé de le confisquer, s'il appartient à l'anonyme. Peixotte interrogé, affirme qu'il est à la Dervieux ; on le remet à celle-ci, on lui fait une éloquente mercuriale. On exige, malgré cela, une attestation du banquier qui dit ne pas savoir écrire ; le greffier la rédige pour lui, et l'Israélite, après y avoir ajouté une croix, reçoit une vive semonce sur la messéance de ses goûts italiens : on lui annonce qu'il est libre et il se sauve.

Le soir il y avait à l'Opéra vingt copies figurées du procès-verbal auquel les deux démons eurent l'attention de joindre encore une estampe où les personnages et l'attitude étaient d'une ressemblance frappante. On peut juger de la fureur de Peixotte, d'avoir été joué ainsi. Pour l'achever, la T… envoya le lendemain chez lui un laquais dégourdi et bien préparé porter des compliments, et lui dire qu'étant informé qu'il voulait se défaire d'un étui de nacre, et d'une partie de plumes de paon, il le priait de les lui céder, parce qu'il en avait besoin pour en faire présent à mademoiselle Dervieux et compagnie ; qu'au reste le prix ne ferait rien, fallût-il les cinq cents louis qu'il avait abandonnés à cette aimable personne.

LE PALAIS-ROYAL

1790 – Restif de La Bretonne

Restif de La Bretonne, c'est le piéton de Paris version XVIIIe siècle, précurseur du poète Léon-Paul Fargue ou des photographes de la nouvelle vision tel Brassaï. Lorsqu'il ne se promène pas, ce grand marcheur est un écrivain prolixe. Il rédige plus de soixante ouvrages, composés de plusieurs centaines de volumes, représentant plusieurs dizaines de milliers de pages, tous consacrés à son temps. Fréquentant assidûment le Paris nocturne, passionné par le monde de la nuit – il se surnomme le « hibou » –, il ne peut éviter les hordes de prostituées arpentant les rues de la capitale. Inspiré par cet univers interlope, Restif rédige *le Pornographe*, sorte de règlement austère destiné à gérer la prostitution, et *le Palais-Royal,* où il participe à la mode des libelles prostitutionnels qui connaissent leur apogée en 1790. Depuis la Révolution, les grandes manifestations parisiennes – fêtes, Expositions universelles, Salons de l'auto ou de l'agriculture – attirent régulièrement un flux de provinciaux égarés et plus ou moins frustrés, dont abusent, avec flagornerie et malhonnêteté, de louches commerçants mal intentionnés. Ce cycle immuable fut inauguré par les fêtes de la Fédération.

Le Palais-Royal est un site particulier qui convient au marché parallèle. Il est surveillé par quelques gardes suisses manquant d'efficacité, et la police ne peut y accéder car il s'agit d'une propriété privée appartenant à la famille d'Orléans, branche cadette des Bourbons. Tout y est permis. À la fin du XVIIIe siècle, plus de deux mille courtisanes envahissent quotidiennement ses jardins et ses arcades. Ces nymphes, plus ou moins convaincantes, sont accompagnées d'une faune d'escrocs et de margoulins, tous prêts à plumer les pigeons désorientés par leur recherche de sensations amoureuses. On est sûr de leur laisser son argent. Parfois même sa vie. Parmi les arnaques qu'il faut affronter, les colporteurs sont les moins dangereux. Ils ouvrent leur manteau et proposent, pour une somme modique, souvent définie à la tête du client, une littérature introuvable en dehors de ce périmètre amoureux. Il s'agit de pamphlets décrivant ces dames, leurs noms, adresses, tarifs, spécialités et habitudes. Le marché de l'amour est alors révélé au grand jour avec une sincérité plus ou moins ambigüe. Comme l'analyse Hector Fleischmann[1] : « Il paraît certain que beaucoup de noms sont placés là par intention méchante et calomnieuse. De petites querelles inconnues et privées ont trouvé en ces brochures leur écho médisant. D'autres mentions, au contraire, paraissent parfaitement justifiées, et le procès en réhabilitation de certaines héroïnes est inutile à plaider. En bloc, il faut accepter le tout ; le bon grain mêlé à l'ivraie. Vénus aura bien reconnu les siennes. »

En 1790, Vénus a dû y perdre son latin et ne pas reconnaître tout son monde. Restif, lui, dut se régaler, se vengeant à l'aide de sa plume caustique de quelques catins qu'il n'aimait guère.

1. Hector Fleischmann, *les Demoiselles du Palais-Royal*…, Bibliothèque des Curieux, 1911.

Les filles de l'allée des Soupirs

I. La première de toutes, par l'importance qu'elle se donne, est *Filumène*, nom savant qu'on a prêté sans doute à cette nymphe lors de son début, à cause de sa taille joncée. Elle marche lentement, avec dignité, portant autour d'elle des regards quêteurs, qu'elle s'efforce de rendre languissants. Elle est mieux chaussée que ses compagnes, et jamais à plat.

II. *Boutonderose* est une petite et jolie personne, toujours en linon. Elle affecte la marche de Filumène ; à peu près comme on voit qu'au Ciel, à la même heure où ces deux belles se montrent, la *petite* affecte de ressembler à la *Grande Ourse*.

III. *Mélanie* est une grande fille, mise grandement, dont ordinairement la jupe de gaze est bordée d'un large ruban violet. Elle a les cheveux du plus beau noir, mais elle n'est pas jolie. Cependant elle a des amateurs qui vont chez elle admirer la grande nature.

IV. *Aglaé*. C'est une jolie fille, un peu moins grande que Filumène, et qui lui ressemble, car souvent on la prend pour celle-ci. Elle est mise avec goût, mais bien moins que son modèle. Pour qu'elle brille, il faut que Filumène ait mené quelqu'un *à la maison*.

V. *Rosemonde*. C'est une Allemande charmante, d'un blond cendré très agréable et dont la marche, ressemblant à celle de la princesse de ***, et d'une belle encore plus relevée, inspire la volupté. Elle est presque toujours en gaze, coiffée en fleurs, ou seulement de ses beaux cheveux, qui sont moins touffus depuis quelques mois. Elle demeure *rue du Bouloi*.

VI. *Bienfaite*. C'est une brune, à couleurs fortes, qui peut-être a pris son nom de sa taille parfaite. Elle est très brune et très forte.

VII. *Fayelle*. Grande femme avec une grande bouche, demi-blonde, qui a pris son nom de sa ressemblance avec une actrice de la Comédie ariette.

VIII. *Chouchou*, petite fille très jolie, ou plutôt mignonne, d'environ douze ans, que conduit une grosse femme, dont l'air annonce tous les vices.

IX. *Cécilia*. C'est une blonde faite au tour, ayant la démarche voluptueuse, l'air distingué. Elle est ordinairement en jupe de gaze, avec un corset brun uni, ou tout en blanc. Elle ne va jamais seule, et donne toujours le bras à une sorte de cuisinière ou de femme de chambre. On l'appelle *la blonde voluptueuse*.

X et XI. *Cécile* et *Rosette*. Deux petites filles d'environ 14 à 15 ans, toujours ensemble. Cécile est très jolie, mais coquine, insolente ; Rosette est brune, un peu pâle, mais douce, complaisante. On va *à la maison* pour Cécile ; l'on y reste pour Rosette.

XII. *Zaïre*. Fille svelte, presque toujours mise en rayé brun. Elle est d'une jolie figure arrondie et riante. Nous l'avons connue dans une occasion singulière. Le 1er octobre 1789, un garde national la rencontra dans l'allée la plus proche du Club, et lui parla. Après une vingtaine de pas, elle voulut le quitter et prendre l'allée du milieu. L'homme la retint, et lui saisissant assez rudement le bras, il lui dit : « *Marche-là, devant moi, sur cette ligne.* »

Et elle marcha, mais en lançant un regard désarmant, si doux, si touchant, qu'il nous fit impression. En effet, cette soirée-là, les filles du Palais-Royal étaient le jouet de la jeunesse indisciplinée, qui les entourait, les troussait et les fouettait. Nous ne sommes ni les soutiens, ni les apôtres du vice, mais nous disons que cette coupable licence, que l'on souffre sans mot dire, accoutume une jeunesse, composée d'apprentis, à devenir cannibale... Aussi, la pauvre Zaïre tremblait-elle que le jeune garde bourgeois ne la livrât à ces *tigrots*. Elle fit tout ce qu'il voulut. Nous observâmes qu'un des ordres, qu'il lui donna, fut d'aller embrasser un abbé ; puis, de se trousser au milieu de l'allée. Il fallait voir l'air de Zaïre !... Elle nous fit pitié ; nous la délivrâmes, malgré notre infirmité notoire.

XIII. *Adélaïde*. Grande et charmante fille, ayant l'air aussi décent que son état l'est peu. Elle paraît rarement, et toujours avec une grosse femme qui, dès qu'on l'a regardée, dit : « *Nous allons à la maison.* » Et elle y va. On la nomme l'*Athénienne*.

XIV. *Dorine* ou la *Philosophe*. C'est une fille de 24 ans, l'air distingué, ordinairement vêtue en mousseline sur un fond rose. Elle marche avec grâce et lenteur ; ce qui lui sied, à cause de sa délicatesse. Elle est très polie, et sa conversation a des charmes.

XV. *Coquine*. C'est une petite friponne, souvent en corset rose, bleu-ciel ou aurore, avec la jupe de gaze. Elle est très jolie, très effrontée, très provocante et elle a choisi le nom qui la caractérise.

XVI. *Elise*. Femme taillée par la Volupté, plutôt que par les Grâces. Elle a 25 à 26 ans ; sa taille est épaissie, mais admirablement coupée ; sa marche, son tour de jupe, son port de tête inspirent la volupté. On ne la voit qu'en blanc, en jupe non traînante ; celle à la mode, malgré sa grâce, lui ferait perdre quelque chose.

XVII. *Eléonore.* C'est une éveillée ; le plus souvent en corset brun, avec la jupe de gaze traînante. Elle est vive, enjouée, et donne plus de plaisir par Momus que par Cypris.

XVIII, XIX, XX, XXI, XXII, XXIII, XXIV. *Sofie, Angélique, Adèle, Zéfire, Zoé, Esther, Zilia.* Jeunes personnes, qui viennent rarement dans le Jardin le soir, quoiqu'elles demeurent dans une maison voisine, chez une célèbre matrulle. On les nomme les *Houris.* Sofie est brune, Angélique est blonde, Adèle est rouge et Zéfire cendrée. Lorsque vous entrez, on vous livre à Sofie qui, modestement parée, vous reçoit avec une politesse bourgeoise, et vous persuade que vous êtes avec une honnête fille. Elle aiguise les désirs et ne les satisfait pas. Au moment où vous devenez pressant, une porte s'ouvre, vous poursuivez la belle, et vous tombez dans les bras d'Angélique, qui a beaucoup plus d'éclat.

Vous trouvez ici une douce langueur, et tout ce qui peut flatter la vue, des pieds à la tête. Excité par tant de charmes, vous voulez jouir… Angélique se dérobe, et vous trouvez Adèle. Cette belle rouge ne blesse par aucun défaut de sa couleur ; elle n'a ni odeur, ni taches rousses : c'est une blancheur éblouissante ; elle est plus parfaite qu'Angélique. Vous êtes en feu, elle disparaît comme les deux autres, et vous trouvez Zéfire.

C'est une céleste créature que celle-ci, et la plus belle des quatre. Ses cheveux fins, son air touchant, ses manières caressantes vous empêchent de regretter ses compagnes. Vous ne vous possédez plus, et la délicate Zéfire ne pourrait se défendre d'un homme vigoureux. Quatre nouvelles filles très jolies viennent à son secours, vous enlèvent, elle fuit, et vous vous refroidissez avec une des quatre.

Zoé est destinée à doubler Zéfire, et non à la remplacer : c'est une charmante blonde ! mais ce n'est pas Zéfire.

Esther est une noire parfaite, ayant l'air tendre, languissant : elle parle à peine français. Mais ses demi-expressions sont touchantes et voluptueuses. Elle est née en Afrique, au royaume de Juida ; c'est une des filles d'un grand du pays ; le fils aîné, héritier unique du père, la vendit avec sa mère aux Européens.

Zilia est métisse, un peu cuivrée, et paraît descendre d'une Péruvienne et d'un Français. Elle a de belles couleurs rosées, et la peau d'un satiné admirable. On vous demande votre goût : on vous donne Esther, s'il est noir ; mais on ne vous la laisse pas : Zilia survient. Elle est unique, et jamais elle n'accorde le complément ; de jolies, mais ignobles créatures la substituent.

On donne, pour tout cela, depuis un louis jusqu'à deux, et l'on a de la volupté pour son argent. Mais après avoir passé par les mains de ces créatures, il n'est plus d'homme qui soit homme avec les femmes honnêtes ; il les fuit, il est blasé ; il est nul pour le mariage et la génération.

Un jeune seigneur, pour avoir un héritier, a été dernièrement obligé de conduire sa jeune épouse dans cette maison, sans la lui faire connaître ; elle a succédé à Zéfire, et elle est devenue mère. Je ne sais ; mais il me semble que l'enfant, ainsi conçu, dans le délire, de l'imagination d'un père affaibli, sera languissant, imbécile ou vicieux. Les six belles, Sofie, Angélique, Adèle, Zéfire, Esther et Zilia, se nomment les *Houris* : on assure qu'elles sont encore vierges, et qu'au moment où elles auront cessé de l'être, la matrulle leur substituera d'autres, qu'elle fait élever pour ce rôle dans une maison séparée.

XXV. XXVI. XXVII. XXVIII. *Dorothée, Jeanne, Agnès, Corisandre.* L'art de la débauche est aujourd'hui porté à Paris beaucoup au-delà de ce qu'il était chez les Romains, du temps de Pétrone, de Juvénal, et de Martial ; c'est-à-dire sous les Néron et les Domitien. Les quatre filles que nous venons de nommer expriment, par leurs noms, leurs charmes et leur caractère, celui de quatre héroïnes de la *Pucelle* de Voltaire. Pour un louis, elles se succèdent ; pour six francs, on n'en a qu'une, et l'on choisit. L'un veut Jeanne, qui est terrible ; l'autre la douce et tendre Dorothée, celui-ci Agnès la timorée ; celui-là la sotte Corisandre.

XXIX, XXX, XXXI, XXXII. Une autre matrulle du Palais-Royal a trouvé un moyen nouveau de gagner de l'argent : elle est riche ; elle a fait en grand son métier, qu'elle a pris par goût : avant d'être artiste, elle était *amateuse*. Elle cherche partout de jolies fillettes, qui ressemblent aux plus belles femmes de la Cour et de la ville ; elle les leur fait voir, par des moyens qu'elle paie sans doute aux domestiques, les leur fait imiter du plus près possible ; les habille comme elles ; leur fait affecter le même son de voix, les mêmes nuances, adopter les mêmes mots favoris, les mêmes tournures ; et quand elle a réussi, elle découvre les hommes hors de portée, qui sont amoureux de ces dames, et leur fait payer cher une illusion *Ixione*. Elle a ainsi vendu en effigie tout ce qu'il y a de grand à la Cour et dans le royaume. Elle donne à ces filles les noms de leurs ressemblances ; et comme les dames sont plus âgées, la matrulle, par la parure, fait avancer l'aiguille du temps sur ces statues animées. On n'ose ici dire les noms qu'ont portés les quatre filles, dont il est question dans cet article. On les appellera seulement *Gertrude, Isabelle, Rosière,* et *Polhimnie*. La matrulle se nommait *Cunégonde*.

CATÉCHISME LIBERTIN

1791 – Anonyme

Le 9 novembre 1791, sous les arcades du Palais-Royal, les commissaires de police de la butte des Moulins appréhendent un colporteur de brochures indécentes. Entre les *Fureurs utérines de Marie-Antoinette* et les *Orgies militaires et nationales* figure un certain *Catéchisme libertin*. « Ouvrage de la dernière licence », tranche Drujon (qui en a pourtant vu d'autres !) dans son *Catalogue des ouvrages, écrits et dessins de toute nature poursuivis, supprimés ou condamnés*.

« Si l'on devait s'en rapporter et à vos dernières publications de toute espèce, et à leur style général, on serait induit à penser que votre clergé en France était une sorte de monstre, un composé horrible de superstition, d'ignorance, de fainéantise, de fraude, d'avarice et de tyrannie. » C'est un Irlandais anglican qui écrit ses lignes dans ses *Réflexions sur la Révolution de France* (1790). Et encore, Edmund Burke n'avait pas lu le *Catéchisme libertin* paru l'année d'après. Car, dans le déluge de pamphlets qui s'abattent sur l'Église, cet opuscule anonyme est l'un des plus audacieux.

Anonyme ? oui et non... Un nom d'auteur apparaît à la suite du titre complet – qui est déjà tout un programme, sans parler du lieu d'édition : Luxuriopolis ! – : « *Catéchisme libertin à l'usage des filles de joie et des jeunes demoiselles qui se décident à embrasser cette profession,* par Mlle Théroigne. » On pense bien sûr à Théroigne de Méricourt, « l'amazone liégeoise » qui était alors la bacchante en furie de la Révolution, et passait justement pour une courtisane (« la Gazelle commune »). Belle caution pour un brûlot d'une telle effronterie. Mais qui ne dut guère plaire à l'intéressée, qui vit sa vie privée s'étaler dans les rues comme celle d'une fille publique. D'autant que, d'entrée de jeu, ce sacré *Catéchisme* l'assaisonnait d'un quatrain des plus lestes :

« Théroigne au district, aussi bien qu'au bordel,
De ses talents divers a fait l'expérience ;
Par sa langue et son con précieux à la France,
Son nom va devenir à jamais immortel. »

Après cette fine mise en bouche, le *Catéchisme* commence très fort. À une *Epître* dédiée par l'ardent abbé Couillardin à madame l'abbesse de Montmartre, « fouteuse incomparable » et première maquerelle de Paris, succède une *Oraison à sainte Madeleine*, patronne des putains. Sous ces auspices, la suite du texte joue du sacrilège avec un humour salace qui culmine avec le final en forme de *Litanies des filles de joie*. (« Saint Joseph, patron des cocus, préservez-nous d'être cornettes… Saintes Maintenon, Pompadour et Du Barry, consacrées aux pines royales, ayez pitié de nous... Toutes les filles d'Opéra, danseurs et danseuses qui avez si bien gigoté et remué le croupion, donnez-nous votre élasticité », etc.)

Le pamphlet s'achève sur le pseudo imprimatur donné à l'ouvrage : « Nous, docteurs en fouterie [...] n'y avons rien trouvé qui puisse en empêcher l'impression, la morale étant conforme au plan de l'auteur, et ne pouvant dans tout son contenu que servir à l'instruction des toupies, et à leur faire faire des progrès rapides dans la paillardise ; pourquoi nous l'avons approuvé. »

Épître dédicatoire à madame l'abbesse de Montmartre

Madame,

Vous dédier cet ouvrage, c'est en faire l'éloge, c'est en assurer le succès et le débit. Connue dans cette capitale, je dirai même dans toute la France, pour la plus sensuelle et la plus paillarde des femmes, la plus raffinée dans l'art des Messaline et des Dollone, j'ai cru que ce Catéchisme, à l'usage des putains ou des jeunes demoiselles qui se destinent à cette profession, ne pouvait paraître sous des auspices plus heureux et plus favorables.

Ce serait bien le cas de m'étendre ici sur vos vertus lubriques et sur les talents licencieux qui vous ont mérité, à si bon droit, le titre glorieux de fouteuse incomparable ; mais vous n'aimez que le foutre, et tout autre encens vous déplaît ; comme vous ne foutez que pour le plaisir de foutre, on ne saurait mieux vous faire sa cour qu'en vous parlant de ce qui intéresse le plus votre passion favorite.

J'ose donc espérer que ce Catéchisme aura votre approbation ; si je n'ai point détaillé ce sujet avec ce sel et ce piquant dont il pouvait être susceptible, vous voudrez bien considérer le peu de temps que j'ai eu à traiter la matière ; j'étais d'ailleurs sûr qu'il ne fallait qu'indiquer les premiers éléments d'un art qui est presque inné avec votre sexe, et je ne doute point que, par les heureux commentaires que vous serez à même de suppléer à cet ouvrage, il n'acquière bientôt ce degré de perfection qui lui assurera un des premiers rangs parmi les livres de ce genre ; les progrès rapides que vos élèves seront dans le cas de faire par lui dans le libertinage, sous votre vigilance et férule, répondent encore de son succès.

Agréez, Madame, comme une offrande légitimement due, le sacrifice que je vous fais ici de deux pollutions complètes, et que je jure réitérer chaque jour en votre honneur et intention ; c'est un tribut qu'on ne peut refuser au souvenir de vos charmes, dont j'ai tant de fois éprouvé l'empire, surtout dans ces moments d'ivresse et d'abandon général où vous vous plaisiez à les exhiber dans l'état de pure nature. Quelle motte ! Quel con ! Quel fessier plus attrayant que le vôtre ! Vous voir, vous trousser, vous foutre et décharger n'était que l'instant de l'éclair au coup de tonnerre.

Pardonnez-moi cette petite indiscrétion : quiconque vous connaît la trouvera juste. Permettez que je me rappelle aussi à vos amoureuses intentions, ainsi qu'à votre souvenir charnel, dans vos oraisons éjaculatoires, et que je me dise avec les sentiments les plus vifs et les plus passionnés, Madame, votre très humble, très obéissant serviteur et fouteur,

L'abbé Couillardin.

Oraison à sainte Magdeleine avant de lire le catéchisme

Grande Sainte, Patronne des Putains, fortifiez mon esprit, et donnez-moi la force de l'entendement, pour bien comprendre et retenir tout le raffinement des préceptes contenus dans ce Catéchisme : faites qu'à votre exemple, je devienne, dans peu, par la pratique, une Garce aussi célèbre dans Paris que vous l'étiez dans toute la Judée, et je vous promets, comme à ma divine Patronne et Protectrice, de donner mes premiers coups de cul en votre honneur et gloire.

Ainsi soit-il.

Catéchisme libertin

DEMANDE.
Qu'est-ce qu'une putain ?

RÉPONSE.
C'est une fille qui, ayant secoué toute pudeur, ne rougit plus de se livrer avec les hommes aux plaisirs sensuels et charnels.

DEMANDE.
Quelles qualités doit avoir une putain ?

RÉPONSE.
Trois qualités essentielles.

DEMANDE.
Quelles sont ces qualités ?

RÉPONSE.
L'effronterie, la complaisance et la métamorphose.

DEMANDE.
Qu'entendez-vous par l'effronterie ?

RÉPONSE.
J'entends qu'une fille qui se dévoue à ce commerce libidineux ne doit avoir honte de rien : toutes les parties de son corps doivent être pour les hommes ce qu'elles seraient pour elle-même en particulier ; c'est-à-dire que ses tétons, sa motte, son cul doivent lui être aussi indifférents

auprès de l'homme inconnu qu'elle amuse, que l'est à l'égard d'une femme honnête la paume de sa main qu'elle ne rougit pas de montrer.

DEMANDE.
Qu'est-ce que la complaisance dans une putain ?

RÉPONSE.
C'est une amorce par laquelle elle sait adroitement conserver l'homme passager, faisant usage de sa douceur naturelle, se prêtant librement aux différents désirs de l'homme ; par ce moyen elle le retient comme dans des filets, et l'oblige, malgré lui, à retourner une autre fois vers l'objet qui a si bien secondé sa passion momentanée.

DEMANDE.
Qu'entendez-vous par la métamorphose ?

RÉPONSE.
J'entends qu'une vraie putain, renfermée dans les ressources de son art, doit être comme un Protée, savoir prendre toutes les formes, varier les attitudes du plaisir, suivant le temps, les circonstances et la nature des tempéraments. Une putain recordée et aguerrie doit faire une étude particulière de ces différentes variations qui procurent ordinairement le plaisir aux hommes ; car il y a de la différence entre amuser un homme froid, un blondin, ou un homme poilu et brun, entre exciter une jeune barbe ou un vieillard sensuel : la nature, plus impérieuse chez les uns et plus modérée chez les autres, exige par conséquent des titillations différentes, des situations plus voluptueuses, des attouchements plus piquants et plus libertins ; et telle putain qui découvrant seulement son cul à un jeune Ganymède le ferait décharger jusqu'au sang, n'opérerait qu'une sensation ordinaire à l'égard d'un autre ; tandis qu'un tortillement de fesses voluptueusement fait, plongerait l'homme à tempérament dans un torrent de délices, qui causerait la mort au Narcisse fouteur et au paillard décrépit.

DEMANDE.
A quels signes caractéristiques distingue-t-on une putain de celle qui ne l'est pas ?

RÉPONSE.
Son habillement trop peu gazé, son maintien trop peu retenu, ses gestes libres, sa conversation trop enjouée et trop lascive, son regard décidé et sa marche effrontée sont les signes visibles qui la font reconnaître. Il est cependant nécessaire pour son propre intérêt qu'elle en agisse ainsi, car il est des hommes si timides auprès des femmes, que si une putain tranchait avec eux de l'*Honesta*, ces hommes, qu'on peut comparer à des puceaux, n'oseraient leur faire aucune proposition, et par conséquent elles perdraient l'occasion de faire quelquefois une bonne pratique, pour avoir affecté une modestie malentendue.

DEMANDE.
Mais, n'est-il pas possible qu'une putain imite en tout la décence et le maintien réservé d'une honnête femme ?

RÉPONSE.
Oui : et celles de ce genre sont les plus fines ; elles amorcent par là le nigaud qu'elles veulent duper ; elles paraissent s'effaroucher de ses propositions, mais c'est pour mieux l'enchaîner ; et combien sont pris au trébuchet, et s'imaginent aller cueillir la rose sans danger, tandis que l'épine y tient fortement. Ces sortes de putains tirent beaucoup de profit de ce commerce ; mais aussi il n'appartient qu'à celles qui peuvent tenir d'abord un certain ton de jouer ce personnage hypocrite.

DEMANDE.
Toutes les femmes ont-elles un penchant décidé à devenir putain ?

RÉPONSE.
Toutes le sont ou désirent l'être ; il n'y a guère que les convenances, les bienséances qui retiennent la plupart ; et toute fille qui succombe même la première fois, dans un tête-à-tête, est déjà, dès le premier pas, putain décidée ; la chemise, une fois levée, la voilà familiarisée avec son cul, autant que celle qui a joué du sien pendant dix ans.

DEMANDE.
La putain qui procure de la jouissance à l'homme, peut-elle s'y livrer avec tous, sans s'exposer à altérer son propre tempérament ?

RÉPONSE.
Il est un milieu à tout ; il serait très imprudent à une putain de se livrer avec excès au plaisir de la fouterie : une chair flasque et molle serait bientôt le fruit de ce désordre ; mais il est un raffinement de volupté qui tient à la volupté même, et dont une adroite putain doit faire usage. Une parole, un geste, un attouchement fait à propos, offre à l'homme l'illusion du plaisir ; il prend alors l'ombre de la volupté pour la volupté même ; et comme le cœur est un abîme impénétrable, la putain consommée dans son art remplit souvent, par une jouissance factice, les vues luxurieuses de l'homme, qui se contente de l'apparence. Les femmes étant plus susceptibles et plus propres que tout autre à ce genre d'escrime, il dépend d'elles de donner le change à l'homme.

DEMANDE.
Une putain doit-elle procurer autant de plaisir à un fouteur de vingt-quatre sous, qu'à celui qui la paie généreusement ?

RÉPONSE.
Il est certain que la putain devant vivre de son métier, et le foutre n'étant pas une substance qui puisse servir d'aliment, elle doit agir avec ce fouteur comme avec le père Zorobabel, et lui dire : *Nescio vos*... « Je vis du con comme vous de l'autel. »

LA JOURNÉE AMOUREUSE DE MARIE-ANTOINETTE

1792 – Anonyme

Ennemis héréditaires, Versailles et Vienne décident en 1770 de sceller la paix par une union du sang. L'Autriche offre sa jeune princesse Marie-Antoinette, et le protocole, habituellement peu enclin à l'impudeur, pousse l'outrage jusqu'à la livrer nue sur une île au milieu du Rhin. Dès cet instant et jusqu'à sa mort violente, la future reine de France devient un objet sexuel. Nous sommes sous l'influence de la Du Barry, maîtresse de Louis XV, fortement soupçonnée d'avoir fait ses classes dans les maisons de prostitution. C'est le règne de la volupté, des plaisirs du libertinage, l'époque où marquis et marquises soupent dans l'état « où nous venons au monde » ; l'époque du *Journal de Sartine* et du *Parc-aux-Cerfs*.

Malgré tous ses efforts d'intégration, sincères ou non, Marie-Antoinette reste « l'Autrichienne » aux yeux de ses ennemis, de l'aristocrate le plus influent au plus humble des Français. Cette « pièce rapportée » est soupçonnée de comploter en permanence contre son pays d'adoption. Très vite, des pamphlets prétendent révéler une femme perfide, aux prises avec tous les défauts de la Terre. À ces commérages s'ajoute une évidente misogynie, la dépeignant comme nymphomane et adultère, dominant notre faible roi, qui demeure stérile pendant les premières années de mariage. Les attaques viennent d'abord de la Cour. Dauphine, elle doit subir l'hostilité de la Du Barry – les deux femmes n'ont rien en commun – et devenue reine, celles de son beau-frère le comte de Provence, futur Louis XVIII, qui sollicite des libellistes pour déstabiliser son éventuelle influence sur la Cour. Le comte est le successeur direct de son aîné, si le couple n'a pas de descendance, la couronne lui revient. Il n'hésite pas à traiter les enfants de bâtards, accusant leur mère d'adultère. Tous les prétextes sont bons. Quand Marie-Antoinette fait profiter des caisses royales à ses amies la princesse de Lamballe et Mme de Polignac, certains l'accusent de tribadisme. Lorsqu'elle sympathise avec l'autre frère cadet du roi, le futur Charles X, nouvelle accusation d'adultère. Quand des escrocs manipulent le cardinal de Rohan, c'est l'affaire du Collier, et on l'accuse de dépenses outrancières. Il faut dire que les analystes les plus sérieux reconnaissent qu'elle y met du sien, entre ses dépenses excessives et ses dettes de jeu. Tout le monde joue à la Cour, et les historiens ne prêtent pas à la reine l'intelligence tactique que lui attribuent ses ennemis.

Pas moins d'une centaine d'éditions et rééditions des libelles paraissent au cours des quarante dernières années du XVIIIe siècle. Parmi eux, *la Journée amoureuse* se veut plaisante, reposant comme beaucoup d'autres sur le tribadisme et l'impuissance du roi. L'action se passe au Temple, quelques mois avant les exécutions. L'influence exacte de ces libelles érotico-pornographiques, véhiculant souvent des vulgarités inouïes, n'a jamais été étudiée. Il est indéniable qu'ils ont entretenu les colères et rancunes de la nation contre la monarchie et ne sont pas étrangères à sa chute.

SCÈNE IV

ANTOINETTE

La chose est claire. Comment peux-tu en douter un instant ? Tu sais bien, mon bon ami, que ta cause est celle de tous les rois de la terre ; tous doivent, en conséquence, s'opposer aux rebelles et te faire rendre la couronne. Alors, dis-moi comment une vile faction de sans-culottes pourrait résister à vingt têtes couronnées, qui toutes vont lever des armées pour défendre tes droits ?

LE ROI

Tu as raison, je me chagrinais à tort et bien mal à propos. Je ne perdrai point ma couronne.

ANTOINETTE

Viens t'asseoir près de cette table, afin de noyer en buvant tes fausses alarmes, et qu'elles ne reparaissent plus.

LE ROI

Je me suis, en effet, échauffé en te parlant ; je boirai bien un coup. Verse-moi une bonne rasade. Foutre, c'est du rhum ! *(En buvant.)* Tant mieux, cette liqueur est chaude à la poitrine.

ANTOINETTE

Viens au moins t'asseoir sur ce canapé ; nous serons à notre aise.

LE ROI

J'accepte volontiers ton offre. *(Ils vont sur le canapé.)*

ANTOINETTE

— N'es-tu pas fâché, mon ami, d'avoir fait de la peine à une si belle femme que moi ? Tiens, vois ma gorge : elle est grosse et ferme. *(Levant ses jupons.)* Vois mes cuisses, comme elles sont blanches ! *(Le roi prend le cul de la reine.)* Comme tu me palpes les fesses ! Est-ce que tu es amoureux aujourd'hui ?

LE ROI

Ah ! si tu voulais…

ANTOINETTE

Quoi ?

LE ROI

F.....

ANTOINETTE
Eh ! puis-je te rien refuser ? Voyons ; ta lame est-elle en arrêt ?

LE ROI
Juges-en par toi-même. *(Antoinette déboutonne le magasin aux iniquités du monarque et trouve un v.. flasque.)* B....e-moi, ma chère amie.

ANTOINETTE
Ah ! gros coquin, voilà ce que tu demandes. Tu veux que je te b….e, tu veux que je chatouille tes c…..es royales.

LE ROI, *tandis que sa chaste moitié travaille son membre, fatigue son poignet afin de le faire dresser.*
Va, Antoinette, va toujours. Toi seule me restes maintenant. Je t'aime plus que ma vie. Encore une secousse et il pourra faire envie.

ANTOINETTE
Infâme polisson, tu prends bien du plaisir ! Suis-je, dis-le-moi, ignorante dans l'art de traire un homme ? Tu décharges, jean-foutre, comme un dieu ; sens-tu que le f….. coule en abondance ?

LE ROI, *se pâmant.*
Ah ! ah ! ah ! fou... ou... outre...

ANTOINETTE
Décharge, mon homme, décharge. *(De temps à autre, elle glisse sa langue dans la bouche du roi.)* Point de faiblesse, du courage.

LE ROI
Ah! ma bonne amie, tu as le poignet merveilleux. Dans cinq minutes au plus tu m'as rendu le plus heureux des rois.

ANTOINETTE
Tu vois que j'ai toutes les complaisances possibles. Ne me dis plus à l'avenir des choses désagréables ; ne montre jamais d'humeur à ton Antoinette, à ta femme. Tes sujets veulent ma perte, je le sais ; mais sois-moi fidèle, cher époux ; ne crois point à leurs propos infâmes. Vainement ils entreprennent de me prêter les horreurs qu'enfante leur imagination ; j'ai ton cœur pour garant de ma conduite.

LE ROI
Laisse parler le peuple. Je t'estime trop, ma belle Antoinette, pour jamais croire à leurs suggestions infernales.

ANTOINETTE
C'est ce qui s'appelle être un galant homme.

LE ROI
Je suis fatigué, abattu. Je ne ferais point mal d'aller roupiller une couple d'heures.

ANTOINETTE
Je suis de ton avis. Les grandes jouissances tuent l'homme, quand il néglige les moyens qu'offre la nature pour réparer ses forces.

LE ROI
Je vais donc dormir quelques instants ; mais songe à me faire réveiller au moment du souper, car je sens que j'aurai appétit.

ANTOINETTE
Cela va sans dire.

LE ROI
Adieu, ma douce amie, jusqu'au réveil.

SCÈNE V

ANTOINETTE , *seule.*
Il est enfin parti… J'ai besoin, moi, non pas de dormir, mais de descendre me promener. Au ton haut qu'avait pris ce gros cochon, je craignais d'être témoin de quelque scène désagréable. Heureusement, j'ai su parer le coup qui devait éclater… Je vais joindre Lamballe, lui conter mon entrevue et me distraire avec elle.

SCÈNE VI

ANTOINETTE ET LA PRINCESSE DE LAMBALLE

ANTOINETTE
J'allais te chercher pour faire un tour de jardin.

LA PRINCESSE DE LAMBALLE
J'attendais, moi, avec grande impatience que ton époux fût sorti pour te venir voir.

ANTOINETTE
Tu savais donc que le cochon était chez moi ?… Je n'ai, ma chère amie, jamais eu tant de peine à l'amener à mon but, même quand je voulais qu'il signât à mon profit des bons de trente mille francs… J'avais projeté de l'expédier avec force liqueurs spiritueuses ; mais le bougre était trop en colère ; il ne buvait pas à ma fantaisie. J'ai recouru en conséquence aux singeries de l'amour ; je lui ai prodigué des caresses ; j'ai, à la fin, vaincu sa vilaine humeur. Il a désiré me f.... ; il a fallu encore y consentir malgré moi, puisque je voulais m'en débarrasser. Tandis qu'il farfouille mes appas, me prend le cul, je vais droit à son docteur afin d'avancer la besogne. Mais, grands dieux ! vous m'êtes témoin que le viédase ne bandait point et que je fis tout au monde pour le mettre en état de grâce. Le bougre déchargea, mais ce fut à v.. mollet et à force d'être patiné. Il n'y a point de ma faute ; j'ai mis toute ma science en usage.

LA PRINCESSE DE LAMBALLE
Ne me parle point du roi comme d'un homme, c'est une grosse masse de chair et rien de plus. Il est possible qu'il ait quelquefois bonne intention de baiser, mais son pouvoir se borne là. Ne me parle jamais de cette vilaine fouterie. Instruis-moi plutôt des motifs de sa colère.

ANTOINETTE
Il s'est emporté au sujet de la contre-révolution, qu'il estime maintenant impossible.

LA PRINCESSE DE LAMBALLE
Qu'elle soit possible ou non, selon lui, peu importe ; mais, certes, il ne faut point abandonner ce projet. Ce n'est plus précisément pour les seuls intérêts de Louis XVI que d'Artois et les autres émigrés combattent. Après avoir montré si peu d'énergie dans certains moments et avoir laissé échapper les meilleures occasions de servir la cause de la noblesse, il ne mérite plus qu'on entreprenne rien pour lui.

ANTOINETTE
Tu es au pas, Lamballe, et tu sais le fin mot. Ce n'est point du tout pour conserver à ce soûlard une couronne qu'il est indigne de porter que d'Artois a pris les armes : c'est par honneur et pour que mon fils et le sien possèdent un trône brillant et solide. *(A demi-voix.)* D'Artois est le père du Dauphin.

LES APHRODITES

1793 – Andréa de Nerciat

Qui mieux que Guillaume Apollinaire peut nous faire regretter le siècle de Nerciat ? « C'était une époque où l'amour était à la mode. Il n'était pas comme maintenant une statue de petit dieu nu et malade à l'arc débandé, un honteux objet de curiosité, un sujet d'observations médicales et rétrospectives. Il volait librement dans les parcs ombreux où le dieu des jardins prenait ses aises. »[1]

La biographie de Nerciat est difficile à établir, et l'étude la plus approfondie aujourd'hui est probablement due à Carmen Szabries[2]. À l'aide de documents historiques, cette chercheuse isole la vérité de la légende. Certes, pour ses deux activités distinctes – espion et auteur d'ouvrages licencieux –, la règle est de laisser derrière soi le moins de traces possibles. Jeune homme, le chevalier entame une carrière militaire, pour finir lieutenant-colonel dans la compagnie de gendarmes de la garde ordinaire du roi. Là, il approche les grands du royaume, probablement le roi en personne. Lorsque sa compagnie est réformée, en 1776, il voyage à travers l'Europe, occupe outre-Rhin plusieurs responsabilités à la Cour, tout en rédigeant et publiant ses premiers écrits. En 1786, il retourne au service de Louis XVI, qui lui confie une mission pour Ceylan, mais il restera à La Haye pour soutenir des patriotes hollandais qui se sont révoltés contre Guillaume V. Ce grand voyageur semble toujours là quand l'Histoire se fait et se défait. À l'aide des liens qu'il forge dans la plupart des cours européennes, il parcourt l'Europe « secrètement », à la solde de Louis XVI, de Condé, du duc de Brunswick, du gouvernement révolutionnaire puis du Directoire. Sa carrière d'écrivain n'est pas bousculée pour autant. Au cours de ses voyages, il publie romances, comédies, romans plus ou moins érotiques, et même un opéra-comique, tel un auteur provincial qui resterait tranquillement à l'abri d'une demeure éloignée du monde et de la politique.

Cette vie tourmentée finira par le perdre. Devenu chambellan de la reine de Naples, tout en la surveillant pour le compte de Talleyrand, il est chargé d'une mission, secrète toujours, auprès du Saint-Père. La chance l'abandonne lorsqu'il arrive à Rome… en même temps que les troupes françaises, qui l'accusent de trahison et l'emprisonnent au château Saint-Ange. Il sera libéré au bout de deux ans, probablement par les Napolitains. Mais, à soixante et un ans, il ne se remet pas de cette incarcération et meurt en janvier 1800, avec ce siècle prestigieux dont il incarne si bien l'esprit de volupté. « On ne voit pas ce qui unit cette vie, faite de ruptures, tissée d'intrigues, vouée aux manœuvres obscures, et les livres qu'écrivait Nerciat. Et si sa vie justifie peu son œuvre, il faut par contre remarquer que cette œuvre est, assurément, la machinerie érotique la plus diaboliquement réussie qui se puisse voir. »[3]

1. Guillaume Apollinaire, *l'Œuvre du chevalier de Nerciat*, les Maîtres de l'amour, 1910.
2. Carmen Szabries, *les Libertines dans les romans d'Andréa de Nerciat*, Mémoire, Université Paris-IV, 1997.
3. Hubert Juin, dans son *portrait d'Andréa de Nerciat* pour *les Aphrodites*, L'Or du temps, 1969.

Elle a bien fait

MADAME DURUT, *se soulevant.*
Tout est fermé ? personne ne peut nous entendre ?

CÉLESTINE, *après avoir fait sa revue.*
Nous sommes en sûreté.

MADAME DURUT, *prenant une main de Célestine.*
Ecoute, si jamais tu trouves une occasion d'être foutue neuf fois, rubis sur l'ongle, je te pardonne d'avance une escapade telle que la mienne d'hier soir.

CÉLESTINE
Cela n'est pas encore fort clair.

MADAME DURUT
Comment ! tu ne comprends pas qu'on me l'a mis neuf fois ?

CÉLESTINE
Qui ?

MADAME DURUT
Lui, *l'incomparable.*

CÉLESTINE, *impatiente.*
Qui diable donc ? Tu me ferais sauter au plafond ! Explique-toi.

MADAME DURUT
Pourquoi n'as-tu pas assez d'esprit pour deviner ? Le Gascon d'hier, cet illustre chevalier de Trottignac.

CÉLESTINE
Comment ! cet original ?

MADAME DURUT
Oui, tu dis bien : original, et dont il est même assez difficile d'avoir des copies.

CÉLESTINE
Ceci commence à m'intéresser ; conte, conte-moi tout.

MADAME DURUT
Tu me fis dire que tu prenais sur toi d'agréer un nouveau venu recommandé par le vicomte de Bombardac, et que tu avais permis qu'on servît à cet homme tout ce qu'il demanderait.

CÉLESTINE
Eh bien ?

MADAME DURUT
Comme après avoir dévoré six côtelettes, une volaille, gobé huit œufs au jus, et arrosé le tout de trois bouteilles de vin d'Epernay, monsieur le chevalier demandait le second service, les gens, effrayés, vinrent me faire part de cette singularité... Je voulus voir un peu quel était donc ce mortel doué d'un si remarquable appétit. Comme d'ailleurs on se plaignait de la hauteur et de la rudesse de son ton, je ne venais assurément pas disposée à lui faire des compliments ; j'arrive... Mon grivois ne voit pas plutôt un cotillon mettre le pied dans sa chambre, que, s'élançant par la ligne droite et franchissant la table, culbutée avec tout ce qui la couvrait, il me joint, me saisit avant que j'aie le temps d'ouvrir la bouche... Je ne suis pas de plume ! Eh bien ! malgré cela je suis enlevée, portée, jetée sur ce lit, et sans qu'on m'ait dit gare ! j'en ai de neuf à dix pouces au travers du con.

CÉLESTINE, *gaiement.*
Ouf ! quel accident !

MADAME DURUT
Pendant ce temps mon tempérament et ma colère se prennent aux crins. Je crois me débattre, je fous ; je crois mordre, je baise ; je crois égratigner, je chatouille ; une bordée, décochée si raide qu'il me semble que je vais la rendre par le nez, me donne un moment l'illusion d'une pompe à feu dont on m'aurait appliqué l'embouchure ; je suis suffoquée de rage et de plaisir ; l'endiablé Gascon double, triple, me secoue, me met en eau, me mate enfin. Oui, Célestine, je l'avoue à ma honte, trois coups foutus d'une seule pièce m'avaient mise à bas, moi, si fière d'avoir fait tête à trois carmes relevés de trois dragons, à cette gageure de la Courtille.[1]
[*1. Madame Durut a bien voulu nous mettre à même de satisfaire plus amplement la curiosité du lecteur, à propos de l'anecdote dont elle vient de toucher un mot en passant. – Certain jour de carnaval, au temps où chez le peuple on se masquait pendant quelques jours pour s'amuser, comme maintenant on est déguisé toute l'année pour commettre des crimes, certaine nuit, disons-nous, madame Durut s'étant fourvoyée à la Courtille,*

elle eut le bonheur – ou le malheur – de tomber sous la main de six chie-en-lit qui s'étaient défiés, trois contre trois, à qui le ferait, en honneur, le plus de fois à une femme. Madame Durut rechigna bien d'abord un peu contre son élection forcée ; cependant, de peur d'essuyer quelque insulte, elle se soumit ; bientôt elle prit goût à la chose, et servit les deux partis avec une chaleur, une égalité qui font tout l'honneur possible à son caractère. Il se trouva que trois de ces messieurs, qui n'étaient que des dragons, l'eurent solidairement dix-sept fois ; mais les trois autres, plus importuns, la prirent vingt-deux fois en tout à la même épreuve. Ceux-ci étaient de jeunes carmes échappés du noviciat et qui le lendemain devaient prendre la cocarde. Toute cette débâcle (tant madame Durut s'évertua pour sortir plus vite d'affaire) ne dura que de onze heures du soir jusqu'à sept heures du matin. Madame Durut avoue qu'elle rentra chez elle un peu fatiguée ; cependant, elle observe qu'elle l'eût peut-être été davantage si elle n'eût fait que de danser avec la fureur qu'elle mettait alors à cet exercice. Au surplus, elle ne parle de cette aventure que comme d'une erreur du moment, mettant, comme toutes les femmes délicates, la qualité dans ce genre fort au-dessus de la quantité.]

CÉLESTINE

C'est le cas de dire que les armes sont journalières ; mais trois coups, cela n'a pas dû être si long !

MADAME DURUT

Non, mais il fallait bien se parler ensuite. Et puis, comment m'en aller ? Mon drille restait planté là, dur comme fer ! Oh ! je suis bien élevée ! je n'aurais jamais eu l'impolitesse de déloger un vit qui me faisait l'honneur de se trouver bien chez moi. Je n'avais plus du tout envie de gronder, malgré le dégât que venait de faire la pétulance de cet homme, et l'irrévérence qu'il y avait de sa part à brusquer de la sorte une maîtresse de maison.

CÉLESTINE

Je conçois, en effet, que si tu avais pu te douter de ses dispositions, tu lui aurais bien laissé le temps de faire le tour de la table et de te dire un petit mot de galanterie avant de se ruer sur toi. Au reste, sa fougue avait quelque chose d'obligeant qui devait te flatter, et je la lui pardonne.

MADAME DURUT

Et moi, de toute mon âme ! « Vous êtes pourtant un drôle de corps », lui ai-je dit, car il fallait bien…

CÉLESTINE
Sans doute, la dignité du sexe et de l'administration ! Cela se sent, tu le grondes pour la forme ; eh bien ?

MADAME DURUT
Sandis ! me réplique le grivois, une belle enfant, que j'ai vue là-bas, m'avait dit qu'on me donnerait tout ce qu'il me faudrait ; il me fallait justement une jolie femme, on me députe une Vénus ! Je suis Mars, Vénus est foutue !

CÉLESTINE
Le compliment n'est pas neuf, mais il est court, et le début a de l'énergie.

MADAME DURUT
Vénus est bonne, il faut savoir justifier une comparaison. « Tu m'as l'air d'un luron », lui dis-je en riant. « Je m'en pique ! » et en même temps, lui, de recommencer à jouer du croupion ; moi, polie, je ne laisserai pas un galant homme avoir toute la peine : j'en détache donc à mon tour. Dame ! il fallait voir comme nous nous portions des bottes de longueur ! ce n'est pas pour rire quand un vit de neuf à dix pouces recule jusqu'à deux doigts de son museau pour se rengouffrer tout de suite jusqu'au poil avec majesté ; sacrebleu ! le foutre moussait de côté comme une savonnade[2]... Voyons ce que cela deviendra. Baste ! c'est tout comme si l'on ne faisait que de commencer. Il m'en flanque encore une dose, et moi, qui suis en fonds, je ne lui fais pas attendre la monnaie de sa pièce.
[*2. Il fallait ou priver le lecteur de cette scène ou défigurer madame Durut. On n'a pu s'y résoudre. Il faut aimer ses amis avec leurs défauts. A trente-six ans, la jureuse Durut n'est plus corrigible.*]

CÉLESTINE
En voilà quatre de bon compte.

MADAME DURUT
Tout autant. Nous respirons, je n'avais pas soupé. Il n'en fallait pas tant pour me donner de l'appétit. Je sonne, je fais mettre un gigot, un fricandeau, avec cette grosse moitié de pâté que tu sais et un panier de six bouteilles assorties. Nous nous campons bravement tout cela sur l'estomac...

CÉLESTINE
Tout ?

MADAME DURUT
Il n'en est, parbleu ! resté miette ni goutte.

CÉLESTINE
Il y avait de quoi crever.

MADAME DURUT
Je ne m'en suis pas sentie. Voilà comme je suis. C'est de même de la bagatelle, je n'en fais pas débauche, je sais même m'en passer, mais si je me débride une fois... ah ! dame ! ce n'est pas pour peu. Et puis j'avais le petit mot pour rire. Je crois, par exemple, que Trottignac n'a pas inventé la poudre ; du moins, s'il a de l'esprit ce n'est pas à table qu'il peut en faire preuve ; toute son âme est alors dans ses dents et son gosier. Je l'agaçais, il ne me répondait que par monosyllabes, mais il gobait les tranches de gigot comme des pilules. Et le vin !... Buvant dans un verre à sirop, il entonnait à chaque coup sa demi-bouteille.

CÉLESTINE
Ce sera un dispendieux pensionnaire que ce monsieur-là.

MADAME DURUT
Bon ! cela ne peut durer ; le pauvre diable n'avait peut-être pas mangé depuis Bayonne. Son air effaré, distrait, me faisait mourir de rire. Tout d'un coup il s'oublie, et se croyant apparemment au cabaret, il se lève, et frappant de son enragé de vit un grand coup sur la table, il me fait tressaillir sur ma chaise comme si l'on m'avait tiré un coup de pistolet.

CÉLESTINE
Quel démon que cet homme ! et que voulait-il ?

MADAME DURUT
Un cure-dents.

CÉLESTINE
Que le diable l'emporte !

MADAME DURUT
J'en avais à son service. Mais, du reste, j'aurais moi-même appelé pour avoir de quoi nous purifier de nos saloperies. M'entendant demander de l'eau : « Tout au moins un baquet, dit-il, car nous en aurons besoin. » A peine avons-nous réparé notre désordre, que mon Mars, de nouveau sous les armes, ou plutôt qui ne s'est point désarmé, vous reprend Vénus au toupet, et pan ! là, comme un housard, au moment où je lève le cul de dessus le bidet...

CÉLESTINE
Ce n'est pas un niaiseur, à ce que je vois...

MADAME DURUT
Me voilà donc prise en levrette à la volée ! et bourrée, Dieu sait ! Rien pour m'appuyer, je marche vers le lit ; lui, sans déconner, suit ; j'y tombe à plat ventre... Miséricorde ! comme il fout, ce chien d'homme ! Quel cogneur ! Mon embonpoint, l'attitude, le souper, tout cela fait qu'au moment définitif il m'échappa une petite incongruité. « Je t'entends, l'ami, dit-il, mais point de jalousie, il y en a pour tout le monde. » En même temps, découvrant saint Pierre pour habiller saint Paul, il vous plante à l'indiscret un bâillon...

CÉLESTINE
Comment ! et ces provinciaux aussi se donnent les airs d'être bougres ! Je croyais qu'on ne connaissait cette rocambole qu'à Paris.

MADAME DURUT
Voilà bien le raisonnement d'un enfant de la capitale du Badaudais.

CÉLESTINE
A la bonne heure ! mais point de digression ; ton histoire est assez intéressante pour qu'elle puisse se passer d'ornements étrangers... Achève...

MADAME DURUT
Le reste n'en vaut plus la peine. Je ne sais comment j'avais fait, moi qui puis boire comme un Suisse, je me trouvai grise : le fichu clystère achevait de me barbouiller ; je n'ai pas la force de quitter cette chambre ; Pétronille vient me déshabiller. Je me couche tout bonnement avec l'ami Trottignac. Je ne sais ce qu'il a pu me faire tandis que je dormais, mais j'ai du moins connaissance de trois bons petits coups fourbis dans les draps, et, foi d'honnête femme ! vers six heures, j'ai fait sortir de table ce galant homme encore avec la faim[3].
[3. *C'est ici l'occasion de faire observer à quel degré madame Durut a su établir l'ordre et le secret dans l'hospice des Aphrodites. Plusieurs domestiques employés, tant au souper qu'à la toilette, savaient fort bien qu'elle était en ribote. Ils ont entendu murmurer, conjecturer, aucun n'a dit un mot, pas même à Célestine. Née homme, cette madame Durut aurait pu devenir un grand général, un habile ministre.*]

LA PHILOSOPHIE DANS LE BOUDOIR

1795 – Marquis de Sade

Nous avons été trompés sur la nature de Sade. Ce n'est pas l'Hannibal Lecter du *Silence des agneaux*. Il n'est pas de la trempe des chefs militaires dont les certitudes et les ambitions ont irrigué la terre du sang d'autres hommes. Pas plus libertin que le maréchal de Richelieu. Pas plus flagellant que La Poupelinière. Ses ennemis – ils sont nombreux – lui reprochent un fait bien plus grave : l'abnégation réfléchie de Dieu. Parmi les libertins des XVIIe et XVIIIe siècles, Charron, La Mettrie, Helvétius, d'Holbach, etc., tous y pensent, en contournent l'idée, tergiversent, Sade, lui, démontre. En cela, il est impardonnable et, pendant tout le XIXe, les bien-pensants réactionnaires s'acharneront à noyer dans la boue ce blasphémateur. Il faudra attendre le XXe siècle pour voir les surréalistes reconnaître en lui l'homme qui s'insurge contre tous les interdits. Et que l'éditeur Jean-Jacques Pauvert affronte la justice près d'une décennie afin de rendre son œuvre accessible.

Ce que l'on peut reprocher à Sade, c'est sa naissance. Noble de haut rang, tout lui est permis. Arrêté deux fois pour des faits coutumiers de l'aristocratie décadente, il réagit avec ses armes. Ses écrits sont les hurlements de révolte d'un homme injustement condamné. Puisqu'on l'enferme sans raison valable, il sera pire dedans que dehors. Ses textes violenteront les préjugés hypocrites et fallacieux de ses bourreaux. Mais quelle est sa vraie nature ? Plutôt celle d'un penseur qui a démontré les penchants les plus obscurs de l'humanité. Mais lui, a-t-il toujours été le jeune noble pris à flageller une fille du peuple (l'affaire Rose Keller) ou le mauvais blagueur des fins de soirée cachant des mouches cantharides dans la nourriture qu'il offre (l'affaire de Marseille) ? Ces deux faits sont les seuls répréhensibles reprochés à Sade. Les autres emprisonnements n'étant dus qu'à ses écrits, sa belle-famille et Napoléon, qui ne l'appréciaient guère.

Alors qu'il finit ses jours incarcéré à Charenton, il faut le voir mettre en scène son théâtre guère libertin. Il faut le voir intervenir pour que ses beaux-parents, ceux-là même qui l'ont fait jeter en prison, ne soient pas victimes de la fureur révolutionnaire. « Voilà comment je me venge ! » écrira-t-il. Rare noble à avoir rejoint les rangs des révolutionnaires, il faut le voir les haranguer en ces termes : « Français, encore un effort ! [...] Ô vous qui avez la faux à la main, portez le dernier coup à l'arbre de la superstition ; [...] Je ne propose cependant ni massacres ni exportations [...] Non, n'assassinez point [...] N'employons la force que pour les idoles. » Le marquis de Sade présenté comme un monstre de cruauté n'est pas un criminel. Quel aveuglement collectif a composé le mot « sadisme » avec son nom pour racine ? En pleine Terreur, il est effrayé par la barbarie qui l'entoure. Robespierre, figurant en place honorable dans nos manuels d'histoire, ne peut en dire autant. Sade peut être réhabilité comme une facette des Lumières, le philosophe maudit, celui qu'Apollinaire désigne comme « l'esprit le plus libre qui ait encore existé ».

Troisième dialogue

La scène est dans un boudoir délicieux

MADAME DE SAINT-ANGE, EUGÉNIE, DOLMANCÉ

EUGÉNIE, *très surprise de voir dans ce cabinet un homme qu'elle n'attendait pas.*
Oh ! Dieu ! ma chère amie, c'est une trahison !

MME DE SAINT-ANGE, *également surprise.*
Par quel hasard ici, monsieur ? Vous ne deviez, ce me semble, arriver qu'à quatre heures ?

DOLMANCÉ
On devance toujours le plus qu'on peut le bonheur de vous voir, madame ; j'ai rencontré monsieur votre frère ; il a senti le besoin dont serait ma présence aux leçons que vous devez donner à mademoiselle ; il savait que ce serait ici le lycée où se ferait le cours ; il m'y a secrètement introduit, n'imaginant pas que vous le désapprouvassiez, et pour lui, comme il sait que ses démonstrations ne seront nécessaires qu'après les dissertations théoriques, il ne paraîtra que tantôt.

MME DE SAINT-ANGE
En vérité, Dolmancé, voilà un tour...

EUGÉNIE
Dont je ne suis pas la dupe, ma bonne amie ; tout cela est ton ouvrage... Au moins fallait-il me consulter... Me voilà d'une honte à présent qui, certainement, s'opposera à tous nos projets.

MME DE SAINT-ANGE
Je te proteste, Eugénie, que l'idée de cette surprise n'appartient qu'à mon frère ; mais qu'elle ne t'effraie pas : Dolmancé, que je connais pour un homme fort aimable, et précisément du degré de philosophie qu'il nous faut pour ton instruction, ne peut qu'être très utile à nos projets ; à l'égard de sa discrétion, je te réponds de lui comme de moi. Familiarise-toi donc, ma chère, avec l'homme du monde le plus en état de te former, et de te conduire dans la carrière du bonheur et des plaisirs que nous voulons parcourir ensemble.

EUGÉNIE, *rougissant.*
Oh ! je n'en suis pas moins d'une confusion...

DOLMANCÉ
Allons, belle Eugénie, mettez-vous à votre aise... La pudeur est une vieille vertu dont vous devez, avec autant de charmes, savoir vous passer à merveille.

EUGÉNIE
Mais la décence...

DOLMANCÉ
Autre usage gothique, dont on fait bien peu de cas aujourd'hui. Il contrarie si fort la nature ! *(Dolmancé saisit Eugénie, la presse entre ses bras et la baise.)*

EUGÉNIE, *se défendant.*
Finissez donc, monsieur !... En vérité, vous me ménagez bien peu !
MME DE SAINT-ANGE
Eugénie, crois-moi, cessons l'une et l'autre d'être prudes avec cet homme charmant ; je ne le connais pas plus que toi : regarde pourtant comme je me livre à lui ! *(Elle le baise lubriquement sur la bouche.)* Imite-moi.
EUGÉNIE
Oh ! je le veux bien ; de qui prendrais-je de meilleurs exemples ! *(Elle se livre à Dolmancé, qui la baise ardemment, langue en bouche.)*
DOLMANCÉ
Ah ! l'aimable et délicieuse créature !
MME DE SAINT-ANGE, *la baisant de même.*
Crois-tu donc, petite friponne, que je n'aurai pas également mon tour ? *(Ici Dolmancé, les tenant l'une et l'autre dans ses bras, les langote un quart d'heure toutes deux, et toutes deux se le rendent et le lui rendent.)*
DOLMANCÉ
Ah ! voilà des préliminaires qui m'enivrent de volupté ! Mesdames, voulez-vous m'en croire ? Il fait extraordinairement chaud : mettons-nous à notre aise, nous jaserons infiniment mieux.
MME DE SAINT-ANGE
J'y consens ; revêtons-nous de ces simarres de gaze : elles ne voileront de nos attraits que ce qu'il faut cacher au désir.
EUGÉNIE
En vérité, ma bonne, vous me faites faire des choses !
MME DE SAINT-ANGE, *l'aidant à se déshabiller.*
Tout à fait ridicules, n'est-ce pas ?
EUGÉNIE
Au moins bien indécentes, en vérité... Eh ! comme tu me baises !
MME DE SAINT-ANGE
La jolie gorge !... c'est une rose à peine épanouie.
DOLMANCÉ, *considérant les tétons d'Eugénie, sans les toucher.*
Et qui promet d'autres appas... infiniment plus estimables.
MME DE SAINT-ANGE
Plus estimables ?
DOLMANCÉ
Oh ! oui, d'honneur ! *(En disant cela, Dolmancé fait mine de retourner Eugénie pour l'examiner par-derrière.)*
EUGÉNIE
Oh ! non, non, je vous en conjure.
MME DE SAINT-ANGE
Non, Dolmancé... je ne veux pas que vous voyiez encore... un objet dont l'empire est trop grand sur vous, pour que, l'ayant une fois dans la tête, vous puissiez ensuite raisonner de sang-froid. Nous avons besoin de vos leçons, donnez-nous-les, et les myrtes que vous voulez cueillir formeront ensuite votre couronne.
DOLMANCÉ
Soit, mais pour démontrer, pour donner à ce bel enfant les premières

leçons du libertinage, il faut bien au moins vous, madame, que vous ayez la complaisance de vous prêter.

MME DE SAINT-ANGE

A la bonne heure !... Eh bien, tenez, me voilà toute nue : dissertez sur moi autant que vous voudrez !

DOLMANCÉ

Ah ! le beau corps !... C'est Vénus elle-même, embellie par les Grâces !

EUGÉNIE

Oh ! ma chère amie, que d'attraits ! Laisse-moi les parcourir à mon aise, laisse-moi les couvrir de baisers. *(Elle exécute.)*

DOLMANCÉ

Quelles excellentes dispositions ! Un peu moins d'ardeur, belle Eugénie ; ce n'est que de l'attention que je vous demande pour ce moment-ci.

EUGÉNIE

Allons, j'écoute, j'écoute... C'est quelle est si belle... si potelée, si fraîche !... Ah ! comme elle est charmante, ma bonne amie, n'est-ce pas, monsieur ?

DOLMANCÉ

Elle est belle, assurément... parfaitement belle ; mais je suis persuadé que vous ne lui cédez en rien... Allons, écoutez-moi, jolie petite élève, ou craignez que, si vous n'êtes pas docile, je n'use sur vous des droits que me donne amplement le titre de votre instituteur.

MME DE SAINT-ANGE

Oh ! oui, oui, Dolmancé, je vous la livre ; il faut la gronder d'importance, si elle n'est pas sage.

DOLMANCÉ

Je pourrais bien ne pas m'en tenir aux remontrances.

EUGÉNIE

Oh ! juste ciel ! vous m'effrayez... et qu'entreprendriez-vous donc, monsieur ?

DOLMANCÉ, *balbutiant et baisant Eugénie sur la bouche.*

Des châtiments... des corrections, et ce joli petit cul pourrait bien me répondre des fautes de la tête. *(Il le lui frappe au travers de la simarre de gaze dont est maintenant vêtue Eugénie.)*

MME DE SAINT-ANGE

Oui, j'approuve le projet, mais non pas le reste. Commençons notre leçon, ou le peu de temps que nous avons à jouir d'Eugénie va se passer ainsi en préliminaires, et l'instruction ne se fera point.

DOLMANCÉ *(Il touche à mesure, sur Mme de Saint-Ange, toutes les parties qu'il démontre.)*

Je commence. Je ne parlerai point de ces globes de chair : vous savez aussi bien que moi, Eugénie, que l'on les nomme indifféremment gorge, seins, tétons ; leur usage est d'une grande vertu dans le plaisir ; un amant les a sous les yeux en jouissant ; il les caresse, il les manie, quelques-uns en forment même le siège de la jouissance, et, leur membre se nichant entre les deux monts de Vénus, que la femme serre et comprime sur ce membre, au bout de quelques mouvements, certains hommes parviennent à répandre là le baume délicieux de la vie, dont l'écoulement fait tout le bonheur des libertins... Mais ce membre sur lequel il faudra disserter sans cesse, ne serait-il pas à propos, madame, d'en donner dissertation à notre écolière ?

MME DE SAINT-ANGE

Je le crois de même.

DOLMANCÉ

Eh bien, madame, je vais m'étendre sur ce canapé ; vous vous placerez près de moi, vous vous emparerez du sujet, et vous en expliquerez vous-même les propriétés à notre jeune élève. *(Dolmancé se place et Mme de Saint-Ange démontre.)*

MME DE SAINT-ANGE

Ce sceptre de Vénus, que tu vois sous tes yeux, Eugénie, est le premier agent des plaisirs en amour : on le nomme membre par excellence ; il n'est pas une seule partie du corps humain dans laquelle il ne s'introduise. Toujours docile aux passions de celui qui le meut, tantôt il se niche là *(elle touche le con d'Eugénie)* : c'est sa route ordinaire... la plus usitée, mais non pas la plus agréable ; recherchant un temple plus mystérieux, c'est souvent ici *(elle écarte ses fesses et montre le trou de son cul)* que le libertin cherche à jouir : nous reviendrons sur cette jouissance, la plus délicieuse de toutes ; la bouche, le sein, les aisselles lui présentent souvent encore des autels où brûle son encens ; et quel que soit enfin celui de tous les endroits qu'il préfère, on le voit, après s'être agité quelques instants, lancer une liqueur blanche et visqueuse dont l'écoulement plonge l'homme dans un délire assez vif pour lui procurer les plaisirs les plus doux qu'il puisse espérer de sa vie.

EUGÉNIE

Oh ! que je voudrais voir couler cette liqueur !

MME DE SAINT-ANGE

Cela se pourrait par la simple vibration de ma main : vois, comme il s'irrite à mesure que je le secoue ! Ces mouvements se nomment pollution et, en terme de libertinage, cette action s'appelle branler.

EUGÉNIE

Oh ! ma chère amie, laisse-moi branler ce beau membre.

DOLMANCÉ

Je n'y tiens pas ! Laissons-la faire, madame : cette ingénuité me fait horriblement bander.

MME DE SAINT-ANGE

Je m'oppose à cette effervescence. Dolmancé, soyez sage ; l'écoulement de cette semence, en diminuant l'activité de vos esprits animaux, ralentirait la chaleur de vos dissertations.

EUGÉNIE, *maniant les testicules de Dolmancé.*

Oh ! que je suis fâchée, ma bonne amie, de la résistance que tu mets à mes désirs !... Et ces boules, quel est leur usage, et comment les nomme-t-on ?

MME DE SAINT-ANGE

Le mot technique est couilles... testicules est celui de l'art. Ces boules renferment le réservoir de cette semence prolifique dont je viens de te

parler, et dont l'éjaculation dans la matrice de la femme produit l'espèce humaine ; mais nous appuierons peu sur ces détails, Eugénie, plus dépendants de la médecine que du libertinage. Une jolie fille ne doit s'occuper que de foutre et jamais d'engendrer. Nous glisserons sur tout ce qui tient au plat mécanisme de la population, pour nous attacher principalement et uniquement aux voluptés libertines dont l'esprit n'est nullement populateur.

EUGÉNIE

Mais, ma chère amie, lorsque ce membre énorme, qui peut à peine tenir dans ma main, pénètre, ainsi que tu m'assures que cela se peut, dans un trou aussi petit que celui de ton derrière, cela doit faire une bien grande douleur à la femme.

MME DE SAINT-ANGE

Soit que cette introduction se fasse par-devant, soit qu'elle se fasse par-derrière, lorsqu'une femme n'y est pas encore accoutumée, elle y éprouve toujours de la douleur. Il a plu à la nature de ne nous faire arriver au bonheur que par des peines ; mais, une fois vaincue, rien ne peut plus rendre les plaisirs que l'on goûte, et celui qu'on éprouve à l'introduction de ce membre dans nos culs est incontestablement préférable à tous ceux que peut procurer cette même introduction par-devant. Que de dangers, d'ailleurs, n'évite pas une femme alors ! Moins de risques pour sa santé, et plus aucun pour la grossesse. Je ne m'étends pas davantage à présent sur cette volupté ; notre maître à toutes deux, Eugénie, l'analysera bientôt amplement, et, joignant la pratique à la théorie, te convaincra, j'espère, ma toute bonne, que, de tous les plaisirs de la jouissance, c'est le seul que tu doives préférer.

DOLMANCÉ

Dépêchez vos démonstrations, madame, je vous en conjure, je n'y puis plus tenir ; je déchargerai malgré moi, et ce redoutable membre, réduit à rien, ne pourrait plus servir à vos leçons.

EUGÉNIE

Comment ! il s'anéantirait, ma bonne, s'il perdait cette semence dont tu parles !... Oh ! laisse-moi la lui faire perdre, pour que je voie comme il deviendra... Et puis, j'aurais tant de plaisir à voir couler cela !

MME DE SAINT-ANGE

Non, non, Dolmancé, levez-vous ; songez que c'est le prix de vos travaux, et que je ne puis vous le livrer qu'après que vous l'aurez mérité.

DOLMANCÉ

Soit ; mais pour mieux convaincre Eugénie de tout ce que nous allons lui débiter sur le plaisir, quel inconvénient y aurait-il que vous la branliez devant moi, par exemple ?

MME DE SAINT-ANGE

Aucun, sans doute, et j'y vais procéder avec d'autant plus de joie que cet épisode lubrique ne pourra qu'aider nos leçons. Place-toi sur ce canapé, ma toute bonne.

EUGÉNIE

O Dieu ! la délicieuse niche ! Mais pourquoi toutes ces glaces ?

MME DE SAINT-ANGE

C'est pour que, répétant les attitudes en mille sens divers, elles multiplient à l'infini les mêmes jouissances aux yeux de ceux qui les goûtent sur cette ottomane. Aucune des parties de l'un ou l'autre corps ne peut être cachée par ce moyen : il faut que tout soit en vue ; ce sont autant de groupes rassemblés autour de ceux que l'amour enchaîne, autant d'imitateurs de leurs plaisirs, autant de tableaux délicieux, dont leur lubricité s'enivre et qui servent bientôt à la compléter elle-même.

EUGÉNIE

Que cette invention est délicieuse !

MME DE SAINT-ANGE

Dolmancé, déshabillez vous-même la victime.

DOLMANCÉ

Cela ne sera pas difficile, puisqu'il ne s'agit que d'enlever cette gaze pour distinguer à nu les plus touchants attraits. *(Il la met nue, et ses premiers regards se portent aussitôt sur le derrière.)* Je vais donc le voir, ce cul divin et précieux que j'ambitionne avec tant d'ardeur !... Sacredieu ! que d'embonpoint et de fraîcheur, que d'éclat et d'élégance !... Je n'en vis jamais un plus beau !

MME DE SAINT-ANGE

Ah ! fripon ! comme tes premiers hommages prouvent tes plaisirs et tes goûts !

DOLMANCÉ.

Mais peut-il être au monde rien qui vaille cela ?... Où l'amour aurait-il de plus divins autels ?... Eugénie... sublime Eugénie, que j'accable ce cul des plus douces caresses ! *(Il le manie et le baise avec transport.)*

MME DE SAINT-ANGE

Arrêtez, libertin ! Vous oubliez qu'à moi seule appartient Eugénie, unique prix des leçons qu'elle attend de vous ; ce n'est qu'après les avoir reçues qu'elle deviendra votre récompense. Suspendez cette ardeur, ou je me fâche.

DOLMANCÉ

Ah ! friponne ! c'est de la jalousie... Eh bien, livrez-moi le vôtre : je vais l'accabler des mêmes hommages. *(Il enlève la simarre de Mme de Saint-Ange et lui caresse le derrière.)* Ah ! qu'il est beau, mon ange... qu'il est délicieux aussi ! Que je les compare... que je les admire l'un près de l'autre : c'est Ganymède à côté de Vénus ! *(Il les accable de baisers tous deux.)* Afin de laisser toujours sous mes yeux le spectacle enchanteur de tant de beautés, ne pourriez-vous pas, madame, en vous enchaînant l'une à l'autre, offrir sans cesse à mes regards ces culs charmants que j'idolâtre ?

MME DE SAINT-ANGE

A merveille !... Tenez, êtes-vous satisfait ?... *(Elles s'enlacent l'une dans l'autre, de manière à ce que leurs deux culs soient en face de Dolmancé.)*

DOLMANCÉ

On ne saurait davantage : voilà précisément ce que je demandais ; agitez maintenant ces beaux culs de tout le feu de la lubricité ; qu'ils se baissent et se relèvent en cadence ; qu'ils suivent les impressions dont le plaisir va les mouvoir... Bien, bien, c'est délicieux !...

EUGÉNIE

Ah ! ma bonne, que tu me fais de plaisir !... Comment appelle-t-on ce que nous faisons là ?

MME DE SAINT-ANGE

Se branler, ma mie... se donner du plaisir ; mais, tiens, changeons de posture ; examine mon con... c'est ainsi que se nomme le temple de Vénus. Cet antre que la main couvre, examine-le bien : je vais l'entrouvrir. Cette élévation dont tu vois qu'il est couronné s'appelle la motte : elle se garnit de poils communément à quatorze ou quinze ans, quand une fille commence à être réglée. Cette languette, qu'on trouve au-dessous, se nomme le clitoris. Là gît toute la sensibilité des femmes ; c'est le foyer de toute la mienne ; on ne saurait me chatouiller cette partie sans me voir pâmer de plaisir... Essaie-le... Ah ! petite friponne ! comme tu y vas !... On dirait que tu n'as fait que cela toute ta vie !... Arrête !... arrête !... Non, te dis-je, je ne veux pas me livrer !... Ah ! contenez-moi, Dolmancé !... sous les doigts enchanteurs de cette jolie fille, je suis prête à perdre la tête !

DOLMANCÉ

Eh bien ! pour attiédir, s'il se peut, vos idées en les variant, branlez-la vous-même ; contenez-vous, et qu'elle seule se livre... Là, oui, dans cette attitude ; son joli cul, de cette manière, va se trouver sous mes mains ; je vais le polluer légèrement d'un doigt... Livrez-vous, Eugénie ; abandonnez tous vos sens au plaisir ; qu'il soit le seul dieu de votre existence ; c'est à lui seul qu'une jeune fille doit tout sacrifier, et rien à ses yeux ne doit être aussi sacré que le plaisir.

EUGÉNIE

Ah ! rien au moins n'est aussi délicieux, je l'éprouve... Je suis hors de moi... je ne sais plus ce que je dis ni ce que je fais... Quelle ivresse s'empare de mes sens !

DOLMANCÉ

Comme la petite friponne décharge !... Son anus se resserre à me couper le doigt... Qu'elle serait délicieuse à enculer dans cet instant ! *(Il se lève et présente son vit au trou du cul de la jeune fille.)*

MME DE SAINT-ANGE

Encore un moment de patience. Que l'éducation de cette chère fille nous occupe seule ! Il est si doux de la former !

DOLMANCÉ

Eh bien ! tu le vois, Eugénie, après une pollution plus ou moins longue, les glandes séminales se gonflent et finissent par exhaler une liqueur dont l'écoulement plonge la femme dans le transport le plus délicieux. Cela s'appelle décharger. Quand ta bonne amie le voudra, je te ferai voir de quelle manière plus énergique et plus impérieuse cette même opération se fait dans les hommes.

MME DE SAINT-ANGE

Attends, Eugénie, je vais maintenant t'apprendre une nouvelle manière de plonger une femme dans la plus extrême volupté. Écarte bien tes cuisses... Dolmancé, vous voyez que, de la façon dont je la place, son cul vous reste ! Gamahuchez-le-lui pendant que son con va l'être par ma langue, et faisons-la pâmer entre nous ainsi trois ou quatre fois de suite, s'il se peut. Ta motte est charmante, Eugénie. Que j'aime à baiser ce petit poil follet !... Ton clitoris, que je vois mieux maintenant, est peu formé, mais bien sensible... Comme tu frétilles ! Laisse-moi t'écarter... Ah ! tu es bien sûrement vierge ! Dis-moi l'effet que tu vas éprouver dès que nos langues vont s'introduire, à la fois, dans tes deux ouvertures. *(On exécute.)*

EUGÉNIE

Ah ! ma chère, c'est délicieux, c'est une sensation impossible à peindre ! Il me serait bien difficile de dire laquelle de vos deux langues me plonge mieux dans le délire.

DOLMANCÉ

Par l'attitude où je me place, mon vit est très près de vos mains, madame ; daignez le branler, je vous prie, pendant que je suce ce cul divin. Enfoncez davantage votre langue, madame ; ne vous en tenez pas à lui sucer le clitoris ; faites pénétrer cette langue voluptueuse jusque dans la matrice : c'est la meilleure façon de hâter l'éjaculation de son foutre.

EUGÉNIE, *se raidissant*

Ah ! je n'en peux plus, je me meurs ! Ne m'abandonnez pas, mes amis, je suis prête à m'évanouir !... *(Elle décharge au milieu de ses deux instituteurs.)*

MME DE SAINT-ANGE

Eh bien ! ma mie, comment te trouves-tu du plaisir que nous t'avons donné ?

EUGÉNIE

Je suis morte, je suis brisée... je suis anéantie !... Mais expliquez-moi, je vous prie, deux mots que vous avez prononcés et que je n'entends pas ; d'abord que signifie matrice ?

MME DE SAINT-ANGE

C'est une espèce de vase, ressemblant à une bouteille, dont le col embrasse le membre de l'homme et qui reçoit le foutre produit chez la femme par le suintement des glandes, et dans l'homme par l'éjaculation que nous te ferons voir ; et du mélange de ces liqueurs naît le germe, qui produit tour à tour des garçons ou des filles.

EUGÉNIE

Ah ! j'entends ; cette définition m'explique en même temps le mot foutre que je n'avais pas d'abord bien compris. Et l'union des semences est-elle nécessaire à la formation du fœtus ?

MME DE SAINT-ANGE

Assurément, quoiqu'il soit néanmoins prouvé que ce fœtus ne doive son existence qu'au foutre de l'homme ; élancé seul, sans mélange avec celui de la femme, il ne réussirait cependant pas ; mais celui que nous fournissons ne fait qu'élaborer ; il ne crée point, il aide à la création, sans en être la cause. Plusieurs naturalistes modernes prétendent même qu'il est inutile ; d'où les moralistes, toujours guidés par la découverte de ceux-ci, ont conclu, avec assez de vraisemblance, qu'en ce cas l'enfant formé du sang du père ne devait de tendresse qu'à lui. Cette assertion n'est point sans apparence, et, quoique femme, je ne m'aviserais pas de la combattre.

EUGÉNIE

Je trouve dans mon cœur la preuve de ce que tu me dis, ma bonne, car j'aime mon père à la folie, et je sens que je déteste ma mère.

DOLMANCÉ

Cette prédilection n'a rien d'étonnant : j'ai pensé tout de même ; je ne suis pas encore consolé de la mort de mon père, et lorsque je perdis ma mère, je fis un feu de joie... Je la détestais cordialement. Adoptez sans crainte ces mêmes sentiments, Eugénie : ils sont dans la nature. Uniquement formés du sang de nos pères, nous ne devons absolument rien à nos mères ; elles n'ont fait d'ailleurs que se prêter dans l'acte, au lieu que le père l'a sollicité ; le père a donc voulu notre naissance, pendant que la mère n'a fait qu'y consentir. Quelle différence pour les sentiments !

MME DE SAINT-ANGE

Mille raisons de plus sont en ta faveur, Eugénie. S'il est une mère au monde qui doive être détestée, c'est assurément la tienne ! Acariâtre, superstitieuse, dévote, grondeuse... et d'une pruderie révoltante, je gagerais que cette bégueule n'a pas fait un faux pas dans sa vie... Ah ! ma chère, que je déteste les femmes vertueuses !... Mais nous y reviendrons.

DOLMANCÉ

Ne serait-il pas nécessaire, à présent, qu'Eugénie, dirigée par moi, apprît à rendre ce que vous venez de lui prêter, et qu'elle vous branlât sous mes yeux ?

MME DE SAINT-ANGE

J'y consens, je le crois même utile, et sans doute que, pendant l'opération, vous voulez aussi voir mon cul, Dolmancé ?

DOLMANCÉ

Pouvez-vous douter, madame, du plaisir avec lequel je lui rendrai mes plus doux hommages ?

MME DE SAINT-ANGE, *lui présentant les fesses.*

Eh bien, me trouvez-vous comme il faut ainsi ?

DOLMANCÉ

A merveille ! Je puis au mieux vous rendre, de cette manière, les mêmes services dont Eugénie s'est si bien trouvée. Placez-vous, à présent, petite folle, la tête bien entre les jambes de votre amie, et rendez-lui, avec votre jolie langue, les mêmes soins que vous venez d'en obtenir. Comment donc ! mais, par l'attitude, je pourrai posséder vos deux culs, je manierai délicieusement celui d'Eugénie, en suçant celui de sa belle amie. Là... bien... Voyez comme nous sommes ensemble.

MME DE SAINT-ANGE, *se pâmant.*

Je me meurs, sacredieu !... Dolmancé, que j'aime à toucher ton beau vit, pendant que je décharge !... Je voudrais qu'il m'inondât de foutre !...

Branlez !... sucez-moi, foutredieu !... Ah ! que j'aime à faire la putain, quand mon sperme éjacule ainsi !... C'est fini, je n'en puis plus... Vous m'avez accablée tous les deux. Je crois que de mes jours je n'eus tant de plaisir.

EUGÉNIE

Que je suis aise d'en être la cause ! Mais un mot, chère amie, un mot vient de t'échapper encore, et je ne l'entends pas. Qu'entends-tu par cette expression de putain ? Pardon, mais tu sais ? je suis ici pour m'instruire.

MME DE SAINT-ANGE

On appelle de cette manière, ma toute belle, ces victimes publiques de la débauche des hommes, toujours prêtes à se livrer à leur tempérament ou à leur intérêt ; heureuses et respectables créatures, que l'opinion flétrit, mais que la volupté couronne, et qui, bien plus nécessaires à la société que les prudes, ont le courage de sacrifier, pour la servir, la considération que cette société ose leur enlever injustement. Vivent celles que ce titre honore à leurs yeux ! Voilà les femmes vraiment aimables, les seules véritablement philosophes ! Quant à moi, ma chère, qui depuis douze ans travaille à le mériter, je t'assure que, loin de m'en formaliser, je m'en amuse. Il y a mieux : j'aime qu'on me nomme ainsi quand on me fout ; cette injure m'échauffe la tête.

EUGÉNIE

Oh ! je le conçois, ma bonne ; je ne serais pas fâchée non plus que l'on me l'adressât, encore bien moins d'en mériter le titre ; mais la vertu ne s'oppose-t-elle pas à une telle inconduite, et ne l'offensons-nous pas en nous comportant comme nous le faisons ?

MME DE SAINT-ANGE

Ah ! renonce aux vertus, Eugénie ! Est-il un seul des sacrifices qu'on puisse faire à ces fausses divinités, qui vaille une minute des plaisirs que l'on goûte en les outrageant ? Va, la vertu n'est qu'une chimère, dont le culte ne consiste qu'en des immolations perpétuelles, qu'en des révoltes sans nombre contre les inspirations du tempérament. De tels mouvements peuvent-ils être naturels ? La nature conseille-t-elle ce qui l'outrage ? Ne sois pas la dupe, Eugénie, de ces femmes que tu entends nommer vertueuses. Ce ne sont pas, si tu veux, les mêmes passions que nous qu'elles servent, elles en ont d'autres et souvent bien plus méprisables... C'est l'ambition, c'est l'orgueil, ce sont des intérêts particuliers, souvent encore la froideur seule d'un tempérament qui ne leur conseille rien. Devons-nous quelque chose à de pareils êtres, je le demande ? N'ont-elles pas suivi les uniques impressions de l'amour de soi ? Est-il donc meilleur, plus sage, plus à propos de sacrifier à l'égoïsme qu'aux passions ? Pour moi, je crois que l'un vaut bien l'autre ; et qui n'écoute que cette dernière voix a bien plus de raison sans doute, puisqu'elle est seule l'organe de la nature, tandis que l'autre n'est que celle de la sottise et du préjugé. Une seule goutte de foutre éjaculée de ce membre, Eugénie, m'est plus précieuse que les actes les plus sublimes d'une vertu que je méprise.

LA GUERRE DES DIEUX

1799 – Évariste Parny

Le chevalier de Saint-Louis, vicomte de Parny, est enfant de Voltaire, du Directoire et de l'île Bourbon. Rebaptisée, vu sa dénomination par trop royaliste, la Réunion, son île natale, est pleine de charme, mais l'esclavage y est couramment pratiqué, ce qui le choque profondément. Notre philosophe est le dernier des Lumières. Engagé et protégé – « Grâce à son frère aine Jean-Baptiste, écuyer de la reine et membre fondateur de la loge des Neuf Sœurs, il jouit des faveurs de la famille royale »[1] –, apprécié de Voltaire, franc-maçon convaincu, il est sincèrement libertin, dans le sens anticlérical des XVIe et XVIIe siècles.

À la fin du XVIIIe, il devient un « pur produit » du Directoire et de ses mœurs légères, époque bénie où les « Merveilleuses » se promènent pratiquement nues, vêtues de gazes transparentes. « Le pantalon couleur de chair, strictement appliqué sur la peau, irrite l'imagination et ne laisse voir qu'en beau les formes et les appas les plus clandestins. »[2] En ces temps d'apogée du libertinage, l'œuvre érotique de Parny est loin d'être interdite : « Le succès de *la Guerre des dieux* fut tel, que trois éditions authentiques parurent la même année, sans parler de deux ou trois contrefaçons. Les petits vers anodins, les madrigaux philosophiques pleuvaient sur Parny pour le féliciter. »[3] La gloire propulse Évariste au fauteuil 36 de l'Académie française. Fauteuil sulfureux où siégera ensuite Victor-Joseph-Étienne de Jouy, auteur de *la Galerie des Femmes*, texte figurant lui aussi au catalogue de la littérature clandestine érotique. Les écrits des deux académiciens sont interdits quelques années plus tard. Le poème de Parny bat tous les records. Il est mis à l'index par mesure de police en 1825 et condamné une dizaine de fois entre 1821 et 1865.

Parny est aussi l'enfant des premiers libertins, fils spirituel de Ronsard ou de Théophile. *La Guerre des dieux* semble s'inspirer de *la Bouquinade*, une satire de Ronsard contant une autre guerre de dieux ; celle d'Amour contre Pan : « Ce petit Diable Dieu, ce Dieu fils de putain, / Fils de ceste Venus qui couronna Vulcain / D'un chapeau de cocu, d'un panache de cornes, / Non content de son regne, outrepassant les bornes / Voulut, ambitieux, assubjetir les bois / Et les subjects de Pan à ses paillardes loix. » Au nom d'Amour, la courtisane Laïs défie et domine le satyre Philante : « Mais le seixiesme jour, des doux efforts premiers / Philante s'affoiblit, et sa lance baissée / Sans espoir de dresser resta toute faucee ; / Les couillons luy pesoient, sa teste chancella ». Deux siècles et demi plus tard, Amour et Laïs devront rendre les armes. Sous la plume de Parny, les dieux de l'Olympe sont mis en déroute par les défenseurs de la Trinité, non par faiblesse mais par le choix des hommes.

1. Jacques-Charles Lemaire, in *la Guerre des dieux*, Honoré Champion, 2002.
2. Octave Uzanne, *les Modes de Paris*, Henry May, 1898.
3. Sainte-Beuve, *Portraits contemporains*, 1846, cité par J.-C. Lemaire, *op. cit.*

Chant dixième

Combat général. Bravoure de S. Joseph. Epouvante et fuite de Jésus-Christ. Sac du paradis. Situation très critique de la Vierge et de la Trinité. Arrivée de S. Priape, et triomphe du christianisme. Epilogue, fin du monde, et fin du poème.

Divin pigeon, ma piété tremblante
Se plaint à vous de vos propres bienfaits.
Pourquoi toujours à mes pinceaux discrets
Présentez-vous quelque image galante ?
Je l'ai quitté ce pays des amours,
Pays charmant malgré tous ses orages,
Pays des fous envié par les sages,
Où j'ai perdu la moitié de mes jours.
Il part ainsi l'homme qu'un sort contraire
Force à voguer vers un autre hémisphère :
Un vent léger que le nord a produit
Vient arrondir la voile déployée ;
La mer écume, et la terre qui fuit
A l'horizon semble déjà noyée ;
En soupirant il lève encor sa main
Pour saluer le rivage lointain,
Et gardera dans son âme attendrie
Un doux regret pour la douce patrie.
Au seul repos je restreins mon bonheur.
Voudriez-vous réveiller dans mon cœur
Des souvenirs que ma raison redoute ?
Voudriez-vous me tenter ? Non, sans doute :
Dictez-moi donc de plus sages accords ;
Laissons en paix les vestales chrétiennes ;
Et, pardonnant à leurs saintes fredaines,
Du sombre Odin repoussons les efforts.

Notre avant-garde occupait la frontière,
Et du matin récitait la prière,
Quand les païens lui tombent sur les bras.
A leur retour on ne s'attendait pas.
Chacun pourtant fait bonne contenance ;
Au pas de charge on s'ébranle, on avance.
Mais à l'aspect de ces fiers ennemis,
De ces géants que le nord a vomis,
Aux longs sourcils, à l'œil creux et sauvage,
Nés dans les bois, durcis par les hivers,
Et d'acier brut grossièrement couverts,
Nos gens en vain rappelaient leur courage.
Surpris, tremblants, et pâles de terreur.

Ils se disaient : Allons, n'ayons pas peur.
Bientôt après on fuit à toutes jambes ;
Jamais poltrons ne furent plus ingambes.
De notre armée ils rejoignent le gros,
Font volte-face, et semblent des héros.
Le grand Michel sourit de leur vaillance ;
Odin arrive, et l'action commence.

Or, dites-nous, esprit inspirateur,
Qui le premier sut renverser son homme ?
Ce fut Joseph. Pourquoi rire, lecteur ?
Ce fut Joseph lui-même, et voici comme.
On le voyait, de son rabot armé,
Sortir des rangs, montrer son poing fermé,
Puis sur ses pas reculer au plus vite.
Un Scandinave, à la fin irrité
De son audace et de sa lâcheté,
Sur le pauvret court et se précipite.
Le bon Joseph s'était apparemment
Laissé conter, et croyait fermement
Que l'on échappe à l'ours le plus farouche,
Lorsque par terre à plat ventre on se couche :
Il s'y jeta, disant ce fameux *han*,
Qui n'est qu'à lui, qu'on a mis eu bouteille,
Et dont l'Eglise honore la merveille.
L'autre emporté par son rapide élan,
Du pied le heurte, et trébuche, et culbute
Dix pas plus loin : Joseph pendant sa chute
Se relevant, sur lui fond aussitôt,
Et sur ses reins promène le rabot.

L'ange Uriel, dont la voix l'encourage,
S'écrie alors : « Ce début glorieux
De la victoire est pour nous le présage.
Marchons, chrétiens, exterminons ces dieux. »
Il marche donc, et sur sa tête altière
L'Olympien lance un foudre vengeur.
Ce foudre est vieux ; de sa flamme première
A peine il reste une faible chaleur ;
Mais cependant divine est sa nature ;
Mais il partait d'une main ferme et sûre ;
Mais il est lourd ; et s'il ne brûle pas,
Il peut du moins casser têtes et bras.
L'ange étendu sur la céleste arène
Sans mouvement, sans pouls et sans haleine,

A l'hôpital fut soudain emporté.
Cet accident, ici-bas ordinaire,
Des fanfarons rabattit la fierté.
Un *Oremus* leur semble nécessaire ;
Et Raphaël s'écrie avec humeur :
« Vous faites bien d'invoquer le Seigneur ;
Mais le Seigneur, qui vous croyait plus braves,
Vous répondra : Païens et Scandinaves
Seront vaincus, si vous avez du cœur. »
Comme il parlait, un second foudre arrive ;
Ses yeux il rase, et de clarté les prive.
Voilà nos gens qui tremblent derechef.
Quelqu'un alors leur dit : « La chose est triste ;
Mais un moment nous rendra notre chef.
Vous savez tous qu'il est bon oculiste. »

A l'aile droite on se défendait mieux.
De Gabriel la bravoure tranquille
Y soutenait un combat difficile.
Thor sur son char se dresse furieux,
Et fait voler sa massue invincible :
L'ange l'évite en inclinant son front ;
Elle revient, mais notre ange est plus prompt :
Son bras nerveux décharge un coup terrible
Sur l'un des boucs au timon attelés.
Le feu jaillit de sa corne divine ;
Saisi d'effroi, de douleur il piétine,
Heurte le char dans ses bonds redoublés,
Se jette à gauche, et toussant à voix forte,
Son compagnon et son maître il emporte.

Le loup Fenris, l'aigle de Jupiter,
Dans ce combat d'éternelle mémoire
A nos dépens se couvrirent de gloire.
L'un dévorait. L'autre plane dans l'air ;
De temps en temps il fond comme un éclair
Sur nos héros ; son adresse est extrême,
Et vainement on voudrait regimber ;
Puis il remonte, et laisse retomber
Sur chaque tête, à l'endroit du baptême.
Les casques lourds qu'il enleva lui-même.

Sur leurs coursiers les trois filles d'Odin
D'une aile à l'autre allaient avec vitesse,
Caracolant et combattant sans cesse.

Malheur à ceux qui barrent leur chemin !
Les lances d'or à dix pas les renversent.
Les bataillons sous leurs pas se dispersent.
Mais Gabriel de loin s'offre à leurs yeux :
Tranquille et fier, beau, brillant, radieux,
Cet ennemi leur paraît digne d'elles.
Un triple coup frappe son bouclier ;
Un autre suit ; de l'élastique acier,
Qui retentit, sortent mille étincelles.
L'ange étonné recule quelques pas,
En souriant remarque leurs appas,
Et dit ensuite : « Avec trop d'avantage
Vous m'attaquez, et de votre courage
En ce moment d'autres pourraient douter.
Sur ces chevaux vous n'avez rien à craindre ;
Je suis à pied, je ne peux vous atteindre.
A vos efforts si je sais résister,
Que dira-t-on ? que devient votre gloire ?
Si vos coursiers vous donne la victoire,
Un tel triomphe a-t-il de quoi flatter ?
Voyons pourtant, et gardez-vous de croire
Qu'ici je tremble : on ne refuse pas
D'être battu par d'aussi jolis bras. »
Non, attendez, et nous allons descendre,
Dit Gondula sensible à ce propos.
Et les trois sœurs sautent de leurs chevaux ;
Et Gabriel songeait à se défendre ;
Mais tout à coup il s'arrête et reprend :
« Ce sacrifice, entre nous n'est pas grand.
Je n'ai sur moi qu'une robe très fine ;
Un dur acier couvre votre beau corps.
Pourquoi gêner cette taille divine ?
Dégagez-la, nous combattrons alors. »
Ces mots adroits qu'il prononce avec grâce,
Et dont le sens est écrit dans ses yeux,
Font beaucoup rire, et n'en valent que mieux :
La grâce est tout, avec elle tout passe.
« Il a raison, dit la vive Rista. »
On rit encore, et l'armure on ôta.
Quel doux moment ! la transparente gaze
Laisse admirer à l'ange connaisseur
De mille attraits la forme et la blancheur.
Muet, l'œil fixe, il semblait en extase.
Filles d'Odin, redoutez ce lutteur.
« Mais allons donc, et mettez-vous en garde,

Dit Gondula, d'un air malin et doux. »
L'ange répond : « Dès lors qu'on vous regarde,
II faut céder, la victoire est à vous.
Comment peut-on lever sur tous ces charmes
Un fer tranchant, les blesser, les meurtrir,
Lorsqu'on voudrait de baisers les couvrir ?
Point de combats, ou prenons d'antres armes ;
Luttons plutôt. » Nouvel étonnement,
Nouveaux coups d'œil, nouveaux éclats de rire ;
Et Gondula répète : « II est charmant.
A sa demande il faudra bien souscrire.
Je veux le vaincre, il n'importe comment. »

A l'aile droite à lutter ou s'apprête ;
A l'aile gauche on criait au secours ;
Et vers le centre on se battait toujours.
Le grand Michel avait Odin en tête,
Et résistait ; c'est tout dire en deux mots.
Ce général monte un coursier rapide.
Son fier maintien, son courage intrépide
De ses soldats font presque des héros.
Odin frémit de honte et de colère ;
Et, brandissant un long épieu pointu,
Qui lui paraît une paille légère,
Sur son rival il fond comme un tonnerre
Dont le fracas au loin est entendu.
L'ange s'incline, et l'arme meurtrière,
De son beau casque emportant le cimier,
Frappe à l'épaule un innocent guerrier,
Qui par malheur se trouvait là derrière :
C'est saint Thomas. Sur le parquet d'azur,
Le ventre en l'air, ce vénérable apôtre
Tombe aussitôt, disant : Il est bien dur
Dans un combat de payer pour un autre !
Au même instant le redoutable Odin
Tire son glaive ; et Michel qu'il menace,
D'un coup heureux entamant sa cuirasse,
De sa peau dure écorche le chagrin.
Le dieu sourit, et sa riposte est prête.
Si rudement tomba l'acier fatal,
Qu'il pourfendit et le casque et la tête,
Le cavalier, la selle et le cheval.
Les deux moitiés séparément tombèrent ;
Les deux moitiés soudain se rajustèrent ;
Mais la douleur fait succomber Michel,

Et d'un pas faible il rejoint Raphaël.
Quel contre-temps ! sa chute et sa retraite
De ses soldats annonçaient la défaite.
Pour s'échapper chacun formait son plan.
Sauve qui peut ! crie alors un quidam.
Tous le pouvaient ; la déroute est complète.

Du paradis observant tout cela,
Le saint Trio craignit pour son empire.
« Va, dit soudain le vénérable Sire,
Cours, mon cher fils, et prends ces foudres-là. »
En rechignant Jésus prit le tonnerre,
Et dépouilla d'un mouton débonnaire
Les traits heureux. Sur ses membres bénis
De blanc linon il déploie un surplis ;
Son cou divin s'entoure d'une étole ;
Il élargit sa brillante auréole,
Grossit sa voix, raffermit son maintien,
Marche à grands pas ; bref, il était très bien.

Ce nouveau chef, qui doit être invincible,
Rend aux chrétiens l'espoir et la valeur ;
Le plus poltron se croit déjà vainqueur.
Jésus, armé de la foudre terrible,
Tourne la tête, et la lance au hasard ;
Soudain Heimdall est couché sur l'arène.
Ce premier coup l'anime ; un autre part ;
Du grand Odin il brise l'étendard,
Et de héros renverse une douzaine.
Le dieu piqué se retourne vers Thor :
« Cours et punis cet abbé téméraire.
Son père ici ne s'offre pas encor ;
Fils contre fils, tu vaincras, je l'espère.
Entre tes mains je remets mon tonnerre. »

Le vaillant Thor, de plaisir transporté,
Vole au combat ; et d'un autre côté
L'on voit aussi Jupiter qui s'avance.
Des attributs de leur triple puissance
Ces fiers rivaux s'entourent à la fois.
Les vents fougueux accourent à leur voix ;
De toutes parts s'assemblent les nuages,
Les tourbillons précurseurs des orages,
Et les frimas enfants des noirs hivers.
En même temps se heurtent dans les airs,

Le chaud, le froid, et le sec, et l'humide,
La blanche neige, et la grêle rapide,
Les flots de pluie, et le givre perçant,
L'obscurité, l'éclair éblouissant,
Les feux follets errant dans l'atmosphère,
Et les éclats de ce triple tonnerre
Que prolongeait l'écho retentissant.
L'homme, étonné d'un désordre semblable,
Se cache et dit : Il fait un temps du diable.

Jésus alors, certain de son pouvoir,
Se croit vainqueur, et dans ce doux espoir,
Par un sourire aux païens il insulte.
Mais au milieu de cet affreux tumulte,
Qui dans le ciel ramenait le chaos,
Sur lui soudain fondent ses deux rivaux ;
Et déjà même, aux foudres insensible,
L'Olympien, impétueux, terrible,
Tendait le bras pour le prendre au collet :
Notre sauveur à ce geste frissonne ;
Son front pâlit, la force l'abandonne ;
Il fuit : que dis-je ? en fuyant il volait.
Près de son père il retourne au plus vite ;
Et reprenant sa forme favorite,
Triste, honteux, de chagrin il bêlait.
Lorsque son Dieu prend la fuite, sans doute
L'homme chétif a droit d'en faire autant.
Gabriel seul aurait pu d'un instant
De nos soldats retarder la déroute ;
Mais autre part on a su l'arrêter.
Vous occupiez le plus beau de nos anges,
Filles d'Odin ; et sans vous en douter,
En l'occupant vous battiez nos phalanges.

Tout fuit, tout cède an vainqueur courroucé ;
D'un saut rapide il franchit le fossé
Que fraîchement avait creusé la crainte ;
Du paradis il inonde l'enceinte ;
Le sanctuaire est aussitôt forcé.
O honte ! ô crime ! on rosse les puissances,
On jette à bas six mille intelligences
Qui figuraient dans les processions,
De leurs gradins les trônes on renverse,
On foule aux pieds les dominations,
Et des vertus le troupeau se disperse.

Du saint Trio les gardes résistaient ;
Et d'une main tenant la balustrade,
Par de grands coups de l'autre ils écartaient
Les insolents qui tentaient l'escalade.
Mais l'on empoigne et l'on jette à leurs nez,
Devinez quoi ! les têtes chérubines
Aux frais mentons, aux lèvres purpurines,
Que dans un coin trouvent ces forcenés.
La garde fuit, à l'autel on fait brèche,
Et l'on arrive à ces esprits divins
Qui jour et nuit brûlent sur leur bobèche :
Dessus l'on souffle, adieu les séraphins.

En attendant, lecteur, qu'on les rallume,
L'aigle s'abat sur le tendre pigeon
Qui s'enfuyait, le grippe sans façon,
Et dans les airs il fait voler sa plume.
Le Saint-Esprit, qui m'inspire, prétend
Qu'il eut grand' peur dans ce critique instant.

Le loup Fenris du beau mouton s'empare.
Assez souvent tu te laisses croquer,
Criait le monstre ; et sous sa dent barbare
Les os divins commençaient à craquer.

Il faut tout dire. Odin, qui sur son siège
Voyait la Vierge immobile de peur,
Vers elle étend une main sacrilège,
Jure par F, et pour comble d'horreur,
II ajoutait : « C'est le droit du vainqueur ;
Et vous cachez en vain, belle Marie,
Ce que vos saints nomment *l'ignominie.* »

Voici bien pis. Le Père, en pâlissant,
Pour s'échapper de son trône descend ;
Mais Jupiter l'arrêtant par la manche,
Saisit de plus sa barbe longue et blanche.
« N'arrachez pas, n'arrachez pas, morbleu !
Dit le Pater. Ecoutez, je tiens peu
A mon autel, à l'encens qu'on me donne,
Et sans regret je vous les abandonne ;
Mais laissez-moi ma barbe, au nom de Dieu ! »
L'autre sourit, et d'un effort coupable
Il secouait ce menton adorable.

A cet excès d'abomination,
Complète fut la désolation.
Tous les chrétiens prosternés en silence,
A demi-morts, attendaient leur sentence.
Mais un *bravo* mille fois répété
Se fait entendre ; on voit soudain paraître
Un animal que l'on croit reconnaître,
Coiffé d'un froc, de laine empaqueté,
Les reins serrés d'une blanche ficelle,
Montant à pic vers la voûte éternelle,
Et dans les airs par six anges porté :
C'était Priape. Il dit d'une voix forte :
« Paix-là, faquins ! à quoi bon ces combats ?
Ici l'on plaide, et l'on juge là-bas.
L'homme a jugé ; bien ou mal, il n'importe.
De Constantin voici l'édit fatal.
Dès aujourd'hui, païens, on vous supprime.
Cédez l'Olympe à cet heureux rival,
De tous vos droits héritier légitime.
N'en croyez point au reste mon rapport :
Baissez les yeux, et voyez votre sort. »

Il n'avait pas menti ; sur notre terre
S'exécutait la sentence sévère.
En ce moment de ces pauvres païens
On renversait les temples, les statues ;
Au préalable on confisquait leurs biens ;
On insultait leurs prêtres dans les rues ;
Et ce seul cri retentissait dans l'air :
Vive la croix ! au diable Jupiter !
    A l'évidence il fallait bien se rendre.
Le dieu du nord, l'aigle et le loup Fenris,
Au même instant lâchent ce qu'ils ont pris,
Ce qu'ils serraient. Odin, sans plus attendre,
En les sifflant rappelle ses soldats,
Et fier encor marche vers ses états.
La forte main, cette main si coupable
Qui secouait le menton du Seigneur,
Du moindre effort tout à coup incapable,
Mollit et s'ouvre, et tombe avec langueur.
Des autres dieux semblable est l'aventure :
Paralysés, faibles, tremblants et doux,
Sans résistance, et même sans murmure,
Sur le Parnasse ils dégringolent tous.
    Ainsi finit cette guerre funeste.

L'ENFANT DU BORDEL

1800 – Pigault-Lebrun

On pouvait craindre le pire des mélos avec un thème pareil : une mignonne marchande de modes de quinze ans, éplorée – il faut dire que, enceinte, elle vient d'être violée par le meilleur ami de son jeune amant, qui l'a vengée en le tuant mais, du coup, a dû s'exiler et l'abandonner –, meurt en mettant au monde son bébé dans le lupanar où elle a trouvé asile ! Il y en a qui n'ont pas de chance... Pas vraiment le meilleur des départs, donc, pour le petit Chérubin (c'est vraiment son nom – hommage au jeune obsédé si prometteur du *Mariage de Figaro*) qui s'ouvre à la vie dans une maison close, et va y pousser entre une séduisante mère maquerelle et des prêtresses de Vénus peu farouches.

Et pourtant, l'univers où nous allons le retrouver à quatorze ans (le récit saute à pieds joints par-dessus son enfance, on sait seulement qu'elle lui a « précocé le tempérament ») est à cent lieues du pathétique des *Deux Orphelines* et du sordide des *Misérables*. Cet *Enfant du bordel* est baigné d'une lumière printanière qui n'accuse pas les ombres du tableau. « L'alternance des scènes heureuses et des moments tragiques rythme une intrigue qui ne s'attarde pas sur les deuils et semble les considérer comme de simples transitions », écrit M. Delon (Préface à l'édition Zulma, 1992). C'est que le roman se veut délibérément léger, joyeux, primesautier... à l'image de son héros si vivant et vivace, incarnation de l'éclatante jeunesse qui s'abandonne au tourbillon des plaisirs, à l'euphorie d'un inépuisable désir.

À l'image aussi de son auteur, dont on sait qu'il était déjà le boute-en train de son régiment avant de mener une existence haute en couleur et de devenir « le plus gai de nos romanciers » (dixit Stendhal qui, au petit jeu de l'île déserte, déclarait qu'il emporterait « d'abord Pigault-Lebrun »). Auteur à succès de vaudevilles et de romans de divertissement où s'exprimaient à merveille sa verve et sa désinvolture, Pigault-Lebrun n'a pas reconnu la paternité de *l'Enfant du bordel*. Prudence oblige. Ce voluptueux petit bijou circula donc sous le manteau pour ne pas s'attirer les foudres de Dame Censure, sourde à sa poésie délicate (« l'antre charmant » des dames n'est pas résumé à un prosaïque vagin, mais hissé au rang de sanctuaire, de « reposoir de l'amour »), comme à son humour très imaginatif : pour amadouer une lesbienne, Chérubin réussit à faire passer son « superbe morceau » pour un clitoris géant !

Seule concession aux convenances, l'ouvrage perdit souvent au fil des rééditions le *bordel* qui stigmatise son titre original, changé en un plus conventionnel *les Aventures de Chérubin*. Ce qui n'empêche pas l'aventurier de continuer depuis deux cents ans à trousser les jupons et à sauter de lits en alcôves avec une belle vitalité. Vengeance de cette prose longtemps condamnée à circuler sous le manteau : c'est précisément ce roman érotique qu'il n'osa pas revendiquer qui reste aujourd'hui le fleuron de l'œuvre de Pigault-Lebrun... La fraîcheur et la grâce ! De quoi rappeler aux esprits chagrins que littérature et érotisme peuvent faire très bon ménage.

Chapitre IV

Le dessein de Félicité, en s'établissant rue d'Argenteuil, avait été d'y continuer son commerce. Habitué dès l'enfance à l'image de la prostitution, je ne m'opposai point à ses projets ; mais, ne voulant pas que l'on vît avec elle un jeune homme dont la tournure était suffisante pour effaroucher les pratiques, Félicité résolut de m'habiller en femme, et de déguiser mon sexe sous l'accoutrement féminin. Ce projet me parut très plaisant, et je consentis avec joie à la métamorphose ; elle sut même si bien me tourner, qu'elle me décida à la seconder dans un commerce dont j'avais déjà une connaissance approfondie.

Me voilà donc en fourreau de linon rose, chapeau et souliers blancs, et trottant avec elle sous les galeries du Palais-Royal. Mon coup d'essai fut le recrutement d'un vieux chevalier de Saint-Louis ; nous le conduisîmes chez nous ; c'était moi qui avais plu à cet homme ; il voulut prendre mes tétons, et parut étonné de ne rien trouver. Félicité lui dit que j'étais trop jeune pour être formée. Le chevalier fut surpris d'une non formation qui contrastait avec ma taille élancée et mes membres fortement constitués ; il voulut visiter mes appas les plus secrets ; mais Félicité, qui était fille de précaution, avait affublé cette partie d'un large bandeau, et arrêta le téméraire en lui disant que je n'étais pas sûre de ma santé. Alors le chevalier s'empara de ma compagne, et, malgré ses cinquante ans, l'exploita vigoureusement, au grand mal de cœur du pauvre Chérubin, qui n'était pas du tout satisfait d'une jouissance à laquelle il ne participait pas. Le chevalier se retira en promettant de venir nous revoir, et laissa deux louis sous le chandelier.

Je ne rapporterai pas les différentes aventures qui nous arrivèrent pendant les trois mois que nous exerçâmes notre chaste commerce ; elles se ressemblent trop pour que je me donne la peine de les raconter ; je n'en citerai que trois, en comptant celle qui me rendit à mon état naturel ; elles sortent du cadre ordinaire des aventures, et leur originalité leur fait seule obtenir la préférence.

Un grand jeune homme, d'environ trente-deux ans, vint un jour chez nous ; nous fûmes étonnés, à l'inspection de ses pièces, de voir qu'elles étaient aussi flétries, aussi usées que celles d'un homme de soixante et dix ans. Nous employâmes en vain tout notre art pour le ressusciter, car j'étais devenu expert dans celui de procurer des jouissances à autrui. Enfin, notre jeune invalide nous avoua que le seul moyen de lui rendre une partie de ses forces, était de l'instrumenter lui-même avec un de ces outils de religieuses que l'on nomme godemichés.

Félicité, qui ne perdait pas une occasion de s'amuser aux dépens des sots qui tombaient dans nos filets, lui fit la confidence que j'étais ce qui lui convenait le mieux, que la nature m'avait fait un double présent, en me donnant les deux sexes, qu'en un mot, j'étais hermaphrodite. J'étais resté immobile à cette singulière déclaration ; mais notre jeune homme, enchanté, me sauta au cou, en me disant que j'étais la femme qu'il cherchait inutilement depuis bien longtemps. Il me renversa sur le lit, me troussa, arracha le bandeau préservateur dont j'étais toujours muni, et découvrit l'outil le plus roide et le mieux conditionné.

Il tomba à genoux devant ce superbe morceau, y porta les mains et la bouche, et sans s'amuser à visiter si les deux sexes y étaient effectivement, il me pressa de me servir avec lui de celui qu'il avait sous les yeux.

Il fallut bon gré mal gré le contenter. Il se plaça commodément, et pour la première fois, je fis mon entrée triomphante dans la ville de Sodome. Mais, ô prodige ! à peine eus-je donné trois ou quatre coups de cul, que la cheville de notre héros commença à prendre de la consistance, et il fallut peu de minutes pour la faire arriver au comble de la gloire. Félicité se place sur le pied du lit, mon homme l'embroche, je me remets à l'instrumenter de nouveau, et nous arrivons tous les trois, presque en même temps, au comble du bonheur.

La seconde aventure est peut-être encore plus originale, quoique la même ruse ait été mise en jeu.

Nous nous promenions un soir au Palais-Royal, lorsque nous fûmes abordés par une très jolie fille, à peu près de l'âge de Félicité ; elle témoigna une grande joie de la voir, lui demanda son adresse, et promit de lui rendre visite le lendemain matin.

Je demandai à Félicité quelle était cette jeune personne, qui, à la richesse de ses vêtements, à l'éclat des bijoux qui la couvraient et surtout à sa tournure honnête, ne me paraissait pas une fille publique. Elle m'apprit qu'elle en avait fait la connaissance chez madame D...y, où elle venait souvent, mais avec d'extrêmes précautions, pour n'être pas compromise, et que c'était par une suite de ces précautions que je ne l'avais pas vue pendant mon séjour dans la maison, qu'elle était tribade, que, trompée par un amant qu'elle avait adoré, elle détestait les hommes, et se livrait aux femmes avec passion. Laisse-moi faire, continua Félicité ; je veux que demain tu t'amuses comme tu ne t'es pas encore amusé.

Effectivement, le lendemain nous entendîmes une voiture s'arrêter à la porte de la maison ; peu d'instants après on frappa à celle de notre chambre. Félicité était encore au lit, j'étais levé, et je fus ouvrir. C'était l'inconnue ; elle fut se jeter dans les bras de Félicité, lui donna plusieurs baisers sur la bouche, avec une ardeur qui dénotait la force de sa passion et celle de son tempérament.

Félicité riposta tendrement à ces vives accolades, et je vis avec étonnement qu'elle prenait goût au jeu. L'inconnue fut bientôt dépouillée de tous ses vêtements ; la voilà nue dans les bras de Félicité, à qui elle arrache corset et chemise. « Est-ce que cette grande fille ne vient pas avec nous ? dit l'étrangère, que je nommerai Julie. — Elle n'est point encore initiée dans nos mystères, reprit Félicité. — Est-ce faute de goût ? — Non, c'est faute d'usage... — Comment, faute d'usage ? — Oui... Elle n'est pas conformée comme nous ; et quoique infiniment plus propre que moi à notre genre d'exercice, elle y est encore inhabile. — Expliquez-vous plus clairement ? — Telle que vous la voyez, elle est douce d'un clitoris à faire honte à la plus belle cheville humaine ! — C'est étonnant. — Figurez-vous, ma bien-aimée, le plaisir que doit goûter une femme que l'on enfile avec un clitoris de six pouces de long et d'une raisonnable grosseur ! — Six pouces de long ?... — Six pouces. Ajoutez que la bizarre nature s'est plu à donner à ce clitoris la forme d'un membre viril. — Vous ne plaisantez pas ? — Nullement ; je vous dis l'exacte vérité. — Il faut vérifier cela, dit la curieuse Julie. — Viens ici », me dit Félicité. Je m'approche alors d'un air gauche et timide qui fait rire mes deux folles aux éclats. Je suis troussé jusqu'au milieu des reins ; mon prétendu clitoris est baisé avec transport par la tribade Julie ; elle le met dans sa bouche, et le chatouille amoureusement avec sa langue. Devenu presque frénétique par cette espèce de caresse que je ne connaissais pas encore, je me jetai sur elle, je la plaçai à ma fantaisie, et je me mis à la travailler d'importance.

Les difficultés que j'éprouvai ne firent que m'irriter encore davantage ; elle jeta quelques cris que lui arracha la douleur ; mais, bientôt enivrée elle-même par le plaisir, elle ne fit plus que de seconder, et peu d'instants après, nous tombâmes sans mouvement dans les bras l'un de l'autre.

Félicité, qui craignait que notre ruse ne fût découverte, me fit signe de me rajuster promptement, pendant que Julie n'avait pas encore recouvré ses sens.

Je fus bientôt prêt, et telles supplications que me fit Julie pour avoir encore quelques caresses, je tins bon et la refusai absolument.

Félicité la décida, non sans peine, à remettre la partie à une autre fois. Hélas ! ce fut le lendemain de ce jour que nous arriva la catastrophe affligeante qui me sépara de Félicité.

Nous traversions tous deux la rue de Richelieu, à huit heures et demie du soir, pour nous rendre à notre domicile, lorsque nous fûmes abordés par deux élégants petits-maîtres qui nous firent des propositions très séduisantes que nous acceptâmes. Ils nous offrirent le bras ; à peine l'eûmes-nous pris, qu'ils se mirent à tousser. Au même instant nous fûmes environnés par plusieurs mouches et par deux escouades du guet, qui s'emparèrent de nous. Félicité était tremblante, moi, furieux ; et au moment où les deux mauvais sujets qui nous avaient fait arrêter, riaient

de notre surprise, je donnai un coup de pied dans le ventre de l'un d'eux, qui le fit tomber sans connaissance au milieu de la rue. Deux gardes se jetèrent sur mes mains ; toute la bande délibéra s'il n'était pas nécessaire de me mettre les menottes ; cependant, par égard pour mon sexe, on n'en vint point à cette extrémité : les deux plus forts s'emparèrent de moi et nous fûmes conduits au corps de garde de la barrière des Sergents.

Le corps de garde était déjà occupé par une douzaine de filles qui avaient été arrêtées comme nous. On nous conduisit à pied à Saint-Martin. Le vendredi suivant nous passâmes à la police ; nous fûmes condamnés... Voilà l'enfant du bordel à l'hôpital.

A peine eûmes-nous passé deux jours dans cette maison de douleurs, qu'on procéda à la visite de celles qui étaient malades. Ce moment était redoutable pour moi ; je pouvais être reconnu pour un homme, et une détention aussi longue qu'ignominieuse devait être le fruit de mon travestissement. Eh bien ! ce fut encore Félicité qui me sauva de ce mauvais pas. Elle subit l'examen une des premières, et, me faisant adroitement prendre sa place, elle y passa une seconde fois sous mon nom.

Quelle singulière fille que cette Félicité ! Elle était au désespoir, maudissait la lumière ; ses yeux se tournaient-ils de mon côté, elle oubliait aussitôt sa douleur et éclatait de rire comme une extravagante.

J'étais déjà depuis huit jours dans cette redoutable maison, lorsque parut au milieu de nous un homme d'environ quarante ans, qui paraissait être homme de condition. Il promena longtemps ses regards sur mes compagnes, ensuite il les arrêta sur moi, et après m'avoir fixé pendant quelques instants : « C'est celle-là, dit-il à la sœur qui l'accompagnait. — Suivez-nous, mademoiselle, reprit la sœur, et remerciez monsieur le baron de ses bontés pour vous. » Je fis une profonde révérence au baron, qui y répondit par un léger sourire. J'embrassai Félicité, en lui disant à l'oreille : « Si je suis libre, tu le seras bientôt. » Je suivis la sœur et le baron, et nous arrivâmes chez la supérieure.

« Approchez, mademoiselle, me dit cette supérieure, et rendez grâce à monsieur le baron. Il est dans l'habitude de retirer du vice, pour en faire d'honnêtes femmes, des infortunées dont la figure promet quelque chose. Remerciez le ciel de ce que son choix est tombé sur vous ; allez en paix et ne péchez plus. » Après cet éloquent discours, la grave supérieure me fit mettre à genoux, me donna sa bénédiction et me remit entre les mains de monsieur le baron, qui sortit d'un pas léger de cette enceinte de douleurs, et me fit monter avec lui dans le carrosse de remise qui l'avait amené.

M. le baron de Colincourt jouissait d'une fortune brillante, grâce à un mariage de convenance qu'il avait contracté avec la fille d'un riche financier. Depuis huit ans, il était engagé dans les nœuds du mariage et n'avait guère de commun avec son épouse que le logement et la table. Cette épouse était alors une femme de trente ans, parfaitement belle, qui avait commencé par s'affliger de la froideur de son époux, et avait fini par s'en consoler avec des coadjuteurs aimables.

Ce n'est pas que monsieur le baron fût ennemi du beau sexe, au contraire ; mais il ne pouvait se consoler de s'être mésallié, et, en dépit de l'aisance dont il jouissait, il conservait pour sa femme une froideur extrême ; de simples égards étaient tout ce qu'elle obtenait de lui. Cependant, le baron avait des besoins ; il ne voulait point afficher de ces beautés à la mode : sa méthode était différente ; il avait obtenu du ministre la permission de tirer des maisons de force des jeunes filles entraînées dans le vice, à un âge sans expérience, afin, disait-il, de les ramener aux mœurs et à l'honnêteté. Il se servait de cette permission pour avoir de jolis minois de fantaisie, dont il se débarrassait ensuite facilement.

A peine le baron fut hors de la vue de l'hôpital, qu'il me détailla ses projets sur moi et me proposa de demeurer auprès de lui en qualité de jockey. Je lui répondis que j'étais une infortunée que la méchanceté d'un tuteur avait réduite à cet état de misère ; que, cependant, j'acceptais sa proposition, persuadée qu'il était trop honnête pour abuser du hasard malheureux qui me mettait à sa merci.

Le baron eut l'air de me promettre tout ce que je lui demandai. Il me mena dans une maison tierce, où je fus confiné jusqu'au moment où mon équipage serait prêt ; ce que l'on promit pour le lendemain. Il voulut prendre certaines libertés, mais je sus le contenir, et il me remit une lettre que je fus chargé de lui porter aussitôt que mon costume serait prêt. Cette lettre devait être censée celle de recommandation qui me plaçait près de lui.

Je ne manquai pas le lendemain d'aller présenter ma lettre au baron ; il la décacheta gravement, me dit que les recommandations dont j'étais porteur lui paraissaient suffisantes, et qu'il m'admettait à son service. Je vis un sourire diabolique se peindre sur la figure de quelques domestiques qui étaient présents. Il me parut que la gravité du baron n'en imposait à personne sur le compte du jockey, et que tout le monde était à peu près dans la confidence de la métamorphose.

Je fus présenté à madame de Colincourt par le maître d'hôtel. Elle me reçut assez dédaigneusement, m'engagea ironiquement à bien contenter mon maître et me tourna le dos. Jusqu'à ce moment, je n'avais pas été habitué aux dédains des femmes, et je fus très sensible à l'air de mépris de madame de Colincourt.

Le maître d'hôtel voulut me conter fleurette en me ramenant, et se permit différents quolibets sur mon déguisement ; mais je le reçus si vertement que, craignant que je ne portasse des plaintes à notre maître commun, il finit par me prier de garder un profond silence sur tout cela, et je le lui promis.

Cependant, il m'était plus difficile de me débarrasser des poursuites du baron que de celles de son maître d'hôtel. Mon lit était dans un petit cabinet à côté de sa chambre à coucher. Après que son valet de chambre l'eut mis au lit, je me retirai dans mon cabinet et je me couchai. Il y avait environ une heure que je dormais d'un sommeil paisible, lorsque je fus réveillé par les attouchements d'une main qui s'égarait sur ma poitrine ; je la repoussai vertement. « Mais, mon enfant, tu n'y penses pas, me dit monsieur de Colincourt ; car c'était lui. — Je ne veux pas, lui répondis-je. — Ma toute belle, sois sensible à mon amour, aux obligations que tu m'as... — Ne souillez point vos bienfaits par une action à laquelle je ne consentirai jamais. — Je me charge du soin de ta fortune. — Je ne veux rien que la tranquillité. — De grâce ! — Je suis inflexible, repris-je en élevant la voix. — Silence, reprit-il tout bas ; l'appartement de ma femme est ici près. — Eh bien ! retirez-vous chez vous, ou craignez tout de mon ressentiment. — Mais, ma bonne amie, tu ne songes pas que tu es entièrement à ma disposition et que rien ne peut m'empêcher de me satisfaire ! — il n'en sera rien. — C'est ce que nous allons voir… » Alors, le baron, beaucoup plus fort que moi, s'empare tellement de ma personne, que je vis le moment où mon sexe était découvert. Croyant n'avoir plus rien à ménager, je criai au secours de toutes mes forces. Une porte, placée au fond de mon cabinet, s'ouvre brusquement, et madame la baronne, un bougeoir à la main, s'offre à nos regards.

« Ah ! madame, m'écriai-je en l'apercevant, sauvez-moi des attentats de votre époux. — Il me paraît, mademoiselle, dit la baronne, que vous êtes plus honnête que je ne l'avais soupçonné d'abord. Passez dans mon appartement ; vous y resterez. Soyez certaine que c'est un asile que qui que ce soit n'osera violer. »

Cependant le baron était resté stupéfait de la brusque apparition de son épouse. La baronne me prit par la main, me fit passer dans son appartement, et s'y renferma avec moi avant que M. de Colincourt eût retrouvé la force de changer de place.

ÉCRITS ÉROTIQUES

1801 – Stendhal

Qu'on ne s'y trompe pas : l'auteur de *la Chartreuse de Parme* n'a pas rédigé un ouvrage intitulé *Écrits érotiques*, on a réuni sous ce titre des textes glanés dans sa *Correspondance*, son *Journal*, ses *Caractères* (1805) et *Souvenirs d'égotisme* (1832). Le fait est qu'on y trouve matière à faire rougir un régiment de dragons ! Cela va des conseils les plus techniques aux anecdotes les plus salaces, et l'édition posthume qui les a réunis a dévoilé un Stendhal inconnu. Pourtant, l'importance qu'il avait, toute sa vie et dans toute son œuvre, accordé à l'amour laissait deviner que l'homme n'était pas de marbre.

La sensualité de Stendhal s'exprime notamment par le voyeurisme, comme en témoigne ce superbe extrait du *Journal* en date du 2 septembre 1811 : « J'ai guetté longtemps, avant de me coucher, la chambre d'une femme vis-à-vis de laquelle j'avais soupé et qui paraissait très ayable. Sa porte était entrouverte, et j'avais quelque espérance de surprendre une cuisse ou une gorge. Telle femme qui, tout entière dans mon lit, ne me ferait rien, me donne des sensations charmantes, vue en surprise. Elle est alors naturelle ; je ne suis pas occupé de mon rôle, et je suis tout à la sensation. » Etre pleinement soi-même, sans le carcan des conventions, c'est le rêve de l'épicurien, le rêve aussi de l'écrivain.

Le 23 décembre 1826, il regrette dans une lettre de ne pouvoir rendre dans ses romans les scènes brûlantes avec des couleurs plus crues, plus proches de la vérité érotique. Question de censure. Mille ans plus tard, il réécrirait *Armance* en dotant l'héroïne d'un mari plus hardi : « En 2826, je raconterai qu'Olivier a acheté un beau godemiché portugais en gomme élastique [...] et qu'après avoir donné une extase complète à sa femme, il a bravement couronné son mariage. » Mais s'il ne mâche pas ses mots dans ses écrits intimes, et appelle une chatte une chatte, Stendhal sait aussi colorer de poésie les images les plus libertines, comme lorsque entre les cuisses d'une belle il touche « l'endroit où l'ébène doit commencer à ombrager les lis... » (*Journal*, 4 juillet 1807).

Puisqu'on n'est jamais si bien servi que par soi-même, Stendhal préféra rédiger lui-même sa future notice nécrologique en parlant de lui à la troisième personne. On y lit sa nostalgie de sa jeunesse milanaise : « ... mai 1800. Il servit quelque temps comme simple dragon. Il devint amoureux de Mme A. Il passait son temps à Milan. Ce fut le plus beau temps de sa vie... » Le *Journal* de ces années-là montre qu'il ne dut guère s'ennuyer en Italie, où le jeune officier ne fit pas que des découvertes artistiques ! Ses confidences sont d'une franchise désarmante, ce en quoi on aurait tort de voir du cynisme. Comme l'homme, le ton sera moins vif et désinvolte en 1832, mais la disparition de Métilde (le grand amour de sa vie) est passée par là – et lui joue d'ailleurs un tour dans le « fiasco complet » qu'il relate avec la même franchise tranquille (*Souvenirs d'égotisme*, chap. 3) : la charmante Alexandrine, « je la manquai parfaitement ».

Stendhal érotique
1801-1805

Milan, 12 floréal

On cite ici Mme N... comme la plus jolie femme de la ville, et véritablement elle n'est pas mal ; on lui donne 60.000 francs de rente, elle a un *cavalier servente*, bel homme, et qui dépense beaucoup pour elle ; elle est par conséquent inattaquable. Nous pourrions baiser deux comtesses qui logent près de chez nous, mais elles ont vingt-huit et trente ans, et un air de saleté qui répugne.

1 prairial

Mmes P... et D... sont revenues le 3 du lac de Garde. Parmi une foule de plaisanteries graveleuses qui ont amusé ces dames et leurs filles, Maseau, qu'on était allé...... dans son lit, a quitté sa chemise et, prenant un flambeau, est venu les voir en cet état. Les filles étaient présentes et acceptantes.

3 août

Je suis ainsi que beaucoup d'autres embarrassé lorsqu'il s'agit d'enfiler pour la première fois une femme honnête. Voici un moyen très simple : lorsqu'elle est couchée, vous la branlez, etc. ; elle commence à y prendre goût. Cependant, le costume fait qu'elle se défend toujours. Il faut alors, sans qu'elle s'en aperçoive, lui mettre l'avant-bras gauche sur le cou, dessous le menton, de manière à l'étouffer ; le premier mouvement est d'y porter la main. Pendant ce temps, il faut prendre le vit entre l'index de la main droite et le grand doigt, et le mettre dans la machine. Pour peu qu'on y mette de sang-froid, cela est immanquable. Il faut cacher le mouvement décisif de l'avant-bras gauche par des giries.

C'est Percheron qui m'a donné ce moyen, et il y est expert.

6 thermidor

En morale, l'amour des femmes est un mal infiniment petit. Tous les grands hommes grecs étaient libertins ; cette passion dans un homme indique l'énergie, qualité *sine qua non genius*. Le jugement de Bonaparte : c'est un homme qui a des couilles.

27 floréal

Rouget me conte qu'il a enculé une madame de St-S..., qui, après la cérémonie, a dit en pleurant : « Je suis donc comme toutes les femmes. » Cette excuse est profonde, à ce qu'il me semble.

3 vendémiaire

Pacé nous dit chez la Rive :

Un jeune homme s'était beaucoup échauffé auprès d'une femme, sans réussir ; la dame sonne, un valet se présente, elle dit :

— Apportez un verre d'eau à monsieur.

Le verre d'eau arrive, le jeune homme dit au laquais :

— Versez-le-moi sur les doigts, et se lave le bout des doigts, etc.

Voilà qui est parfait ; moi, je serais allé mourir dans un coin, de douleur, si j'avais été amoureux, de vanité blessée, si je ne l'avais pas été.

L'esprit de ce jeune homme lui fait éviter le deuxième malheur et lui donne le seul moyen qui lui restât d'avoir sa belle.

8 germinal

Louason m'a raconté avec beaucoup de vivacité plusieurs événements qui lui sont arrivés, elle me traitait en amant heureux.

Je l'ai fait rire en lui répétant la pantomime que je faisais à Mme Mortier, elle m'a dit en riant beaucoup que Dugazon lui avait dit ou avait dit qu'elle avait le foutre tragique, qu'il lui en faudrait long comme cela.

Ces choses grossières, ici en squelettes, étaient tout à fait comiques entre nous. Moi je lui ai dit que Dugazon m'avait dit qu'elle avait des couilles ; j'espère que celui-là est plus fort.

[…]

21 juin 1832

L'amour me donna, en 1821, une vertu bien comique : la chasteté.

Malgré mes efforts, en août 1821, MM. Lussinge, Barot et Poitevin, me trouvant soucieux, arrangèrent une délicieuse partie de filles. Barot, à ce que j'ai reconnu depuis, est un des premiers talents de Paris pour ce genre de plaisirs assez difficile. Une femme n'est femme pour lui qu'une fois : c'est la première. Il dépense trente mille francs de ses quatre-vingt mille, et, de ces trente mille, au moins vingt mille en filles.

Barot arrangea donc une soirée avec Madame Petit, une de ses anciennes maîtresses à laquelle, je crois, il venait de prêter de l'argent pour prendre un établissement (to raise a brothel), rue du Cadran, au coin de la rue Montmartre, au quatrième.

Nous devions avoir Alexandrine — six mois après entretenue par les Anglais les plus riches — alors débutante depuis deux mois, nous trouvâmes, vers les huit heures du soir, un salon charmant, quoique au quatrième étage, du champagne frappé de glace, du punch chaud… Enfin parut Alexandrine conduite par une femme de chambre chargée de la surveiller ; chargée par qui ? je l'ai oublié. Mais il fallait que ce fût une grande autorité que cette femme, car je vis sur le compte de la partie qu'on lui avait donné vingt francs. Alexandrine parut et surpassa toutes les attentes. C'était une fille élancée, de dix-sept à dix-huit ans, déjà formée, avec des yeux noirs que, depuis, j'ai retrouvés dans le portrait de la duchesse d'Urbin, par le Titien, à la galerie de Florence. A la couleur des cheveux près, Titien a fait son portrait. Elle était donc formée, timide, assez gaie, décente. Les yeux de mes collègues devinrent comme égarés à cette vue. Lussinge lui offre un verre de champagne qu'elle refuse et disparaît avec elle. Mme Petit nous présente deux autres filles pas mal, nous lui disons qu'elle-même est plus jolie. Elle avait un pied admirable, Poitevin l'enleva. Après un intervalle effroyable, Lussinge revint tout pâle.

— A vous, Belle (*sic*). Honneur à l'arrivant ! s'écrie-t-on.

Je trouve Alexandrine sur un lit, un peu fatiguée, presque dans le costume et précisément dans la position de la duchesse d'Urbin, du Titien.

— Causons seulement pendant dix minutes, me dit-elle avec esprit. Je suis un peu fatiguée, bavardons. Bientôt je retrouverai le feu de ma jeunesse.

Elle était adorable, je n'ai rien vu d'aussi joli. Il n'y avait point trop de libertinage, excepté dans les yeux qui, peu à peu, redevinrent plein de folie, et, si l'on veut, de passion.

Je la manquai parfaitement, fiasco complet. J'eus recours à un dédommagement, elle s'y prêta. Ne sachant trop que faire, je voulus revenir à ce jeu de mains qu'elle refusa. Elle parut étonnée, je lui dis quelques mots assez jolis pour ma position, et je sortis.

A peine Barot m'eut-il succédé, que nous entendîmes des éclats de rire qui traversaient trois pièces pour arriver jusqu'à nous. Tout à coup, Mme Petit donna congé aux autres filles et Barot nous amena Alexandrine dans le simple appareil.

« D'une beauté qu'on vient d'arracher au sommeil. »

— Mon admiration pour Belle, dit-il en éclatant de rire, va faire que je l'imiterai ; — je viens me fortifier avec du champagne.

L'éclat de rire dura dix minutes ; Poitevin se roulait sur le tapis. L'étonnement exagéré d'Alexandrine était impayable, c'était pour la première fois que la pauvre fille était manquée.

Ces messieurs voulaient me persuader que je mourrais de honte et que c'était là le moment le plus malheureux de ma vie. J'étais étonné et rien de plus. Je ne sais pourquoi l'idée de Métilde m'avait saisi en entrant dans cette chambre dont Alexandrine faisait un si joli ornement.

Enfin, pendant dix années, je ne suis pas allé trois fois chez les filles. Et la première après la charmante Alexandrine, ce fut en octobre ou en novembre 1827, étant pour lors au désespoir.

GAMIANI

1833 – Alfred de Musset

Une révolution vient de débarrasser la France du despotique Charles X. Le règne de l'ultra, « plus royaliste que le roi », selon l'expression de son frère aîné Louis XVI, n'a duré que cinq ans. C'est le début de la décennie 1830, celle de Louis-Philippe, plus tout à fait roi de France mais roi des Français. Dans un restaurant du Palais-Royal, quelques jeunes gens s'invectivent bruyamment. Au terme d'un débat confus, il ressort que la littérature érotique ne peut se passer de descriptions appuyées. Un jeune homme prend fermement position : « — Messieurs, si vous consentez à vous réunir de nouveau ici dans trois jours, j'espère vous convaincre qu'il est facile de produire un ouvrage de haut goût sans employer la grossièreté qu'on a coutume d'appeler des naïvetés chez nos bons aïeux. » *Alea jacta est.* Comme promis, Alfred de Musset revient avec le manuscrit de *Gamiani* sous le bras.

Voilà pour la légende, colportée par l'une des innombrables rééditions de ce texte. Pas de précision sur le lieu de cette rencontre, sur ses participants, ni même sa date ; il va donc s'en suivre un siècle et demi de controverses érudites, cherchant à déterminer s'il s'agit ou non d'un canular destiné à faire vendre. L'attribution d'un texte anonyme arrange surtout celui qui l'impose ; en l'occurrence, l'éditeur. Et ça marche ! Les trois lettres « A. D. M. » permettent à *Gamiani* de connaître le plus beau succès des ouvrages de l'Enfer, avec plus d'une soixantaine d'éditions différentes. En 1930, Louis Perceau[1] en compte déjà quarante-trois. À l'occasion de la publication d'une anthologie[2], et malgré l'attribution à Musset par Jules Gay[3] d'abord et Jean-Jacques Pauvert[4] ensuite, j'ai suivi Pascal Pia[5] qui refuse d'attribuer ce « récit aussi dépourvu de qualités littéraires » à l'auteur d'*Il faut qu'une porte soit ouverte ou fermée* ; non pas pour la qualité de l'écriture mais avec un œil d'éditeur, complice de l'intérêt économique de ses confrères du XIXe siècle et de leur couverture accrocheuse. Aucun argument ne me convainquait jusqu'à cette tangible preuve qui est arrivée près de deux siècles après l'édition princeps. En mars 2001, à Liège (Vente Lhomme), fut proposée une lettre de Félicien Rops, extraite de la bibliothèque de Jacques Odry et adressée à Auguste Poulet-Malassis, qui décrit un exemplaire de la rarissime édition originale avec un envoi de Musset. S'agissant d'un propos privé épistolaire, les deux compères de l'édition clandestine n'avaient là aucune raison d'affabuler.

1. Louis Perceau, *Bibliographie du roman érotique au XIXe siècle…*, Georges Fourdrinier, 1930.
2. Alexandre Dupouy, *Anthologie de la fessée et de la flagellation*, La Musardine, 1998.
3. Jules Gay, *Bibliographie des ouvrages relatifs à l'amour, aux femmes, au mariage…*, Jules Gay & fils, 1871.
4. Jean-Jacques Pauvert, *Anthologie historique des lectures érotiques*, Stock-Spengler, 1995, tome 2, p. 353, et *Gamiani*, La Musardine, 1998.
5. Pascal Pia, *Les livres de l'Enfer*, Coulet et Faure, 1978 ; réédité par Fayard en 1998.

Première partie

Après un instant de repos, calme des sens, je parlai moi-même en ces termes :

— Je suis né de parents jeunes et robustes. Mon enfance fut heureuse, exempte de pleurs et de maladie. Aussi, dès l'âge de treize ans, étais-je un homme fait. Les aiguillons de la chair se faisaient déjà vivement sentir.

Destiné à l'état ecclésiastique, élevé dans toute la rigueur des principes de la chasteté, je combattais de toutes mes forces les premiers désirs des sens. Ma chair s'éveillait, s'irritait puissante, impérieuse, et je la macérais impitoyablement.

Je me condamnais au jeûne le plus rigoureux. La nuit, dans mon sommeil, la nature obtenait un soulagement, et je m'en effrayais comme d'un désordre dont j'étais coupable. Je redoublais d'abstinences et d'attention à écarter toute pensée funeste. Cette opposition, ce combat intérieur finirent par me rendre lourd et comme hébété. Ma continence forcée porta dans tous mes sens une sensibilité, ou plutôt une irritation que je n'avais jamais sentie.

J'avais souvent le vertige. Il me semblait que les objets tournaient et moi avec eux. Si une jeune femme s'offrait par hasard à ma vue, elle me paraissait vivement enluminée et resplendissante d'un feu pareil à des étincelles électriques.

L'humeur échauffée de plus en plus, et trop abondante, se portait dans ma tête, et les parties de feu dont elle était remplie, frappant vivement contre la vitre de mes yeux, y causaient une sorte de mirage éblouissant.

Cet état durait depuis plusieurs mois, lorsqu'un matin je sentis tout à coup dans tous mes membres une contraction et une tension violentes, suivies d'un mouvement affreux et convulsif pareil à ceux qui accompagnent ordinairement les transports épileptiques... Mes éblouissements lumineux revinrent avec plus de force que jamais... Je vis d'abord un cercle noir tourner rapidement devant moi, s'agrandir et devenir immense : une lumière vive et rapide s'échappa de l'axe du cercle et éclaira toute l'étendue.

Je découvrais un horizon sans fin ; de vastes cieux enflammés, traversés par mille fusées volantes qui toutes retombaient éblouissantes en pluie dorée, en étincelles de saphir, d'émeraude et d'azur.

Le feu s'éteignit ; un jour bleuâtre et velouté vint le remplacer : il me semblait que je nageais dans une lumière limpide et douce, suave comme un pâle reflet de la lune dans une belle nuit d'été, et voilà que, du point le plus éloigné, accourent à moi, vaporeuses, aériennes comme un essaim de papillons dorés, des myriades infinies de jeunes filles nues, éblouissantes de fraîcheur, transparentes comme des statues d'albâtre.

Je m'élançais au-devant de mes sylphides, mais elles s'échappaient rieuses et folâtres ; leurs groupes délicieux se fondaient un instant dans l'azur et puis reparaissaient plus vifs, plus joyeux ; bouquets charmants de figures ravissantes qui toutes me donnaient un fin sourire, un regard malicieux !

Peu à peu, les jeunes filles s'éclipsèrent alors, vinrent à moi des femmes dans l'âge de l'amour et des tendres passions.

Les unes vives, animées, au regard de feu, aux gorges palpitantes ; les autres pâles et penchées comme des vierges d'Ossian. Leurs corps frêles, voluptueux, se dérobaient sous la gaze. Elles semblaient mourir de langueur et d'attente : elle m'ouvraient leurs bras et me fuyaient toujours.

Je m'agitais lubriquement sur ma couche ; je m'élevais sur mes jambes et mes mains, secouant frénétiquement mon glorieux priape. Je parlais d'amour, de plaisir, dans les termes les plus indécents ; mes souvenirs classiques se mêlant un instant à mes rêves, je vis Jupiter en feu, Junon maniant sa foudre ; je vis tout l'Olympe en rut dans un désordre, un pêle-mêle étranges ; après, j'assistai à une orgie, une bacchanale d'enfer : dans une caverne sombre et profonde, éclairée par des torches puantes, aux lueurs rougeâtres, des teintes bleues et vertes se reflétaient hideusement sur les corps de cent diables aux figures de bouc, aux formes grotesquement lubriques.

Les uns, lancés sur une escarpolette, superbement armés, allaient fondre sur une femme, la pénétraient subitement de tout leur dard et lui causaient l'horrible convulsion d'une jouissance rapide, inattendue. D'autres, plus lutins, renversaient une prude la tête en bas, et tous, avec un rire fou, à l'aide d'un mouton, lui enfonçaient un riche priape de feu, lui martelant à plaisir l'excès des voluptés. On en voyait encore quelques-uns, la mèche en main, allumant un canon d'où sortait un membre foudroyant que recevait inébranlable, les cuisses écartées, une diablesse frénétique.

Les plus méchants de la bande attachaient une Messaline par les quatre membres et se livraient devant elle à toutes les joies, aux plaisirs les plus expressifs. La malheureuse se tortillait, furieuse, écumante, avide d'un plaisir qui ne pouvait lui arriver.

Çà et là, mille petits diabloteaux, plus laids, plus sautillants, plus rampants les uns que les autres, allaient, venaient, suçant, pinçant, mordant, dansant en rond, se mêlant entre eux. Partout, c'étaient des rires, des éclats, des convulsions, des frénésies, des cris, des soupirs, des évanouissements de volupté.

Dans un espace plus élevé, les diables du premier rang se divertissaient jovialement à parodier les mystères de notre sainte religion.

Une nonne toute nue, prosternée, l'œil béatifiquement tourné vers la voûte, recevait avec une dévotieuse ardeur la blanche communion que lui donnait, au bout d'un fort honnête goupillon, un grand diable crossé, mitré tout à l'envers. Plus loin, une diablotine recevait à flots sur son front le baptême de vie, tandis qu'une autre, feignant la moribonde, était expédiée avec une effroyable profusion de saint-viatique.

Un maître diable, porté sur quatre épaules, balançait fièrement la plus énergique démonstration de sa jouissance érotico-satanique et, dans ses moments d'humeur, répandait à flots la liqueur bénite. Chacun se prosternait à son passage. C'était la procession du Saint-Sacrement.

Mais voilà qu'une heure sonne, et aussitôt, tous les diables s'appellent, se prennent par la main et forment une ronde immense.

Le branle se donne ; ils tournent, s'emportent, volent comme l'éclair.

Les plus faibles succombent dans ce tournoiement rapide, ce galop insensé. Leur chute fait culbuter les autres, ce n'est plus qu'une horrible confusion, un pêle-mêle affreux d'enclavements grotesques, d'accouplements hideux ; chaos immonde de corps abîmés, tout tachés de luxure, que vient dérober une fumée épaisse.

GAMIANI

Vous brodez à merveille, Alcide ; votre rêve irait bien dans un livre...

ALCIDE

Que voulez-vous ? Il faut passer la nuit... Ecoutez encore : la suite n'est plus que la réalité.

Lorsque je fus revenu de cet accès terrible, je me sentis moins lourd, mais plus abattu. Trois femmes, jeunes encore et vêtues d'un simple peignoir blanc, étaient assises près de mon lit. Je crus que mon vertige durait encore, mais on m'apprit bientôt que mon médecin, comprenant ma maladie, avait jugé à propos de m'appliquer le seul remède qui m'était convenable.

Je pris d'abord une main blanche et potelée que je couvris de baisers. Une lèvre fraîche et rose vint se poser sur ma bouche. Ce contact délicieux m'électrisa ; j'avais toute l'ardeur d'un fou égaré.

— O mes belles amies ! m'écriai-je, je veux être heureux, heureux à l'excès ; je veux mourir dans vos bras. Prêtez-vous à mes transports, à ma folie !

Aussitôt je jette loin de moi ce qui me couvre encore, je m'étends sur mon lit. Un coussin placé sous mes reins me tient dans la position la plus avantageuse. Mon priape se dresse superbe, radieux !

— Toi, brune piquante, à la gorge si ferme et si blanche, sieds-toi au pied du lit, les jambes étendues près des miennes. Bien ! Porte mes pieds sur ton sein, frotte-les doucement sur tes jolis boutons d'amour. A ravir ! oh ! tu es délicieuse !

» La blonde aux yeux bleus, à moi ! tu seras ma reine... Viens te placer à cheval sur le trône. Prends d'une main le sceptre enflammé, cache-le tout entier dans ton empire... Ouf ! pas si vite ! Attends... sois lente, cadencée, comme un cavalier au petit trot. Prolonge le plaisir. Et toi, si grande, si belle, aux formes ravissantes, enjambe ici par-dessus ma tête… A merveille ! tu me devines. Ecarte bien les cuisses… encore ! que mon œil puisse bien te voir, ma bouche te dévorer, ma langue te pénétrer à loisir. Que fais-tu droite et debout ? Abaisse-toi donc, donne ta gorge à baiser !

— A moi ! à moi ! lui dit la brune en lui montrant sa langue agile, aiguë comme un stylet de Venise, viens ! que je mange tes yeux, ta bouche ! Je t'aime de la sorte. Oh ! lubrique… mets ta main là… va ! doucement ! doucement !…

Et voilà que chacun se meut, s'agite, s'excite au plaisir.

Je dévore des yeux cette scène animée, ces mouvements lascifs, ces poses insensées. Les cris, les soupirs se croisent, se confondent bientôt ; le feu circule dans mes veines. Je frissonne tout entier. Mes deux mains battent une gorge brûlante, ou se portent, frénétiques, crispées, sur des charmes plus secrets encore. Ma bouche les remplace. Je suce avidement, je ronge, je mords ! On me crie d'arrêter, que je tue, et je redouble encore !

Cet excès m'acheva. Ma tête retomba lourdement. Je n'avais plus de force.

— Assez ! assez ! criai-je, oh ! mes pieds ! Quel chatouillement voluptueux ! Tu me fais mal… tu me crispes, mes nerfs se tendent, se tordent…! Oh !

Je sentais le délire approcher une troisième fois. Je poussai avec fureur. Mes trois belles perdirent à la fois l'équilibre et leurs sens. Je les reçus dans mes bras, pâmées, expirantes et je me sentis abîmé, inondé.

Joies du ciel ou de l'enfer ! c'étaient des torrents de feu qui ne finissaient pas.

CHANSONS GALANTES

1834 – Pierre-Jean de Béranger

Dans son *Choix de chansons galantes d'autrefois* (1911), P. Marion passe en revue les régimes sous lesquels la chanson galante s'est donné libre cours : « plus exclusivement joyeuse et érotique sous la Renaissance, elle est devenue plus libertine pendant la Régence, plus gaillarde sous Louis XV, plus frivole sous Louis XVI, plus provocante au temps de la Révolution, plus effrontée sous l'Empire, plus insouciante sous la Restauration, plus irrespectueuse sous la monarchie constitutionnelle, mais toujours tendre et spirituelle ; elle est la vraie chanson française ».

Témoin, enfant, de la prise de la Bastille, Béranger s'illustrera dans le genre tout au long des trois dernières époques, au point de devenir le chansonnier par excellence, et même le poète national idolâtré par le peuple. Rien ne vaut le verdict populaire. Molière testait sur sa servante l'impact comique de ses répliques ; faute d'un franc éclat de rire, il se remettait à l'ouvrage. *L'Encyclopédie des gens du monde* de 1834 note que Béranger fixait ses chansons à la guitare des ménétriers ambulants « et elles ont pénétré sous le chaume avant d'escalader les salons. Avant d'arriver ici elles étaient jugées, et beaucoup mieux que par toutes les académies de l'Europe. »

Le prospectus de l'édition 1929 de ses œuvres proclame que nul ne fut aussi populaire, ni « en rapport intime, en harmonie parfaite avec les sentiments, les besoins et les vœux d'une grande nation. Les chansons de Béranger sont des entretiens avec la France ». Plutôt des apartés dans le cas des chansons coquines circulant sous le manteau. Mais le fait est qu'il savait toucher toutes les classes de la société. Le naturel, la facilité apparente de sa poésie, ne doivent pas occulter le travail qui y préside. *Ma biographie* (posthume, 1875) raconte qu'il s'astreignit pour éduquer son style à copier deux fois l'*Athalie* de Racine… ce qui fait 3 632 vers !

Béranger ne s'est pas contenté de ciseler des rimes et de trousser des refrains, il s'est essayé à la comédie, l'idylle, les pièces patriotiques, épiques... Il n'en reste pas moins « l'immortel chansonnier ». Pour la bagatelle, il a l'art de suggérer sans avoir l'air d'y toucher, en jouant sur l'équivoque : « C'est toi, chatte libertine / Qui met le trouble en mon sein » (*la Chatte*), « Baise ma gorge brûlante / Et taris l'écume enivrante / Dont tu te plais à l'arroser » (*la Bacchante*). Quand il est plus explicite (« Des deux mains et de la bouche / Elle attise les désirs »), c'est sans trivialité : le lit de *Jeannette* peut s'effondrer sous le choc de ses ébats, la chanson, elle, reste légère ! Et dans *l'Accouchement*, quelle galante métaphore pour le sec *coitus interruptus* que « Sans la sauce mangez l'anguille » !

Pourquoi demander à Béranger ce qu'il ne cherche pas à donner : une poésie intellectuelle et sophistiquée ? Prenons plutôt ce qu'il nous offre à foison : la grâce aérienne de ses chansons, leur rire contagieux. Dès 1864, ses œuvres libres paraîtront sous le titre *les Gaîtés de Béranger*.

Jeannette

Air

Fi des coquettes maniérées !
Fi des bégueules du grand ton !
Je préfère à ces mijaurées
Ma Jeannette, ma Jeanneton.

Jeune, gentille et bien faite,
Elle est fraîche et rondelette ;
Son œil noir est pétillant.
Prudes, vous dites sans cesse
Qu'elle a le sein trop saillant :
C'est pour ma main qui le presse
Un défaut bien attrayant.

Fi des coquettes maniérées !
Fi des bégueules du grand ton !
Je préfère à ces mijaurées
Ma Jeannette, ma Jeanneton.

Tout son charme est dans la grâce ;
Jamais rien ne l'embarrasse ;
Elle est bonne et toujours rit.
Elle dit mainte sottise,
A parler jamais n'apprit ;
Et cependant, quoi qu'on dise,
Ma Jeannette a de l'esprit.

Fi des coquettes maniérées !
Fi des bégueules du grand ton !
Je préfère à ces mijaurées
Ma Jeannette, ma Jeanneton.

A table dans une fête,
Cette espiègle me tient tête
Pour les propos libertins.
Elle a la voix juste et pure,
Sait les plus joyeux refrains,
Quand je l'en prie, elle jure,
Elle boit de tous les vins.

Fi des coquettes maniérées !
Fi des bégueules du grand ton !
Je préfère à ces mijaurées
Ma Jeannette, ma Jeanneton.

Belle d'amour et de joie,
Jamais d'une riche soie
Son corsage n'est paré.
Sous une toile proprette
Son triomphe est assuré ;
Et, sans nuire à sa toilette,
Je la chiffonne à mon gré.

Fi des coquettes maniérées !
Fi des bégueules du grand ton !
Je préfère à ces mijaurées
Ma Jeannette, ma Jeanneton.

La nuit tout me favorise ;
Point de voile qui me nuise,
Point d'inutiles soupirs.
Des deux mains et de la bouche
Elle attise les désirs,
Et rompit vingt fois sa couche
Dans l'ardeur de nos plaisirs.

Fi des coquettes maniérées !
Fi des bégueules du grand ton !
Je préfère à ces mijaurées
Ma Jeannette, ma Jeanneton.

Le Petit Bossu

Air : Tu n'auras pas, petit polisson.

Petit bossu, noir et tortu,
Qui me bécottes
Et frippes mes cottes ;
Petit bossu, noir et tortu,
De me baiser finiras-tu ?

C'est le plus laid des sapajous ;
Mais ses trésors point ne tarissent,
Et ses doigts crochus m'éblouissent
Tant ils sont chargés de bijoux.
Petit bossu, etc.

Ma taille devrait l'étonner ;
Je suis grande, il en sera dupe ;
Ma foi, s'il se perd sous ma jupe,
Nous le ferons tambouriner.
    Petit bossu, etc.

Mais entre ses dents, le furet,
A pris le bas de ma chemise ;
Sur le bord du lit il m'a mise
Et grimpe sur un tabouret.
    Petit bossu, etc.

Il me promet force cadeaux ;
A son nez pourtant je le raille,
Et ris de voir sur la muraille
La silhouette de son dos.
    Petit bossu, etc.

En dépit de ses madrigaux,
Je ressemble, je l'imagine,
A ces beaux vases de la Chine,
Qui pour couvercle ont des magots.
    Petit bossu, etc.

Quelle est ma surprise aujourd'hui,
Dans ce nain je trouve un Hercule ;
Faut-il qu'il soit ridicule
D'avoir du plaisir avec lui.
    Petit bossu, etc.

Quoi ! dix fois ! ah ! l'on s'en défend.
Peste ! il est bien temps que je pense
Qu'il pourrait à sa ressemblance
Me faire un singe pour enfant.
    Petit bossu, noir et tortu,
    Qui me bécottes
    Et frippes mes cottes ;
    Petit bossu, noir et tortu,
    De me baiser finiras-tu ?

L'accouchement, accident arrivé à une fille vertueuse

AIR : Je veux être un chien.

Maman ! que je souffre à l'endroit
Où décemment je mets le doigt !
Vite, il faut qu'on me déshabille !
Moi, qui tiens si fort à l'honneur,
M'arriverait-il un malheur !
Ah ! foutre ! ah ! chien !
Non, je n'y conçois rien ;
Mais j'accouche, foi d'honnête fille.

Pourtant je ne grossissais pas.
Je n'avais qu'un peu plus d'appas…
Ça complétait ma pacotille ;
La vertu m'avait réussi.
Dieux !.... l'accoucheur est-il ici ?
Ah ! foutre ! ah ! chien !
Non, je n'y conçois rien ;
Mais j'accouche, foi d'honnête fille.

Cela me vint-il en dormant,
Ou par l'effet d'un sentiment ?
Car moi, c'est par là que je brille ;
Serait-ce mon baron perclus !
Bon !… s'il avait ce qu'il n'a plus.
Ah ! foutre ! ah ! chien !
Non, je n'y conçois rien ;
Mais j'accouche, foi d'honnête fille.

N'est-ce pas un soir que fort tard,
Sur ma porte, un galant hussard,
En passant me trouva gentille ?
Il n'a tenté qu'un faible essai…
J'étais retroussée, il est vrai.
Ah ! foutre ! ah ! chien !
Non, je n'y conçois rien ;
Mais j'accouche, foi d'honnête fille.

Ce n'est pas mon Italien ;
Il m'a prouvé son goût trop bien :
Il n'aura jamais de famille.
A sa guise il était reçu...
M'a-t-il trompée à son insu !
Ah! bougre ! ah ! chien !
Non, je n'y conçois rien ;
Mais j'accouche, foi d'honnête fille.

Vivez donc de privations !
Prenez donc des précautions !
Sans la sauce mangez l'anguille !
Beau moyen et bien éprouvé ;
J'en suis pour un enfant trouvé.
Ah ! foutre ! ah ! chien !
Non, je n'y conçois rien ;
Mais j'accouche, foi d'honnête fille.

L'EXAMEN DE FLORA

1846 – Louis Protat

Près d'un demi-siècle après la publication de la pièce prostitutionnelle *le Catéchisme libertin* paraît *l'Examen subi par Melle Flora à l'effet d'obtenir son diplôme de putain et d'être admise au bordel de Mme Lebrun, 68,* bis *rue de Richelieu*, communément abrégé en *Examen de Flora*. Cette délibération entre une tenancière et sa jeune novice pleine de dispositions est attribuée à un certain Louis Protat, avoué à la Cour impériale. Probablement le même à avoir cosigné en 1857 avec Pierre Malapert un ouvrage plus sérieux, le *Code complet de l'expropriation pour cause d'utilité publique*. Nous connaissons de Protat un autre texte érotique, *Serrefesse,* parfois regroupé avec l'*Examen de Flora* sous le titre *Vacances de M.L.P.*, et une collaboration au *Parnasse satyrique du* XIX*e siècle* constituée de trois poèmes (*Priape, Épitaphe pour un beau-père, le Parasite*) que Sarane Alexandrian[1] habituellement peu prude, n'hésite pas à classer « parmi les obscénités les plus fortes ». Malgré de nombreuses rééditions, l'auteur semble n'avoir jamais été inquiété mais il n'en est pas de même pour ceux qui ont véhiculé ses œuvres.

Les publications obscènes de la première moitié du XIXe siècle sont les plus rares de toute l'histoire de la littérature clandestine. Il faut dire que ni Napoléon Ier, ni Louis XVIII, ni Charles X ni même Louis-Philippe ne sont réputés être de joyeux drilles. Malgré les célèbres frasques amoureuses de Napoléon III, les autorités du second Empire ne cautionnent pas plus le libertinage littéraire. En 1879, le bibliographe Fernand Drujon[2] nous révèle le fonctionnement de la nébuleuse pornographique en recensant les ouvrages poursuivis. Une perquisition est effectuée dans la galerie du marchand de tableaux Langlois au 31 de la rue Saint-Lazare vers 1851. Avec quelques exemplaires de *l'Examen de Flora*, la police découvre un nombre conséquent de livres et de gravures obscènes. Au greffe correctionnel, le sieur Langlois dépose spontanément de nombreuses planches de cuivre. S'il les détenait, il semble bien que ce marchand était non seulement responsable de la mise en vente des gravures, mais aussi de leur fabrication. Le coupable est condamné le 13 mars 1852 à un an de prison et 500 francs d'amende.

Malgré ces actions qui peuvent sembler très puritaines à l'heure d'Internet, la sexualité n'est pas occultée, mais elle ne ressemble pas à celle d'aujourd'hui. L'hypocrisie d'alors divise le deuxième sexe en deux parties distinctes. La femme à la maison, pas très maligne, bien éduquée et respectueuse des concepts religieux inculqués par son confesseur, et la prostituée, jeune et bien faite, au bordel que l'on fréquente avec des amis ou entre hommes d'affaires. L'oncle accompagne parfois son neveu pour le déniaiser et l'initier à l'amour vénal ; nécessité faisant loi, car il a peu de chances de se marier avant trente ou trente-cinq ans. La prostitution et sa faune bigarrée ont de beaux jours devant eux.

1. Sarane Alexandrian, *Histoire de la littérature érotique*, 1989, Seghers, rééd. Payot, 1995.
2. Fernand Drujon, *Catalogue des ouvrages, écrits et dessins poursuivis ou condamnés…*, Rouveyre, 1879.

Examen subi par Melle Flora

à l'effet d'obtenir son diplôme de putain et d'être admise
au bordel de Mme Lebrun, 68 *bis*, rue de Richelieu.

Dix-sept ans, des yeux noirs et fendus en amande,
Avec des cheveux blonds, une bouche un peu grande,
Sans doute exprès et pour laisser voir en riant
Un brillant chapelet de perles d'Orient ;
Un sein rose, arrondi, ferme à ne pas le croire,
Un cul dur comme un marbre et plus blanc que l'ivoire,
Un con si mignonnet qu'il semblait que jamais
Même au vit d'un enfant il put donner accès !
Tel est en raccourci l'image ravissante
De Flora la putain, qu'on croirait innocente
Et vierge, tant ses yeux rayonnent de candeur,
Tant tout en elle exhale un parfum de pudeur,
Et qui vient cependant, loin d'être encor novice,
Ayant fait dès longtemps ses débuts dans le vice,
Sans avoir peur, sans être émue un seul instant,
Et comme devinant un succès éclatant,
Passer cet examen aux fatales épreuves
Pour lequel la Lebrun demande tant de preuves,
Dont il faut nettement, sans hésitation,
Résoudre ex abrupto toutes les questions,
Pour acquérir le droit de voir couler sa vie
Dans ce charmant bordel que toute fille envie,
D'y vendre au poids de l'or toutes les voluptés,
Et des charmes souvent qu'on n'a pas achetés.

A midi, dans la salle en ce but préparée,
De toutes ses putains la Lebrun entourée,
Assise gravement sur un moelleux sopha,
Tenant sur ses genoux un énorme angora,
Donne l'ordre de faire entrer la néophyte.

La jeune fille fut aussitôt introduite.

Un simple peignoir blanc, à peine retenu,
Laissait entièrement ses épaules à nu,
Et sa gorge charmante, au lieu d'être enfermée
En un affreux corset qui l'aurait déformée,

Montrant à découvert ses deux globes polis,
Se tenait d'elle-même et sans faire aucun pli.

Elle était ravissante !… Aussi, dans cette salle,
Où pas une en beauté ne se croit de rivale,
Chacune, malgré soi, sentant ce qu'elle vaut,
Au lieu de l'admirer lui découvre un défaut :
L'une de ses cheveux critique la nuance
Et prétend hautement qu'ils frisent la garance ;
L'autre dit que sa gorge a l'air d'un mou de veau,
Et toutes sont d'accord que ce n'est qu'un chameau !

Flora, sans s'inquiéter de leurs criailleries,
D'un geste réfuta leurs sottes railleries,
Et jusques au nombril retroussant son peignoir,
Leur montra qu'étant blonde elle avait le poil noir.

Nulle autre ne fit voir une beauté pareille !…
Prises au trébuchet, toutes, baissant l'oreille,
Ne purent rien trouver contre un tel argument
Et gardèrent alors un silence prudent.

La Lebrun qu'amusait beaucoup cette aventure,
Pour sa nouvelle fille en tira bon augure :

— Petite, lui dit-elle, allons, viens te placer
Sur ce tabouret-là : je m'en vais commencer.
Pour être admis ici, sais-tu bien, ma chérie,
Qu'il faut être très forte en polissonnerie ?
Que pour vendre l'amour, il ne nous suffit pas
D'avoir de jolis yeux, d'avoir de frais appas,
Une gorge bien ferme et des fesses bien blanches ?…
Une croupe soignée, un beau cul et des hanches ?
Qu'il faut de tous ces dons savoir bien se servir,
Savoir les employer à donner du plaisir
à ceux qui dans nos bras cherchent la jouissance,
Ensemble ou l'un d'eux seul, selon la circonstance,
Surtout selon l'argent donné par le michet ?…
Qu'il faut promettre avant d'enlever son corset,
Et jamais ne l'ôter, à moins pourtant que l'homme
Ne se laisse tenter et ne triple la somme ?…
Mais au lieu d'examen je fais une leçon ;

Assez comme cela… Sais-tu d'abord quel nom
Donner à l'instrument par où le mâle pisse
Et par lequel aussi lui vient la chaude-pisse ?

FLORA
L'académicien dit : mon *vit* ; le médecin :
Ma *verge* ; le curé : mon *membre* ; une putain :
La *queue* ; il est nommé *pine* par la lorette ;
Un *chose* ou bien *cela*, par une femme honnête ;
Jacques, par le farceur ; *Braqmard*, par l'étudiant ;
La *bibite* au petit, par la bonne d'enfant ;
Le jeune homme puceau l'appelle son *affaire* ;
L'ouvrier, son *outil* ; la grosse cuisinière :
Une *courte* ; il devient *dard* avec le pioupou,
Mais si vous entendez : Mon *nœud* ! c'est le voyou !

LA LEBRUN
Parfaitement, la chose est très bien expliquée
Et par personne ici ne sera critiquée.
Peux-tu me dire aussi tous les différents noms
Que l'on donne parfois aux deux brimborions
Qui sont pendus après ?…

FLORA
J'essayerai. Les arsouilles,
Si vous les embêtez, vous répondent : *Mes couilles* !
L'apprenti carabin dit, en se rengorgeant :
Ça, c'est un *testicule* ! un banquier, un agent
De change, un financier disent qu'ils ont des *bourses* ;
Un vieux passionné les appelle les *sources*
D'où *jaillit à flots blancs la sève du plaisir*…
Que rarement, hélas ! il parvient à saisir !
Le troupier, mes *roustons* ; le cocher, *mes roupettes* ;
Le marchand de coco, mes *gourdes* ; les grisettes,
Des *machines*…

LA LEBRUN
Très bien, petite. Sur le con
Je ne te ferai pas la moindre question ;
Tu connais cet objet. – Puis la langue française
Est encore aujourd'hui si pauvre et si niaise,
Qu'elle n'a vraiment pas deux termes pour nommer

Ce petit trou mignon qui sait si bien charmer,
Source de volupté si douce et si suave,
Et duquel, bien souvent, l'homme devient esclave !
Et maintenant, voyons si tu sais bien comment
Des deux sexes on peut nommer l'accouplement.

FLORA
Tout le monde à peu près, putain ou femme honnête,
Ministre ou chiffonnier, marquise ou bien grisette,
Dit *faire ça* ; *piner* est le mot des maçons ;
Monter chez une fille en lui disant : *oursons* !
Est une expression commune, saugrenue,
Propre aux palefreniers ! La femme entretenue
Dit : *Aimons* ! le commis se plaît à *rouscailler*.
Le terme que les vieux préfèrent employer
Est *enfiler* ; aux champs, le paysan *bourrique*.
Je *vais tirer mon coup, ma crampe*, ou bien ma *chique*,
Dit le futur Gerbier, et l'homme marié
Baise, tout simplement, quand il peut, sa moitié.

LA LEBRUN
Connais-tu de baiser les diverses manières ?

FLORA
Toutes ce serait trop ! mais les plus ordinaires,
C'est *ventre contre ventre* et la femme dessous ;
Celle-là satisfait à peu près tous les goûts ;
Celui dont la pine est mollasse, filandreuse,
Et lente à décharger, *fout à la paresseuse.*
En levrette est encore un moyen fort joli
Quand on a sous son ventre un cul ferme et poli :
C'est pour faire un enfant une bonne recette
Qui fut, dit-on, donnée à Marie-Antoinette ;
Louis seize, enchanté, tellement en usa,
Que depuis autrement jamais il ne baisa.
Mais, je dois l'avouer, par-dessus toute chose,
Je préfère en amour une certaine pose :
Le mâle sur le dos sous la femme est placé,
Son corps est fortement avec l'autre enlacé ;
La femme, d'une main, lui pelote la couille ;
L'autre, dans mille endroits, en tous sens le chatouille ;
L'homme, de sa main droite, ou lui *fait postillon,*

Ou la glisse en dessous et lui branle le con ;
La gauche, autour du cou bien doucement passée,
Taquine le bouton de la gorge agacée ;
Il admire du cul les bonds impétueux,
Qui s'élève, semblable aux flots tumultueux,
Redescend aussitôt pour s'élever encore,
Alimente et nourrit le feu qui le dévore !…
Les membres sont mêlés, les souffles confondus,
Les deux corps en un seul semblent s'être fondus…
Le foutre à flots brûlants de la pine s'élance !…
C'est une volupté, c'est une jouissance
Qu'on éprouve et ressent, sans pouvoir l'exprimer…
On ne voit, n'entend rien… on vient de se pâmer !

La Lebrun
Quelle est, pour le plaisir, l'heure la plus propice ?

Flora
Selon moi, c'est le soir. Dès que le sacrifice
Se trouve consommé, l'on se tourne le dos,
Et sur vos fronts Morphée effeuillant ses pavots,
Pendant que la veilleuse agonise dans l'urne,
On peut faire à deux nez un superbe nocturne !
Pour un *coup du matin* j'ai de l'aversion,
Et je ne m'y soumets qu'avec répulsion :
Le lit est imprégné de cette sueur moite
Qui fait toujours trouver large la plus étroite,
Car du con qu'elle baigne elle amollit le bord,
Et, sans rien ressentir, le vit entre et ressort ;
Puis, lorsqu'on a dormi, l'haleine est si mauvaise,
Que pour *faire une langue* on n'est pas à son aise ;
Enfin, beaucoup sont pris de ce désagrément
Qui frappait le matin sur mon dernier amant :
S'il bandait, de pisser c'est qu'il avait envie,
Et sa queue en était tellement engourdie
Qu'il ne déchargeait pas… S'il venait à pisser
Et qu'ensuite il voulût encor recommencer,
J'avais beau patiner sa couille renfrognée,
Lui faire avec cinq doigts la *patte d'araignée*,
Sa pine, peu sensible à mes soins superflus,
Demeurait flasque et molle et ne rebandait plus.

15 ANS
30 ANS
45. ANS
60. ANS
75 ANS

La Lebrun
Je suis de ton avis ; aussi lorsque ma motte,
Qui n'est plus aujourd'hui qu'une vieille marmotte,
Rayonnait de fraîcheur, de sève et de santé,
Et que mon clitoris, par tous étant fêté,
Aurait pu faire au tien beaucoup de concurrence,
Au soir j'ai, comme toi, donné la préférence.
J'ai longtemps exercé ! mais j'ai vu rarement
Une putain sachant branler parfaitement :
As-tu fait là-dessus une étude profonde
Et te sens-tu de force à contenter ton monde ?

Flora
Je l'espère… et pourtant si j'ai reçu du ciel
Ce talent admirable et providentiel,
– Car on peut devenir une bonne fouteuse,
Mais on ne devient pas, il faut naître branleuse ! –
Toutefois la pratique et l'art et le travail
M'ont nécessairement appris plus d'un détail
Dont je sais à propos faire un très bel usage,
Selon l'individu, surtout selon son âge.
Mais, pour faire jouir, j'ai d'ailleurs un moyen
Qui jusques à ce jour m'a réussi très bien :
Du vit dans mes deux mains je fais rouler la tête
Vite et fort ; par instants tout à fait je m'arrête…
Quand la pine se gonfle et que le foutre est prêt,
En pressant le canal j'en modère le jet ;
Je bouche quelquefois tout à coup la soupape,
Et par petits filets seulement il s'échappe…
Et ce manège-là, plusieurs fois répété,
Au suprême degré porte la volupté !

La Lebrun
Au moyen de la langue as-tu parfois d'un chibre,
Sans le secours des mains, fait raidir chaque fibre,
Et rien qu'en lui pompant l'extrémité du gland,
Fait jaillir de son tronc un foutre ruisselant ?

Flora
J'ai souvent à ce jeu prêté mon ministère,
J'en connais les secrets, les ruses, le mystère…
Cependant, en suçant, il est bon que la main
Joue autour des roustons un air de clavecin,

Et lorsque du plaisir est arrivé le terme,
Dans ma bouche je sais conserver tout le sperme.

La Lebrun
Dans mon bordel souvent il vient beaucoup de vieux,
– Ce sont ceux-là d'ailleurs qui nous payent le mieux ;
Sais-tu par quel moyen, petite, on les amuse
Et de quelle façon à leur égard on use ?

Flora
Le vieux plus que le jeune aime à polissonner.
Parfois il lui suffit de voir, de patiner,
De poser sur la motte une brûlante lèvre :
Il satisfait ainsi son amoureuse fièvre.
Mais souvent, par malheur, tous ces attouchements,
L'aspect de ces appas jeunes, frais et charmants,
Ces formes en tout sens trop longtemps regardées,
Dans son crâne embrasé font germer des idées.
C'est en ce moment-là, pour le mettre en état
Et pouvoir arriver à quelque résultat,
Qu'il faut de son métier connaître les roueries
Et n'être pas novice en polissonneries.
Dans les bordels soignés, il est un instrument
Qui pour un pareil cas sert admirablement :
Ce sont tout simplement deux très fortes ficelles
Qu'on lui noue en passant par-dessous les aisselles ;
On le tient quelque temps suspendu dans les airs…
Alors, pour l'exciter et lui raidir les nerfs,
Tantôt on fait glisser sur ses couilles pendantes
De la plume de paon les barbes irritantes,
Tantôt, avec le doigt, fourré profondément,
On cherche à stimuler les chairs du fondement ;
Des pieds on lui chatouille artistement la plante ;
On fait une omelette, et dès qu'elle est brûlante,
On l'applique aussitôt sur son vieux cul ridé…
Si son vit impuissant n'a pas encore bandé
Malgré tous les moyens qui lui viennent en aide,
Comme à tous les grands maux il faut un grand remède,
On saisit le paquet de verges à deux mains,
On fustige le vieux sur la chute des reins…
La douleur qu'il éprouve est quelquefois bien grande…
Mais il ne se plaint pas : il est heureux… il bande !
On le décroche alors, on le met sur un lit…

Pendant longtemps encore on lui branle le vit…
à force d'agiter cet antique viscère,
On en tire à la fin quelques gouttes d'eau claire.
Il est vrai que le corps, par mille excès usé,
Demeure anéanti, moulu, rompu, brisé ;
Qu'il est sans voix, sans souffle, et qu'un bon rhumatisme
Est fort souvent, hélas ! le prix de son cynisme ;
Mais lorsque nous avons rempli notre devoir
Et fait de notre mieux, nous n'avons pas à voir
De quel mauvais côté se tourne la médaille…
Qu'on amène un sapin, et que le vieux s'en aille !

La Lebrun
Je ne t'ennuierai plus que d'une question :
Connais-tu bien les goûts de chaque nation ?

Flora
L'Allemand ne fait rien… Il vient, regarde, paye
En or, et quand il s'est fait rendre sa monnaie,
S'en va fort satisfait… Le Suédois, dit-on,
Aime qu'on lui taquine un peu le HANNETON ;
Le Russe *gamahuche*, et l'Italien *encule* ;
L'Anglais, même au bordel, stupide, ridicule,
Fait laver quatre fois le con de la putain,
Puis quand il est bien sûr, en y mettant la main
Et le nez, que la place est bien propre et bien nette,
Sans mot dire il se fait *secouer la houlette…*
L'Espagnol amoureux se fait *pomper le dard* ;
En aisselle, en tétons, le Turc met son braqmard ;
Le Français, plus adroit, plus fécond en pensées,
N'a pas à cet égard de routes bien tracées :
Selon l'âge, l'époque, et selon ses désirs,
Il sait habilement varier ses plaisirs ;
Mais quand parfois il trouve une motte bien fraîche,
Ce qu'il aime avant tout, c'est faire *tête-beche* !

La Lebrun
Je suis contente… Après un pareil examen,
Tu me feras honneur et profit. Dès demain
Je ferai demander ta carte à la police
Et tu pourras alors commencer ton service.

La Lebrun tint parole… et du bordel, depuis,
Flora fait les beaux jours – surtout les belles nuits.

LETTRE À LA PRÉSIDENTE

1850 – Théophile Gautier

« Présidente de mon cœur… » Ainsi commence cette lettre à en-tête de « Rome, 19 octobre 1850 », adressée à la belle Apollonie Sabatier, l'élue du cœur de Théophile Gautier (avant d'être celle de Baudelaire). Elle tenait le dimanche soir un salon littéraire chez elle, près de la place Pigalle. La jeune femme n'était pas bégueule, elle avait posé nue pour un marbre de Clésinger intitulé *Femme piquée par un serpent*. Elle ne s'offusqua pas des obscénités que Gautier lui adressait par jeu dans cette missive passée à la postérité pour son audace. Elle en donna même lecture dans son cercle… et des copies en circulèrent bientôt.

Dans son livre-hommage *Théophile Gautier (Entretiens, Souvenirs et Correspondance*, 1879), Émile Bergerat, son gendre (et secrétaire), fait de lui l'égal de Rabelais pour ce morceau qui *enthousiasme* ceux qui le lisent : « il comprend plus de vingt pages et formerait une plaquette… s'il était imprimable. Il ne l'est pas, malheureusement, car il démontrerait quel orfèvre des mots c'était que Théophile Gautier et quel conteur ! »

En fin de compte, la lettre *inimprimable* sera publiée clandestinement peu après la mort de sa destinataire, avec donc quarante ans de retard. Et avec quelle stupeur chez les admirateurs du *Capitaine Fracasse* et du *Roman de la momie* ! Pour le coup, c'est lui qui fracasse son image momifiée d'écrivain épris d'art pour l'art. On découvre que le ciseleur d'*Émaux et Camées* ne dédaignait point la pornographie, ni la scatologie. Pourtant, le poète n'est jamais loin et le lecteur verra ici que sous sa plume, même dans le réduit le plus prosaïque, « le soleil de la rose mystique » trouve moyen de rimer avec « les soupirs d'un ventre mélancolique ».

Cette intime cohabitation d'un romantique obsédé de nuageuses chimères et d'un obsédé de courbes bien réelles rappelle les tourments qui agitent sa *Mademoiselle de Maupin* : « C'est un étrange pays que mon âme », constate l'héroïne, qui abrite en elle « les rêveries semées de violettes de la jeune fille pudique et les ardeurs insensées des courtisanes en orgie » (chap. 11). Le même qui voit mieux qu'une promesse, une poésie, dans les yeux de la femme désirée – et dans ses seins (« quels ravissants poèmes dans les moelleuses ondulations de ces contours plus souples et plus veloutés que le cou des cygnes ! », *Mademoiselle de Maupin*) – laisse son « imagination érectile » s'enflammer dans sa *Lettre à la Présidente*. Au son d'un « fier carillon de couilles », son bel organe y prend des allures de colonne Vendôme ! Bref, il trouve toujours à dire quelque chose de *priapique* dans cette épître énorme où un humour gaulois le dispute à l'érotisme le plus cru, le tout piqué de traits poétiques d'un effet saisissant dans ce contexte plus que charnel, *torcheculatif* !

« Pardonnez-moi, chère Présidente, cette interminable lettre et sachez-moi gré des efforts que j'ai faits pour ne pas blesser votre pudeur », conclut ironiquement Gautier avant de signer « le cochon imaginaire ». Normal pour qui garde « quelques porqueries pour la bonne bouche » !

Dans ce même Milan, à l'hôtel de la ville, dans les lieux, qui perdent leur nom, et s'appellent jardins, par un euphémisme de bon goût, d'où l'on a fait jardiner, pour chier, nous avons trouvé un sonnet déchiré en deux, à la louange de l'incomparable Sofia Cruvelli, célèbre chanteuse, parfaitement inconnue.

Qui pouvait posséder assez d'exemplaires de cette précieuse poésie, pour s'en torcheculatiser de la sorte, si ce n'est la Diva elle-même ? Le sonnet était de la force d'une robe de chambre de papillote, mais, ce qui le rendait sans prix, c'était une touche d'un roux doré, très riche, très chaud, rappelant les Terres de Sienne, les momies et les bitumes les plus titianesques ; il n'y avait point de pépins de figues dedans, mais un poil d'un noir bleu, très dru, très crespelé, qui fit délicieusement errer mon imagination érectile des hauteurs crêpues de la motte, jusqu'au soleil de poils épanoui autour de la rose mystique, par les soupirs d'un ventre mélancolique. J'enviai le sort de ce papier, qui avait traversé ce fauve entre-fesson, frôlé ce boyau culier, effleuré ces badigoinces couleur de chocolat, et chatouillé ce clitoris au capuchon cuisse de créole ; et, tout en allongeant mon prépuce, comme un bout de savate, je filai, avec une glaire, aussi limpide qu'un cheveu de cristal, le quatrain suivant :

Heureux jardin qu'elle bêcha !
Heureux privé qu'elle enfourcha !
Heureux papier qu'elle tacha !
Heureux sonnet qui la torcha !

A Milan, on se baigne avec les femmes, dans des baignoires de marbre blanc ; nous avions les baignoires, mais pas les femmes, et nous nous sommes bornés à nous laver le gland, dans le silence du cabinet de bain, sans avoir rendu ce soin de propreté nécessaire par aucune intromission suivie de bave et de fromage.

Mais il paraît que les bains servent de maison de passe et qu'on y va casser une croûte de cul, comme en France, chez les restaurateurs. La baignoire sert à la fois de divan et de bidet, et le membre joue, en même temps, le rôle de godemiché et celui de seringue à injection, malheureusement le jet n'est pas continu.

De Milan à Venise, je n'ai rien de priapique à dire, sinon une atroce érection causée par la masturbation d'une voiture mal suspendue, dont les coussins me branlaient l'entrecuisse d'une façon dépravée ; figurez-vous un os à moelle, une corne de cerf, tout ce que vous pourrez imaginer de plus dur. On eût dit un vit antédiluvien pétrifié dans une grotte à stalactites, un phallus de bronze tombé des aines du dieu de Lampsaque, un Lingam indien, voulant faire la conjonction mystérieuse avec l'Ioni sacré, un symbole générateur sorte de van symbolique des processions

LETTRE A LA PRESIDENTE

d'Eleusis, une colonne napoléonienne dressée sur la place Vendôme de mon pubis, un pupitre pour lire l'Evangile d'amour dans la messe de Vénus.

Oh ! qu'une main s'introduisant par l'interstice de ma culotte effondrée, et s'arrondissant autour de ce bâton de chair comme un con idéal, m'eût été agréable dans cette dure situation. Comme une langue, m'argentant d'une salive luxurieuse ce filet du prépuce qui est le clitoris de l'homme, m'eût fait lancer, au plafond de la voiture, des jets de purée spermatique ! Pourquoi un cul sphérique et blanc, entr'ouvrant ses cuisses rondes, élastiques et fraîches, n'a-t-il pas fait déboucher dans le centre de délices, dans le paradis vermeil, dans le casse-noisette d'amour, ce maître Jean Chouart, ce champignon de braguette, ce pilon du mortier de Cythère ? C'eût été un fier carillon de couilles, et un rude brimbalement de choses et d'autres.

Au bout de neuf lieues, et après trois changements de postillons... pas dans le cul, je débandai et passai de midi à six heures sans l'aide de la fourchette de St-Carpion. Mon imagination calmée et débarrassée des fantaisies en forme de croupes, poils et cons, qui me caracolaient dans la cervelle, revint au sentiment de la réalité et je m'aperçus que je n'étais pas dans les nuages d'un ciel priapique, mais bien dans un affreux tourbillon de poussière ; sur quoi je fis ce quatrain :

Filtrant son grès insaisissable
A travers nos cils chassieux,
Le vent écure avec du sable,
Les casseroles de nos yeux.

Voici nos aventures à *Venise*. En regardant des jaserons dans une boutique, nous vîmes une jolie fille en chemise, vêtue seulement d'un bout de châle, dont la pointe lui baisait le cul ; point de bas, des savates aux pieds, le téton au vent, un œil qui lui faisait sept fois le tour de la tête, une bouche qui semblait avoir trois rangées de dents comme les requins et, à la nuque, un chignon composé d'un tas de nattes enroulées comme une chaîne d'ancre sur le tillac d'un vaisseau à trois ponts. Elle s'engueulait avec le bijoutier à propos d'une bague en or creux de la valeur de trois ou quatre swanziks, l'appelant chien, fils de vache maudite, excrément de putain, mouchard, galérien, et allemand, la plus grande injure de toutes. Elle jurait et sacrait par le corps de Bacchus et le sang de Diane ; enfin, elle était en fureur et charmante. Nous lui achetâmes sa bague et je lui dis de venir à la maison sous prétexte de portrait. Elle vint deux ou trois jours après, et j'en fis un bout de pastel qu'elle emporta. La connaissance était faite, mais nous étions deux contre une, ce qui était presque aussi lâche que d'être cinq contre un, comme chez la veuve Poignet. Nous tirâmes la jeune fille à pile ou face. Louis gagna, et, en conséquence, fut heureux.

LES FLEURS DU MAL

1857 – Charles Baudelaire

« La nuit qui l'enveloppe a de quoi nous troubler », dit Thésée dans l'*Œdipe* de Corneille. Comme la nuit obscurantiste qui tombe sur *les Fleurs du mal* après avoir bien failli engloutir *Madame Bovary* en cette même année 1857 ! Deux chefs-d'œuvre traînés en justice pour « outrage aux bonnes mœurs ». C'est qu'on ne plaisante pas encore avec la morale publique et religieuse. Si Flaubert sort acquitté de son procès, Baudelaire est bel et bien condamné, et six poèmes retirés de son recueil. Il faudra attendre près de cent ans pour que la Cour suprême casse le jugement initial (1949). Poulet-Malassis, le premier éditeur, n'attendit pas, lui : sur son initiative, les textes censurés refirent surface en Belgique sous le titre d'*Épaves* (1866).

« Je sens fondre sur moi de lourdes épouvantes », prophétise un vers des *Femmes damnées* (un des poèmes incriminés). S'il est vrai que l'art commence où finit la tranquillité, celle de Baudelaire sombra avec la condamnation de son chef-d'œuvre. On a peine à croire que ce recueil au programme de tous les lycées ait pu déclencher de pareils débordements de haine. « Ce livre est un hôpital ouvert à toutes les démences de l'esprit, à toutes les putridités du cœur », écrivait sans sourciller le journaliste G. Bourdin dans *le Figaro* du 5 juillet 1857. L'outrance même de cette critique la réduit à néant.

Ce que la société bien-pensante reprochait à Baudelaire, c'était littéralement de *tout peindre* avec une fièvre malsaine, de *tout mettre à nu* pour fouiller la nature humaine dans ses replis les plus intimes. Voilà le principal chef d'accusation qui scande le réquisitoire du procureur Pinard. Et là où Victor Hugo félicite le poète de créer « un frisson nouveau » avec ses *Fleurs du mal*, Pinard lance au jury qu'elles sont vénéneuses, et même mortelles : « Croit-on que certaines fleurs au parfum vertigineux soient bonnes à respirer ? Le poison qu'elles apportent monte à la tête, il grise les nerfs, il donne le trouble, le vertige, et il peut tuer aussi. »

Dans ses *Confessions* (1895), Verlaine évoquera sa découverte fulgurante, à dix-sept ans, de la première édition des *Fleurs du mal,* « qu'un pion avait laissé traîner sur sa chaise et que je *confisquai* sans scrupule. Il va sans dire que je n'avais aucune idée de cette poésie si éloignée de mon âge, nourri, aussi bien, de plus sages "morceaux choisis". […] J'avais dévoré le bouquin sans y comprendre rien sinon que ça parlait de "perversités" (comme on dit dans les pensionnats de demoiselles) et de… nudités parfois, double attrait pour ma jeune "corruption"… »

Le lecteur retrouvera ici ces poèmes « pervers » qui encoururent les foudres de la justice – et parmi eux *À celle qui est trop gaie*… alias Mme Sabatier, destinataire de la brûlante *Lettre à la Présidente* commise par Théophile Gautier, laquelle eût, pour le coup, mis le feu au tribunal ! Ironie de l'affaire : c'est justement à ce « parfait magicien ès lettres » que Baudelaire a offert son bouquet de *fleurs maladives* avec cette dédicace : « Au poëte impeccable »…

XXXIX

A CELLE QUI EST TROP GAIE

Ta tête, ton geste, ton air
Sont beaux comme un beau paysage ;
Le rire joue en ton visage
Comme un vent frais dans un ciel clair.

Le passant chagrin que tu frôles
Est ébloui par la santé
Qui jaillit comme une clarté
De tes bras et de tes épaules.

Les retentissantes couleurs
Dont tu parsèmes tes toilettes
Jettent dans l'esprit des poètes
L'image d'un ballet de fleurs.

Ces robes folles sont l'emblème
De ton esprit bariolé ;
Folle dont je suis affolé,
Je te hais autant que je t'aime !

Quelquefois dans un beau jardin,
Où je traînais mon atonie,
J'ai senti, comme une ironie,
Le soleil déchirer mon sein ;

Et le printemps et la verdure
Ont tant humilié mon cœur,
Que j'ai puni sur une fleur
L'insolence de la Nature.

Ainsi, je voudrais, une nuit,
Quand l'heure des voluptés sonne,
Vers les trésors de ta personne,
Comme un lâche ramper sans bruit,

Pour châtier ta chair joyeuse,
Pour meurtrir ton sein pardonné,
Et faire à ton flanc étonné
Une blessure large et creuse,

Et, vertigineuse douceur !
A travers ces lèvres nouvelles,
Plus éclatantes et plus belles,
T'infuser mon venin, ma sœur !

LXXX

LESBOS

Mère des jeux latins et des voluptés grecques,
Lesbos, où les baisers, languissants ou joyeux,
Chauds comme les soleils, frais comme les pastèques,
Font l'ornement des nuits et des jours glorieux,
Mère des jeux latins et des voluptés grecques.

Lesbos, où les baisers sont comme les cascades
Qui se jettent sans peur dans les gouffres sans fond
Et courent, sanglotant et gloussant par saccades,
Orageux et secrets, fourmillants et profonds ;
Lesbos, où les baisers sont comme les cascades !

Lesbos, où les Phrynés l'une l'autre s'attirent,
Où jamais un soupir ne resta sans écho,
A l'égal de Paphos les étoiles t'admirent,
Et Vénus à bon droit peut jalouser Sapho !
— Lesbos où les Phrynés l'une l'autre s'attirent,

Lesbos, terre des nuits chaudes et langoureuses,
Qui font qu'à leurs miroirs, stérile volupté !
Les filles aux yeux creux, de leurs corps amoureuses,
Caressent les fruits mûrs de leur nubilité ;
Lesbos, terre des nuits chaudes et langoureuses,

Laisse du vieux Platon se froncer l'œil austère ;
Tu tires ton pardon de l'excès des baisers,
Reine du doux empire, aimable et noble terre,
Et des raffinements toujours inépuisés.
Laisse du vieux Platon se froncer l'œil austère.

Tu tires ton pardon de l'éternel martyre,
Infligé sans relâche aux cœurs ambitieux,
Qu'attire loin de nous le radieux sourire
Entrevu vaguement au bord des autres cieux !
Tu tires ton pardon de l'éternel martyre !

Qui des Dieux osera, Lesbos, être ton juge
Et condamner ton front pâli dans les travaux,
Si ses balances d'or n'ont pesé le déluge
De larmes qu'à la mer ont versé tes ruisseaux ?
Qui des Dieux osera, Lesbos, être ton juge ?

Que nous veulent les lois du juste et de l'injuste ?
Vierges au cœur sublime, honneur de l'archipel,
Votre religion comme une autre est auguste,
Et l'amour se rira de l'enfer et du ciel !
— Que nous veulent les lois du juste et de l'injuste ?

Car Lesbos entre tous m'a choisi sur la terre
Pour chanter le secret de ses vierges en fleurs,
Et je fus dès l'enfance admis au noir mystère
Des rires effrénés mêlés au sombre pleur ;
Car Lesbos entre tous m'a choisi sur la terre.

Et depuis lors je veille au sommet de Leucate,
Comme une sentinelle, à l'œil perçant et sûr,
Qui guette nuit et jour brick, tartane ou frégate,
Dont les formes au loin frissonnent dans l'azur ;
Et depuis lors je veille au sommet de Leucate

Pour savoir si la mer est indulgente et bonne,
Et parmi les sanglots dont le roc retentit
Un soir ramènera vers Lesbos qui pardonne,
Le cadavre adoré de Sapho qui partit
Pour savoir si la mer est indulgente et bonne !

De la mâle Sapho, l'amante et le poète,
Plus belle que Vénus par ses mornes pâleurs !
L'œil d'azur est vaincu par l'œil noir que tachète
Le cercle ténébreux tracé par les douleurs
De la mâle Sapho, l'amante et le poète !

Plus belle que Vénus se dressant sur le monde
Et versant les trésors de sa sérénité
Et le rayonnement de sa jeunesse blonde
Sur le vieil Océan de sa fille enchanté ;
Plus belle que Vénus se dressant sur le monde !

De Sapho qui mourut le jour de son blasphème,
Quand, insultant le rite et le culte inventé,
Elle fit son beau corps la pâture suprême
D'un brutal dont l'orgueil punit l'impiété
De celle qui mourut le jour de son blasphème.

Et c'est depuis ce temps que Lesbos se lamente,
Et, malgré les honneurs que lui rend l'univers,
S'enivre chaque nuit du cri de la tourmente
Que poussent vers les cieux ses rivages désert !
Et c'est depuis ce temps que Lesbos se lamente !

LXXXI

FEMMES DAMNÉES

A la pâle clarté des lampes languissantes,
Sur de profonds coussins tout imprégnés d'odeur,
Hippolyte rêvait aux caresses puissantes
Qui levaient le rideau de sa jeune candeur.

Elle cherchait, d'un œil troublé par la tempête,
De sa naïveté le ciel déjà lointain,
Ainsi qu'un voyageur qui retourne la tête
Vers les horizons bleus dépassés le matin.

De ses yeux amortis les paresseuses larmes,
L'air brisé, la stupeur, la morne volupté,
Ses bras vaincus, jetés comme de vaines armes,
Tout servait, tout parait sa fragile beauté.

Etendue à ses pieds, calme et pleine de joie,
Delphine la couvait avec des yeux ardents,
Comme un animal fort qui surveille une proie,
Après l'avoir d'abord marquée avec les dents.

Beauté forte à genoux devant la beauté frêle,
Superbe, elle humait voluptueusement
Le vin de son triomphe, et s'allongeait vers elle,
Comme pour recueillir un doux remerciement.

Elle cherchait dans l'œil de sa pâle victime
Le cantique muet que chante le plaisir
Et cette gratitude infinie et sublime
Qui sort de la paupière ainsi qu'un long soupir.

— « Hippolyte, cher cœur, que dis-tu de ces choses ?
Comprends-tu maintenant qu'il ne faut pas offrir
L'holocauste sacré de tes premières roses
Aux souffles violents qui pourraient les flétrir ?

Mes baisers sont légers comme ces éphémères
Qui caressent le soir les grands lacs transparents,
Et ceux de ton amant creuseront leurs ornières
Comme des chariots ou des socs déchirants ;

Ils passeront sur toi comme un lourd attelage
De chevaux et de bœufs aux sabots sans pitié…
Hippolyte, ô ma sœur ! tourne donc ton visage,
Toi, mon âme et mon cœur, mon tout et ma moitié,

Tourne vers moi tes yeux pleins d'azur et d'étoiles !
Pour un de ces regards charmants, baume divin,
Des plaisirs plus obscurs je lèverai les voiles,
Et je t'endormirai dans un rêve sans fin ! »

Mais Hippolyte alors, levant sa jeune tête :
— « Je ne suis point ingrate et ne me repens pas,
Ma Delphine, je souffre et je suis inquiète,
Comme après un nocturne et terrible repas.

Je sens fondre sur moi de lourdes épouvantes
Et de noirs bataillons de fantômes épars,
Qui veulent me conduire en des routes mouvantes
Qu'un horizon sanglant ferme de toutes parts.

Avons-nous donc commis une action étrange ?
Explique, si tu peux, mon trouble et mon effroi :
Je frissonne de peur quand tu me dis : mon ange !
Et cependant je sens ma bouche aller vers toi.

Ne me regarde pas ainsi, toi, ma pensée,
Toi que j'aime à jamais, ma sœur d'élection
Quand même tu serais une embûche dressée,
Et le commencement de ma perdition. »

Delphine secouant sa crinière tragique,
Et comme trépignant sur le trépied de fer,
L'œil fatal, répondit d'une voix despotique :
« Qui donc devant l'amour ose parler d'enfer ?

LES FLEURS
DU
MAL

Maudit soit à jamais le rêveur inutile,
Qui voulut le premier dans sa stupidité,
S'éprenant d'un problème insoluble et stérile,
Aux choses de l'amour mêler l'honnêteté !

Celui qui veut unir dans un accord mystique
L'ombre avec la chaleur, la nuit avec le jour,
Ne chauffera jamais son corps paralytique
A ce rouge soleil que l'on nomme l'amour !

Va, si tu veux, chercher un fiancé stupide ;
Cours offrir un cœur vierge à ses cruels baisers ;
Et, pleine de remords et d'horreur, et livide,
Tu me rapporteras tes seins stigmatisés ;

On ne peut ici bas contenter qu'un seul maître ! »
Mais l'enfant, épanchant une immense douleur,
Cria soudain : — « Je sens s'élargir dans mon être
Un abîme béant ; cet abîme est mon cœur !

Brûlant comme un volcan, profond comme le vide !
Rien ne rassasiera ce monstre gémissant
Et ne rafraîchira la soif de l'Euménide,
Qui, la torche à la main, le brûle jusqu'au sang.

Que nos rideaux fermés nous séparent du monde,
Et que la lassitude amène le repos !
Je veux m'anéantir dans ta gorge profonde
Et trouver sur ton sein la fraîcheur des tombeaux. »

Descendez, descendez, lamentables victimes,
Descendez le chemin de l'enfer éternel ;
Plongez au plus profond du gouffre où tous les crimes,
Flagellés par un vent qui ne vient pas du ciel,

Bouillonnent pêle-mêle avec un bruit d'orage.
Ombres folles, courez au but de vos désirs ;
Jamais vous ne pourrez assouvir votre rage,
Et votre châtiment naîtra de vos plaisirs.

Jamais un rayon frais n'éclaira vos cavernes ;
Par les fentes des murs des miasmes fiévreux
Filent en s'enflammant ainsi que des lanternes
Et pénètrent vos corps de leurs parfums affreux.

L'âpre stérilité de votre jouissance
Altère votre soif et roidit votre peau,
Et le vent furibond de la concupiscence
Fait claquer votre chair ainsi qu'un vieux drapeau.

Loin des peuples vivants, errantes, condamnées,
À travers les déserts courez comme les loups ;
Faites votre destin, âmes désordonnées,
Et fuyez l'infini que vous portez en vous !

JOYEUSETÉS GALANTES

1866 – Albert Glatigny

Dès l'âge de quinze ans, envoûté par les muses, le jeune Glatigny quitte sa famille pour suivre une troupe de comédiens ambulants. Albert est un baladin, il joue, écrit et compose comme il respire. Vers 1856, ses périples théâtreux le conduisent à Alençon, où il rencontre Auguste Poulet-Malassis, un jeune éditeur qui vient de publier les poèmes de Théodore de Banville. Les découvrant, l'apprenti poète est fasciné par leur virtuosité en opposition totale avec le romantisme d'Hugo. Il compte bien s'en inspirer et souhaite rencontrer ce nouveau maître. Sur les conseils d'Auguste, Albert monte à Paris et se retrouve bafouillant devant Théophile, qui l'encourage dans sa vocation. Le prodige normand séduit et intègre la bohème parisienne. « Dégingandé, long, sans consistance, il semblait un rameau de vigne qu'un vent âpre fait courber sur le chemin. Il paraissait entrer par la fente de la porte. Il s'asseyait, nouait ensemble ses grandes jambes, comme pour être sûr de ne pas s'en aller et nous tenait des heures sous le charme de sa fantaisie. »[1] Tentant de parer à l'ordinaire, il est embauché comme second régisseur au Théâtre Montparnasse. Devant les comédiens, le vagabond s'exclame : « Ne trouvez-vous pas humiliant de réciter sans joie un drame stupide et mal écrit de Dennery, quand se joue, dans la campagne, la comédie shakespearienne du printemps qui naît, des pêchers qui fleurissent et des feuilles qui poussent ? Allons plutôt nous promener. »[2] Ils restent, laissant repartir Albert vers son destin. En 1860, son premier recueil de poèmes, *les Vignes folles,* est publié. Immense succès critique ; Champfleury, Verlaine, de Banville, Hugo, tous ne tarissent pas d'éloges. L'ami Poulet-Malassis n'a pas pu prendre en charge l'ouvrage car sa maison d'édition est un gouffre financier aussi impressionnant que sa réussite. Il doit faire six mois de prison pour dettes et s'exiler en Belgique. Protégé par la frontière, il peut alors publier les poésies scabreuses de son camarade : *Scapin Maquereau* (1863), *Joyeusetés galantes du vidame Bonaventure de la Braguette* (1866), *la Sultane Rozréa* (1870), *les Bons Contes du sire de la Glotte* (1870) et *le Fer rouge* (1871), des vers vengeurs consacrés au conflit de 1870. Installé pour quelques temps à Bruxelles, Albert s'occupe de Baudelaire malade puis côtoie le bonheur en mariant une certaine Emma Dennie en 1871. Mais une hémoptysie foudroyante l'emporte deux ans plus tard. Il a trente-quatre ans.

« Si le public ne s'occupe guère d'habitude que des étoiles de première grandeur, il n'en existe pas moins dans les cieux des lueurs vagues qu'on néglige, et qui sont parfois des mondes considérables observés depuis longtemps par une certaine classe d'astronomes, et qui jouent un rôle important dans l'harmonie universelle. »[3]

1. Armand Silvestre cité par Jacques Chabannes, *Glatigny*, Grasset, 1948.

2. Cité par Jacques Chabannes, *op. cit.*

3. Théophile Gautier cité par Job-Lazare, *Albert Glatigny, sa vie, son œuvre*, Bécus, 1878.

Vere novo

En mai, le mois où l'on bande,
Les Désirs sortent par bande
Et vont battre les buissons ;
La plaintive Philomèle
Sait des horreurs, et les mêle
A ses plus tendres chansons.

La grotte s'ouvre et se ferme
Comme un con buveur de sperme ;
Les crapauds sur le chemin
Tirent quelques coups moroses ;
On voit courir dans les roses
Les Amours, la pine en main !

La vierge, dans le mystère
De sa chambre solitaire,
Caresse un godemichet ;
Le collégien imberbe
Trouve une mine superbe
A son vit qu'il éméchait ;

Et les pines centenaires,
Pareilles aux vieux tonnerres
Éventés depuis longtemps,
Crachent un reste de foutre
Lentement formé dans l'outre
Des testicules flottants !

Au vieux que j'ai fait cocu

Oui, vieux con ! je l'ai baisée,
La pouffiasse arrosée
De ton sperme crapuleux,
Et qui laisse sur sa motte
Traîner ton nœud de marmotte,
Couvert de poils nébuleux.

J'ai, dans son vagin exsangue
Fourré mon nez et ma langue ;
Je l'ai branlée, et j'ai mis
Ma pine chaude et robuste
Au fond d'un cul de Procuste,
Qui ne te fut point permis !

Sur l'une et l'autre mamelle
De cette jeune chamelle.
Comme le tambour Legrand
J'ai souvent battu la charge,
Et mon vit à tête large
Prit sa bouche en conquérant.

Au retour des cons où j'erre,
J'ai mis, pour ta ménagère,
Dans les poils de la putain,
Des morpions par centaines,
Vengeurs aux minces antennes,
Que tu cueillais au matin.

Où ta pine dérisoire,
Antique et lâche accessoire
De couilles qui sonnent creux,
Tirait un coup ridicule,
La mienne, fille d'Hercule,
Plantait, d'un bond vigoureux !

Oui, vieux paillard ! vieille taupe !
Oui, j'ai rouscaillé ta gaupe
Dans les draps que tu payais,
Et tu me voyais, jeanfoutre !
La branler et passer outre,
Sous tes regards inquiets !

Je la baisais, non pour elle,
Ce gibier de maquerelle
N'avait rien qui me tentât,
Mais c'était pour que tu fusses,
O front garni de prépuces,
Cocu, selon ton état !

Vers l'album

Je veux vous adorer ainsi qu'une déesse,
Et, quand le ciel mettra son manteau brun du soir,
J'élèverai vers vous, ô blonde enchanteresse !
Ma pine, comme un encensoir !

Et je ferai sortir en blanchissante écume,
Le foutre parfumé de ce rude flacon,
Et je transvaserai cette liqueur qui fume,
Dans le vase de votre con ;

Votre con, si barbu qu'un sapeur de la Garde,
En voyant sa toison, est devenu jaloux,
O madame ! j'en veux faire le corps de garde
Où campe mon vit en courroux !

J'y veux fourrer mon nez, j'y veux plonger ma langue,
Et noyé dans cette ombre, alors, j'irai cherchant
Tous les mots inconnus de la molle harangue
Que l'on fait en gamahuchant !

Sous-bois

O bon faune ! couché dans les fourrés épais,
Tu savoures, les yeux demi-fermés, la paix
Qui tombe du soleil sur la cime des chênes.
Les lianes, pendant comme de vertes chaînes
à tous les bas rameaux, emplissent la forêt
Où court un jour voilé, langoureux et discret.
Tu songes, barbouillé de mûres, et sommeilles
Sous le vol circulaire et pesant des abeilles.
Mais tout à coup, muet, courbé sous le taillis,
Tu laisses échapper tous les beaux fruits cueillis ;
Tu frémis, et tes yeux, dans ta face cornue
S'allument… C'est qu'au fond de la verte avenue,
Naïs aux yeux charmants, chère à Diane encor,
Svelte et laissant flotter ses vives tresses d'or,
Paraît, de son pied nu caressant les pervenches…
Et ton rire lubrique éclate sous les branches.

La nuit de mai

La muse

Poète ! viens à moi. Sous mes voiles sacrés,
Les spasmes dévolus aux femmes hystériques
Dressent les roses bouts de mes tétons nacrés !
C'est l'instant de donner l'essor aux chants lyriques.
Fifre ou guitare, prends ton luth, et viens ! mes bras
Et mes cuisses d'argent, où souvent tu sombras,
S'ouvrent pour t'absorber. O poète, je t'aime !
Je veux passer la main dans les rares cheveux
Qui restent sur ton front pur, que Siraudin même
Ne désavouerait pas. O mon amant ! je veux
Une nuit, folle, ardente, et qui rende jalouse
L'ombre de Cléopâtre, ou Madame Collet !
Morpions d'or semés dans la verte pelouse,
Vois-tu les vers luisants ? Plus blanche que du lait,
Ma gorge aux blancs rayons de la lune étincelle,
Et mes yeux sont brillants, et tu sais que j'excelle
En ces combats divins d'où le poète sort
Superbe, radieux et vainqueur de la mort !

Le poète

O Muse ! idéale amoureuse,
Va-t'en ! Je ne donne plus dans
Ces ponts vieillis et ces godans !
O Muse ! assez de viande creuse
Est venue agacer mes dents !

Assez de gorges symboliques !
Je ne veux plus m'égarer sur
Un con fait de vague et d'azur !
Des filles, même aussi publiques
Que tu le voudras, c'est plus sûr !

Et puis, aussi bien ! je m'ennuie :
La grue, aux yeux couleur de jais,
Dans laquelle je me plongeais,
Depuis ce matin est enfuie,
Et m'a laissé d'autres sujets

De tracas et de rêverie
Que le soin d'arranger des vers.
Je me sens la tête à l'envers,
Muse, et ma cervelle charrie
Un tas d'embêtements divers !

JOYEUSETES GALANTES
DU
VIDAME
DE
LA
BR

LA MUSE
Oublie auprès de moi cette grue infidèle !
Viens ! nous remonterons aux cieux, d'un grand coup d'aile !
Méprise cette fille indigne de l'amour
D'un cœur que j'ai choisi pour y verser ma flamme ;
Tourne tes yeux ardents vers la clarté du jour ;
Les astres et les bois, les prés, tout nous réclame !
Et si, cœur affolé de tendresse, tu veux
Murmurer à quelqu'un les suaves aveux
Qui volent, plus légers et doux qu'une caresse
De la brise, aux beaux jours du printemps, fais-les-moi !
Car je dois être et suis ton unique maîtresse.
Arrière cette fille ! et chasse loin de toi
Le dernier souvenir qui te peut rester d'elle.
Qu'elle s'appelle Agathe, Arsène ou bien Adèle,
Puisqu'elle est à présent disparue à jamais,
Il faut ne plus savoir comment tu la nommais !

LE POÈTE
Son nom, je m'en fous ! Ce que je regrette,
C'est les coups tirés avec elle, c'est
Ma pine dressée ainsi qu'une aigrette,
Lorsque devant moi, blanche, elle passait ;

Ce sont les baisers bandants de sa bouche,
Sa langue furtive et prompte, accrochant
La mienne au passage, et, d'un bond farouche,
Erectant mon cœur qu'elle allait cherchant ;

Ce sont ses grands yeux noyés, fous d'ivresse,
Si noirs sous les cils, et dont le regard,
Parcourant mon corps comme une caresse,
Faisait délirer mon chibre hagard !

Des femmes, parfois, telles qu'une plaine,
Montrent leur poitrine où de froids boutons
Poussent désolés : j'avais la main pleine
Quand je patinais ses fermes tétons.

Elle ne savait guère l'orthographe,
Et lisait les vers comme un pur cochon,
Mais quand j'enlevais sa dernière agrafe,
On eût de ses poils pu faire un manchon !

Mais grue au possible, elle avait, ô Muse !
Pour mon faible cœur, point essentiel !
Elle avait ce que chacun te refuse :
Un cul sérieux, solide et réel !

LA MUSE
Laisse là ces amours d'un jour. Pour le poète
Il n'est qu'une amoureuse aimée et toujours prête :
C'est la Muse ! Le reste est vain ; reviens à moi,
Viens ! Pégase effaré se cabre, blanc d'effroi,
Et nous emportera vers la cime où Laprade
Cause avec le nuage ailé, son camarade.
Dans mes chastes baisers tu te retremperas.

LE POÈTE
Chastes sont, en effet, tes baisers ; mais tes bras,
O Muse ! rentrent trop dans cet ordre de choses
Qui sont pour les mortels autant de lettres closes.
Si je bande, je veux déesse, que ce soit
Pour un être qu'on puisse avoir au bout du doigt.

Ces masturbations d'une espèce nouvelle,
Muse, ne me vont plus.
Je jouis par la queue et non par la cervelle,
Comme aux jours révolus.

Ton con, je sais, hélas ! comment on le fabrique :
C'est avec les cinq doigts,
Et j'ai pris pour ton corps un traversin lubrique,
La nuit, plus d'une fois.

Aime à plein cœur ceux dont la verge clandestine
N'a rien d'un étalon ;
Va branler ce projet de nœud que Lamartine
Cache en son pantalon ;

Pour moi, je veux baiser les filles que l'on baise
Très effectivement,
Car ma pine raidit, fougueuse et pleine d'aise,
Auprès d'un con fumant !

Toi, si tu veux aimer d'un amour platonique,
A l'abri des hasards,
Va secouer les plis de ta blanche tunique
Près de Petitessarts !

C'est un jeune homme sage ; il ne baise qu'en rêve ;
C'est un Malek-Adel ;
Va le voir ! Moi je sens ma culotte qui crève…
Et je vais au bordel !

Le préjugé vaincu

Mignonne, sais-tu qu'on me blâme
De t'aimer comme je le fais ?
On dit que cela, sur mon âme !
Aura de singuliers effets ;
Que tu n'es pas une duchesse,
Et que ton cul fait ta richesse ;
Qu'en ce monde, où rien n'est certain,
On peut affirmer une chose :
C'est que ton con vivant et rose
N'est que le con d'une putain !

Qu'est-ce que cela me peut foutre ?
Lorsque l'on tient ces vains propos,
Je les méprise et je passe outre,
Alerte, gaillard et dispos !
Je sais que près de toi je bande
Vertement, et je n'appréhende
Aucun malheur, sinon de voir,
Entre mes cuisses engourdies,
Sur mes deux couilles attiédies,
Ma pine flasque et molle choir !

Près de toi, comme un matamore,
Mon vit se dresse, querelleur,
Petite, et je me remémore
Les exploits d'Hercule en sa fleur ;
Lorsque je te vois, ma culotte,
Même les jours où l'on grelotte,

A la bombure d'un tonneau ;
Je sens ma pine qui frétille
Avec des mouvements d'anguille
Poursuivant un rêve en pleine eau !

Que m'importe que l'on te baise !
Pourvu que devant toi mon vit
Se tende, rouge comme braise,
Vers ta motte qui le ravit ?
Sur ta poitrine souple et vaste
Ta gorge s'étale avec faste,
Comme un bloc de marbre insolent,
Et cette gorge ferme, unique,
Glacée et chaude, communique
Sa royale ampleur à mon gland !

Viens-tu me faire bander quand même !
Après cent coups réitérés,
Je trouve encore du saint chrême
Dans mes roustons désespérés,
Et crois qu'un nouveau pucelage
M'est revenu, tant j'ai de rage
Et tant je sens, ô Malvina !
De flamme au cœur et dans le ventre,
à cet instant suprême où j'entre
Dans ton con plus chaud que l'Etna !

Telle qu'une maîtresse poutre,
Ton corps est solide, et tes yeux
Ressemblent à deux lacs de foutre
Battus par un vent furieux ;
Ton coup de reins puissant m'enlève
Jusques au plafond, et je crève
De mon cul anguleux le ciel
Du lit, qui sur nous deux surplombe,
Et puis, comme un chat, je retombe
Dans ton con providentiel !

Je me fous bien qu'une maîtresse
Me soit fidèle, et que jamais
Le nœud d'un autre ne caresse
Le cul ou le con où je mets
Ma langue éprise d'aventure,

Si cette honnête créature
Me laisse indifférent et froid,
Et fait que ma modeste queue
Ne regarde la voûte bleue
Que sous la pression du doigt.

Sonnet final

Adieu, lecteur. La suite au prochain numéro.
Je crève de sommeil, et ma femme s'arrange
Lorsque le nez en l'air, je suis à mon bureau,
Grattant les morpions dont l'essaim me démange.
Comme un glaive qu'on vient de sortir du fourreau,
Ma pine fouette l'air d'une façon étrange,
Et celle qui m'attend dans mon lit est un ange
Colossalement blond du pays au faro.
Pour te plaire, j'ai pu, sans vergogne et sans honte,
Rimer ces vers, de sperme et d'amour parfumés,
Mais tu me permettras de baiser pour mon compte.
Adieu ! de ce bouquin les feuillets sont fermés.
Comme une abeille au soir rentre en son alvéole,
Entre en un con bien chaud, et nargue la vérole !

LA GRISETTE ET L'ÉTUDIANT

1866 – Henry Monnier

Né en 1799, mort en 1877, Henry Monnier est l'incarnation du XIXe siècle. N'a-t-il pas, en plus de la grisette, imaginé le personnage de monsieur Prudhomme, première représentation du « Français moyen » ? Français moyen, plutôt bourgeois, qu'il a lui-même interprété au théâtre avec l'assurance des acteurs dont on ne sait plus s'ils jouent la comédie tant ils semblent naturels, aussi à l'aise sur les planches que dans la vie. Car Monnier est à la fois acteur, auteur de théâtre et illustrateur caricaturiste.

La Grisette et l'Étudiant appartient au répertoire de l'Erotikon Theatron, plus communément nommé « Théâtre érotique de la rue de la Santé ». Il était aménagé dans un quartier du XVIIe arrondissement, enclavé au fond des Batignolles, entre les fortifications et les premières maisons de Clichy-la-Garenne. Il fut créé sur un coup de tête par l'écrivain Lemercier de Neuville. N'imaginons pas un théâtre érotique exhibant les nudités de charmantes jeunes personnes. Il s'agissait en fait d'un théâtre de marionnettes, inspiré par celui qu'un certain Duranty avait installé dans le jardin des Tuileries. À l'inverse des marionnettes des Champs-Elysées, le théâtre de Duranty proposait un répertoire classique.

Lemercier eut immédiatement le soutien de nombreuses personnalités du monde des arts et des lettres, telles que Paul Féval, Champfleury, Charles Monselet, Auguste Poulet-Malassis, Albert Glatigny, Alphonse Daudet, Théodore de Banville, Henry Monnier, ainsi que mesdemoiselles Guimond et Antonia Sari… Dès la première année, sept pièces y furent montées : *Erotikon Theatron,* prologue en vers, et *Signe d'argent,* vaudeville en trois actes par M. Jean Duboys ; *le Dernier Jour d'un condamné,* drame en trois actes, par M. Tisserant ; *Un caprice,* vaudeville en un acte et *les Jeux de l'amour et du bazar,* comédie de mœurs par M. Lemercier de Neuville ; *Scapin maquereau,* drame en deux actes, en vers, par M. Albert Glatigny, et notre préférée, *la Grisette et l'Étudiant,* comédie en un acte d'Henry Monnier. D'autres pièces furent promises par Théodore de Banville et Champfleury. Mais l'existence de cette joyeuse farce fut bien éphémère. Inauguré le 27 mai 1862, le théâtre dû fermer ses portes pendant l'hiver 1863 simplement pour cause de déménagement du propriétaire des murs, l'auteur dramatique Amédée Rolland.

Au cours de la représentation de la pièce d'Henry Monnier, l'auteur, excellent interprète, prêta sa voix à l'ensemble de ses personnages ; la grisette, l'étudiant et Joseph Prudhomme. Lorsque, à la fin du spectacle, il sorti seul de derrière le rideau pour saluer, cette prestation fut acclamée par son auditoire. Malgré l'évidence, inquiet de nuire à sa carrière, il reniera ces dialogues trop libertins. Pourtant le libertinage ne lui était pas étranger. Comme caricaturiste, il réalisa plusieurs suites de lithographies plus que libres. La postérité lui refusera cet abandon et son nom figurera sur toutes les éditions de *la Grisette et l'Étudiant* publiées séparément ou jointes aux *Deux Gougnottes* sous le titre *l'Enfer de Joseph Prudhomme*.

La Grisette et l'Étudiant

PIÈCE EN UN ACTE

Par Henry Monnier
(1862)

Personnages : L'ÉTUDIANT, LA GRISETTE, LA VOIX DE M. PRUDHOMME

La scène se passe à Paris, dans une chambre meublée, rue de La Harpe, en 1830 au plus tôt, en 1840 au plus tard.

L'ÉTUDIANT *(lisant une lettre)*
« … Mardi, à midi, je serai chez toi, plutôt avant qu'après. Aime-moi toujours comme je t'aime. Sois bien sage et bien raisonnable, mais pas trop cochon. Si nous voulons, nous ferons des bêtises… » *(Parlé.)* Onze heures dix… Elle ne viendra pas. *(Relisant.)* « … Mardi, à midi… » *(Parlé.)* Elle n'est pas en retard… Mettons sa chaise… Onze heures et demie ! *(Relisant.)* «… Je serai chez toi plutôt avant qu'après… » *(Parlé.)* Onze heures trois quarts !… *(On entend toc, toc, à la porte.)* Qui est là ?…

UNE VOIX FLÛTÉE
Moi !

L'ÉTUDIANT *(faisant semblant de ne pas la reconnaître)*
Qui ça, vous ?…

LA MÊME VOIX FLÛTÉE
Moi !!…
(Il ouvre. Entre la grisette, rouge comme une pivoine qui aurait monté six étages.)

LA GRISETTE
Bonjour, mon chien. Comment ça va ?… Dieu, que c'est haut ! Je suis tout essoufflée… Et ta portière qui me demande toujours où je vais, comprends-tu ça ?… Elle me fait répéter pour me faire endêver… aussi, je l'abomine, cette vieille bosco-là !… M'embrasses-tu ?… Laisse-moi ôter mon chapeau.

L'ÉTUDIANT *(avec l'empressement de l'homme qui bande)*
Donne-le-moi, mon ange.

LA GRISETTE *(se débarrassant de son chapeau)*
Tiens… M'aimes-tu, tit chat ?… Viens m'embrasser.

L'ÉTUDIANT *(qui la tient dans ses bras)*
Oui…

LA GRISETTE *(avançant son petit museau contre les lèvres de son amant)*
Nous serons bien sages, par exemple !

L'ÉTUDIANT *(qui bande plus que jamais, lui faisant une langue)*
Oui…

LA GRISETTE
Ah ! pas comme ça, tit chat, pas comme ça… Ah ! t'es cochon !… Pas la langue, non, t'en prie, pas la langue… Devine ce que j'ai sous mon châle…

L'ÉTUDIANT *(qui bande trop pour deviner quoi que ce soit)*
Des bretelles brodées par toi ?…

LA GRISETTE *(qui s'est soustraite, pour un instant, aux langues de son amant, et qui sautille dans la chambre comme une bergeronnette)*
Non… Dans un pot ?…

L'ÉTUDIANT
Des bretelles… Dans un pot ?…

LA GRISETTE *(riant aux éclats)*
T'es bête ! Dans un pot, c'est du raisinet que maman m'a envoyé pour mon hiver… Tu l'aimes, le raisinet, n'est-ce pas, gros minet ? Nous le mangerons.

L'ÉTUDIANT *(qui n'a d'autre préoccupation que de baiser la grisette)*
Oui…

LA GRISETTE *(s'arrêtant devant la cheminée)*
Tiens ! où est donc ta pendule ?…

L'ÉTUDIANT
Chez l'horloger.

LA GRISETTE
Et le verre aussi, n'est-ce pas ?… Elle est chez ma tante !…

L'ÉTUDIANT
J'en ai peur.

LA GRISETTE *(boudeuse)*
Ah ! oui, je sais… C'est pour l'autre jour, avec ta madame Machin, que vous avez été à Meudon me faire des queues… *(Avec élan.)* J'avais justement de l'argent, vingt-cinq francs… je te les aurais prêtés !…

L'ÉTUDIANT *(qui est parvenu à l'attirer sur une chaise)*
T'es bête, va !…

LA GRISETTE
Baisez-moi vite, mauvais sujet… Baisez-moi !… *(Il lui fait une langue prolongée.)* Non… pas comme ça, mon chien, pas comme ça… t'en prie !… Recommencez… Pas de bêtises, tit chat !… t'en prie !… *(Il lui pince amoureusement le cul.)* Je veux pas… non !… travaille !… *(Il lui patine la poitrine.)* Non… laisse-moi… te dis… Je viens ici pour que tu travailles… Je vais me mettre à côté de toi… *(Elle saute sur une chaise voisine.)* C'est ça… sois bien zentil !… Y a-t-il longtemps que je t'ai vu !… Baisez-moi, vilain méchant… baisez-moi mieux que ça… Dis donc, a-t-elle autant de gorge que moi, ta madame ?…

L'ÉTUDIANT *(qui en a plein les mains)*
Hou ! Hou !…

LA GRISETTE *(se cambrant pour mieux faire saillir ses tétons).*
Je suis sûre qu'elle ne se tient pas comme la mienne… C'est que tu n'en trouveras pas comme ça tous les deux jours, sais-tu, tit chat ? Non !… Elle est mieux mise, ta dédame, mais elle n'a pas mon corps… Tiens, vois mes nénets, comme ils sont engraissés… *(Elle les met à la fenêtre de son corsage.)* Les aimes-tu, mes pommes ?… *(Il les branle du doigt et de la langue.)* Oh ! non… n'y touchez pas, monsieur !… Je veux les conserver longtemps… Non, t'en prie… Ah !… Non… tit chat… non… Travaille… Ah !… cochon !…

L'ÉTUDIANT *(l'attirant sur ses genoux, et lui retroussant sa robe)*
Mais je travaille aussi.

LA GRISETTE *(se défendant mollement)*
Pas ce travail-là… Je veux que tu sois raisonnable… *(Il lui écarte les cuisses.)* Eh bien !… Eh bien ! où vas-tu comme ça ?… Qu'est-ce que tu fourrages là-dedans ?… Ah ! comme t'es cochon ! comme t'es

cochon !… Je ne veux pas, non… je te connais : quand tu l'as fait, tu me renvoies… Non… t'en prie ! Non… te dis… tit chat… Non !… Non !… pas comme ça… ça me tire l'estomac… *(Il la branle.)* Laisse mon bouton… mon tit bouton… Bien !… Ah !… oui !… *(D'une voix languissante.)* Travaille…

L'ÉTUDIANT *(remplaçant son doigt par sa pine)*
Je travaillerai après…

LA GRISETTE *(qui commence à faire ses yeux blancs)*
Non… tit chat… Sais bien ce que t'as fait l'autre fois… Non ! Oh ! non !… Faut donc toujours vous céder ?… Oui… tu veux le faire… Ah !…

L'ÉTUDIANT *(poussant sa pointe)*
Oui…

LA GRISETTE
Sur le lit, mon chien… sur le lit… on est mieux pour faire ça… *(Il la porte sur le lit, et commence l'assaut avec une certaine furie.)* Attends… attends donc que je relève ma robe dessous… tu veux donc tout me déchirer !… Tiens… me voilà… Va… Pas comme ça, donc ! tu vas chez le voisin… Laisse-moi le conduire… Na !… Attends, mon petit homme… Oh !… attends !… Faisons-le longtemps, bien longtemps ; n'est-ce pas, tit chien ?… Tu y es… Me sens-tu ?…

L'ÉTUDIANT *(jouant avec vigueur des reins)*
Oui…

LA GRISETTE *(jouissant, et ne pouvant retenir ses soupirs de bonheur, qui ressemblent au cri du geindre)*
Han !… han !… han !… Que c'est bon !… Je jouis !… Va !… Han !… Ah ! que c'est bon…

L'ÉTUDIANT *(jouissant, mais plus silencieusement)*
Cher ange !… je t'aime !…

LA GRISETTE *(répondant aux coups de pine de son amant par autant de coups de cul)*
Tu… m'ai… meras… tou… toujours ?…

L'ÉTUDIANT *(qui n'est pas encore désarçonné)*
Oui !…

LA GRISETTE *(au paroxysme de la jouissance, et criant)*
Va !... va !... va !... petit homme... Pas tout de suite... Pas encore... Ah ! cela vient... Tu me mouilles... Ah ! comme je jouis, mon Dieu ! comme je jouis !... Ça me va dans la plante des cheveux... Ah !... oui !... tue-moi !... Ah ! tue-moi... Ah ! tue-moi !...

LA VOIX DE M. PRUDHOMME
Pas d'assassinat dans la maison, s'il vous plaît !... Eh ! là-bas, avez-vous bientôt fini vos turpitudes ?...

LA GRISETTE *(gigotant toujours)*
Qu'est-ce qu'est donc là, à côté ?

LA VOIX DE M. PRUDHOMME
Vous allez me porter à de regrettables attentats sur ma personne... *(Les deux amants, qui n'ont pas encore tout à fait fini, ne soufflent mot ; le lit seul parle pour eux, éloquemment.)*

LA GRISETTE *(dans les dernières convulsions du bonheur)*
Qu'est-ce qu'est donc là, à côté.

L'ÉTUDIANT *(limant encore, pour l'acquit de sa conscience, car il ne bande plus aussi raide)*
Une vieille bête !...

LA GRISETTE *(qui bande toujours)*
Nous le faisons si bien !... Je voudrais recommencer... Et toi, tit chat ?

L'ÉTUDIANT *(la branlant, pour laisser un instant souffler sa pine)*
Moi aussi...

LA GRISETTE *(qui est pour la jouissance sérieuse, et non pour les à-peu-près)*
Pas comme ça !... Polyte, mon Lilyte, ôte ta main, ôte ta main... Non ! veux pas... Ôte ta main... t'en prie !

LA VOIX DE M. PRUDHOMME
Hippolyte, ôtez donc votre main !

L'ÉTUDIANT *(à M. Prudhomme)*
Vous n'allez pas nous foutre la paix, vous !...

LA VOIX DE M. PRUDHOMME
Très bien, monsieur... Vous me faites sortir de mon lit... J'abandonne

la place… Je vais achever ma sieste dans une chambre voisine, pendant que vous achèverez vos impudicités dans la vôtre…

L'ÉTUDIANT
Enfin, il est parti, cet imbécile… Qu'est-ce que nous disions déjà ?

LA GRISETTE *(qui ne perd pas son sujet de vue ni de main)*
Nous disions, tit chat, que nous faisions des bêtises… Je voudrais bien vous embrasser… Donnez-moi votre petit bécot… *(Lui pelotant les couilles et lui chatouillant le membre.)* Je veux voir si vous êtes en état *(S'apercevant qu'il bande.)*… Oui, vous êtes en état, cochon !… *(Avec admiration, et voulant profiter de l'occasion.)* Il est plus fort qu'il n'était tout à l'heure… Et dur ! On dirait du fer !… Comment une si grosse affaire ne vous crève-t-elle pas le ventre quand elle entre !… *(Elle s'en empare avidement et se l'introduit.)* Attends, mon chien, attends… Ça y est bien, à présent… Va !… Ah !… maman !… Ah ! maman !… maman !…

L'ÉTUDIANT *(qui jouit plus silencieusement, mais tout aussi profondément)*
Ah ! cher ange ! cher ange !…

LA GRISETTE *(nageant dans un lac de félicités)*
Oh ! va ! va !… Mais va donc !… Pousse, tit homme… pousse !… mais pousse donc !… Ah ! comme je te sens bien !… Ah ! maman, maman, que c'est bon !… Comme tu fais bien ça, mon chéri… As-tu autant de bonheur que moi ?… Parle-moi, t'en prie… Ah ! que c'est bon !… Dis que tu m'aimes bien… mais, là, bien !

L'ÉTUDIANT *(poussant toujours)*
Oui…

LA GRISETTE *(tortillant des fesses)*
Dis-le-toi-même !…

L'ÉTUDIANT *(poussant toujours)*
Oui...

LA GRISETTE *(tortillant des fesses)*
Dis-le-toi même !…

L'ÉTUDIANT
Je t'aime bien.

La grisette *(suppliante)*
Donne-moi ta langue… ta chère bonne petite languette… *(Impérieusement.)* Ta langue ! ta langue ! Ah ! mon minet… Ah ! ah !… ah !…

L'étudiant
Ma poulette !…

La grisette *(pâmée)*
Ta poulette, oui… Ta petite poule chérie… Ta… ta… poule… chérie…

L'étudiant
Oui…

La grisette *(faisant casse-noisette)*
Sens-tu comme je te le serre ?… Va au fond… bien au fond… Pousse, mon petit homme… pousse… Tu me diras quand ça viendra…

L'étudiant *(précipitant ses coups)*
Oui…

La grisette *(suppliant)*
Pas sans moi ! Pas sans moi !… Ensemble !… jouis… jouissons… ensemble… bien… ensemble !… Oh !… maman !… maman !… maman !… que c'est bon !… tue-moi !… tue-moi !… tue-moi !… Oh !

L'étudiant *(qui a déchargé)*
Oui…

La grisette *(crispant pieds et mains)*
Ah !… ah !… ah !… j'ai bien joui… oui !… Et toi, tit chat ?… Et toi ?…

L'étudiant *(retirant sa queue)*
Moi aussi…

La grisette *(avec reproche)*
Ah ! tu te retires !… Pourquoi ne l'as-tu pas laissé dans moi ?… Je ne l'aurais pas mangé, va !… Reste encore comme avant… là… ventre contre ventre… Déjà fini !… Ah ! c'est bête !… Ça devrait durer toute la vie…
(Silence… Les deux amants, toujours entrelacés, se becquètent tendrement encore, mais sans jouer des reins. La grisette serre avec énergie l'étudiant contre sa poitrine, en soupirant et en tressaillant sous les derniers frissons

de la jouissance ; pour un peu, elle recommencerait ; déjà même, sa main, se faufilant sous les couilles de son amant, s'apprête à les chatouiller et à réveiller en elles le sperme qui dort ; mais l'étudiant, qui n'a que deux coups à son arc, se soustrait brusquement à cette invitation, en sautant à bas du lit.)

L'ÉTUDIANT
Est-ce que je ne t'ai pas dit que j'avais à sortir ?

LA GRISETTE *(étonnée)*
Non… Vois comme tu es cochon… Quand tu l'as fait, tu me renvoies !… C'est toujours la même chanson…

L'ÉTUDIANT
Puisque j'ai à sortir.

LA GRISETTE *(toujours sur le lit, et pleurant à chaudes larmes)*
Hi ! hi ! hi !… hi ! hi !…

L'ÉTUDIANT *(contrarié)*
Ah ! si tu pleures, nous allons joliment nous amuser.

LA GRISETTE *(toujours pleurant)*
Moi qui comptais tant que nous sortirions ensemble !… Hi ! hi ! hi !…

L'ÉTUDIANT *(avec impatience.)*
Puisque je te dis que j'ai une commission pour ma mère !

LA GRISETTE
Elle vient donc d'arriver, ta mère ?

L'ÉTUDIANT
Je ne te l'ai pas dit ?…

LA GRISETTE
Tu me l'as dit la dernière fois… Ah ! je suis pas heureuse, moi… Non… j'ai pas de chance… C'est comme la robe que tu m'avais promise…

L'ÉTUDIANT
Tu l'auras !…

LA GRISETTE *(sautant à bas du lit)*
Quand ?… la semaine des quatre jeudis, n'est-ce pas ?…

L'ÉTUDIANT *(allant à son secrétaire)*
Tiens, la voilà, ta robe !… *(Il lui jette avec colère une pièce de vingt francs.)*

LA GRISETTE *(éclatant de douleur)*
C'est pas comme ça que je la voulais !… c'est pas comme ça !… Ah ! mon Dieu !… mon Dieu !… *(Elle sanglote et se pâme.)*

L'ÉTUDIANT *(courant à elle)*
Eh bien ! quoi ! tu vas te trouver mal à présent ! Fanny ! Fanny !… Pauvre chatte chérie… Réponds-moi… Fanny !… Fanny !… Je t'en prie !… *(Il la prend dans ses bras, et la caresse tendrement.)* Tu pleures !… Fi ! que c'est vilain !… Voulez-vous bien vite essuyer ces vilaines larmes-là !…

LA GRISETTE *(riant d'un œil et pleurant encore de l'autre)*
Non ! je pleure plus… je ris… tiens !… Et toi aussi, t'as pleuré… Baise-moi, et sois plus méchant, tit chat !… T'en veux plus, mais plus du tout !…

FIN

ŒUVRES LIBRES

1867 – Paul Verlaine

Le 12 novembre 1862, Auguste Poulet-Malassis est arrêté pour faillite. L'éditeur de Baudelaire est condamné à six mois de prison ferme, dont cinq de préventive. Condamnation lourde pour des raisons économiques, qui dissimule mal le bras long d'éventuels ennemis. À l'automne 1863, le proscrit part pour Bruxelles, emmenant dans ses bagages le fleuron du domaine épicé de la littérature française avec la ferme intention d'en inonder Paris de sa retraite imposée. La frontière est poreuse et les douanes belges ne sont pas très regardantes sur les écrits séditieux qui partent vers la France. En cinq ans, Auguste publie clandestinement entre soixante et quatre-vingts ouvrages licencieux. Chiffre difficile à établir avec précision dans cet univers où règnent la contrefaçon et les accords secrets, où les imprimeurs travaillent en catimini pour différents commanditaires. Le réseau de libraires parisiens diffuse ces ouvrages recherchés avec discrétion et efficacité. Une vaste opération de douane est mise en place. Début 1868, des ballots sont éventrés. Ils contiennent des écrits poursuivis pour outrage à la morale publique et religieuse, aux bonnes mœurs, offense envers le gouvernement de l'Empereur et envers sa personne, attaques contre les droits de la famille et contre le principe de propriété, etc. Toutes les personnalités du réseau sont condamnées, dont notre éditeur en exil, qui prend un an de prison et 500 francs d'amende. Cette fois-ci, il ne se présentera pas ; l'amnistie de 1872 lui permettra de rentrer en France sans faire sa peine. Parmi les soixante-quatre ouvrages répréhensibles figure *les Amies,* d'un certain Pablo de Herlagnez, le pseudonyme choisi par Paul Verlaine, un jeune poète d'à peine vingt ans. Il s'agit de sa première publication par un éditeur après son édition à compte d'auteur des *Poèmes saturniens*. Le premier tirage est détruit entièrement. Quelques mois plus tard, Auguste propose un second tirage, suivi d'une contrefaçon de Vital Puissant, un éditeur atypique, plagiant à outrance ses confrères et spécialisé dans le pamphlet antibonapartiste. Le monde de la littérature clandestine le déteste, peut-être injustement… Dans la clandestinité, notre « poète maudit » ne porte pas chance. En 1890, la même mésaventure arrive à Henri Kistemaeckers. Lors de sa publication de *Femmes*, le second recueil de poésies libres de Verlaine, le stock est saisi et probablement détruit par la police. Puis, quelques années après la mort de Verlaine, l'éditeur Messein rééditera *Femmes* à l'occasion de sa publication d'*Hombres,* rassemblant les poésies homosexuelles – masculines – de l'auteur des *Amies*. Le XXe siècle verra les trois recueils regroupés et publiés plusieurs fois sous le titre *Œuvres libres*.

Il faut réhabiliter Verlaine. Cette image de vieillard au verbe puissant et violent, dégarni et alcoolique, nous leurre. Verlaine, c'est le contraste, la dualité et l'antagonisme. Il peut être, selon son humeur, mystique ou débauché, bohème ou bourgeois, tendre ou violent. Il peut aimer Philomène, Auguste, Mathilde et Arthur.

Femmes

TRIOLET À UNE VERTU POUR S'EXCUSER DU PEU

A la grosseur du sentiment
Ne va pas mesurer ma force,
Je ne prétends aucunement
A la grosseur du sentiment.
Toi, serre le mien bontément
Entre ton arbre et ton écorce.
A la grosseur du sentiment
Ne va pas mesurer ma force.

La qualité vaut mieux, dit-on,
Que la quantité, fût-ce énorme.
Vive un gourmet, fi du glouton !
La qualité vaut mieux, dit-on.
Allons, sois gentille et que ton
Goût à ton désir se conforme.
La qualité vaut mieux, dit-on,
Que la quantité, fût-ce énorme.

Petit poisson deviendra grand
Pourvu que L'on lui prête vie.
Sois ce L'on-là ; sur ce garant
Petit poisson deviendra grand,
Prête-la moi, je te le rendS
Rai gaillard et digne d'envie.
Petit poisson deviendra grand
Pourvu que L'on lui prête vie.

Mon cas se rit de ton orgueil,
Etant fier et de grand courage.
Tu peux bien en faire ton deuil.
Mon cas se rit de ton orgueil
Comme du chat qui n'a qu'un œil,
Et le voue au « dernier outrage ».
Mon cas se rit de ton orgueil
Etant fier et de grand courage.

Tout de même et sans trop de temps !
C'est fait. *Sat prata*. L'ordre règne.

Sabre au clair et tambours battants
Tout de même et sans trop de temps
Bien que pourtant, bien que contents
Mon cas pleure et ton orgueil saigne.
Tout de même et sans trop de temps
C'est fait. *Sat prata*. L'ordre règne.

GOÛTS ROYAUX

Louis Quinze aimait peu les parfums. Je l'imite
Et je leur acquiesce en la juste limite.
Ni flacons, s'il vous plaît, ni sachets en amour !
Mais, ô qu'un air naïf et piquant flotte autour
D'un corps, pourvu que l'art de m'exciter s'y trouve ;
Et mon désir chérit et ma science approuve
Dans la chair convoitée, à chaque nudité,
L'odeur de la vaillance et de la puberté
Ou le relent très bon des belles femmes mûres.
Même j'adore — tais, morale, tes murmures —
Comment dirais-je ? ces fumets, qu'on tient secrets,
Du sexe et des entours, dès avant comme après
La divine accolade et pendant la caresse,
Quelle qu'elle puisse être, ou doive, ou le paraisse.
Puis, quand sur l'oreiller mon odorat lassé,
Comme les autres sens, du plaisir ressassé,
Somnole et que mes yeux meurent vers un visage,
S'éteignant presque aussi, souvenir et présage,
De l'entrelacement des jambes et des bras,
Des pieds doux se baisant dans la moiteur des draps
De cette langueur mieux voluptueuse monte
Un goût d'humanité qui ne va pas sans honte,
Mais si bon, mais si bon qu'on croirait en manger !
Dès lors, voudrais-je encor du poison étranger,
D'une fragrance prise à la plante, à la bête
Qui vous tourne le cœur et vous brûle la tête,
Puisque j'ai, pour magnifier la volupté,
Proprement la quintessence de la beauté ?

VAS UNGUENTATUM

Admire la brèche moirée
Et le ton rose-blanc qui met
La trace encor de mon entrée
Au Paradis de Mahomet.

Vois, avec un plaisir d'artiste,
O mon vieux regard fatigué
D'ordinaire à bon droit si triste,
Ce spectacle opulent et gai,

Dans un mol écrin de peluche
Noire aux reflets de cuivre roux
Qui serpente comme une ruche,
D'un bijou, le dieu des bijoux,

Palpitant de sève et de vie
Et vers l'extase de l'amant
Essorant la senteur ravie,
On dirait, à chaque élément.

Surtout contemple, et puis respire
Et finalement baise encor
Et toujours la gemme en délire,
Le rubis qui rit, fleur du for

Intérieur, tout petit frère
Epris de l'autre et le baisant
Aussi souvent qu'il peut le faire,
Comme lui soufflant à présent…

Mais repose-toi, car tu flambes.
Aussi, lui, comment s'apaiser,
Cuisses et ventre, seins et jambes
Qui ne cessez de l'embraser ?

Hélas ! voici que son ivresse
Me gagne et s'en vient embrasser
Toute ma chair qui se redresse...
Allons, c'est à recommencer !

Hombres

VIII

Un peu de merde et de fromage
Ne sont pas pour effaroucher
Mon nez, ma bouche et mon courage
Dans l'amour de gamahucher.

L'odeur m'est assez gaie en somme,
Du trou du cul de mes amants,
Aigre et fraîche comme la pomme
Dans la moiteur de sains ferments.

Et ma langue que rien ne dompte,
Par la douceur des longs poils roux,
Raide et folle de bonne honte,
Assouvit là ses plus forts goûts,

Puis, pourléchant le périnée
Et les couilles d'un mode lent,
Au long du chibre contournée
S'arrête à la base du gland.

Elle y puise âprement, en quête
Du nanan qu'elle mourrait pour,
Sive, la crème de quéquette
Caillée aux éclisses d'amour,

Ensuite, après la politesse
Traditionnelle au méat
Rentre dans la bouche où s'empresse
De la suivre le vit béat,

Débordant de foutre qu'avale
Ce moi, confit en onction,
Parmi l'extase sans rivale
De cette bénédiction !

XI

Même quand tu ne bandes pas,
Ta queue encor fait mes délices
Qui pend, blanc d'or entre tes cuisses,
Sur tes roustons, sombres appas.

— Couilles de mon amant, sœurs fières
A la riche peau de chagrin
D'un brun et rose et purpurin,
Couilles farceuses et guerrières,

Et dont la gauche balle un peu
Tout petit plus bas que l'autre,
D'un air roublard et bon apôtre,
A quelles donc fins, nom de Dieu ? —

Elle est dodue, ta quéquette
Et veloutée, du pubis
Au prépuce fermant le pis,
Aux trois quarts, d'une rose crête.

Elle se renfle un brin au bout
Et dessine sous la peau douce
Le gland gros comme un demi-pouce
Montrant ses lèvres juste au bout.

Après que je l'aurai baisée
En tout amour reconnaissant,
Laisse ma main, la caressant,
La saisir d'une prise osée,

Pour soudain la décalotter,
En sorte que, violet tendre,
Le gland joyeux, sans plus attendre,
Splendidement vient éclater ;

Et puis elle, en bonne bougresse
Accélère le mouvement
Et Jean-nu-tête en un moment
De se remettre à la redresse.

Tu bandes, ! c'est ce que voulaient
Ma bouche et mon cul/con : choisis, maître.
Une simple douce, peut-être ?
C'est ce que mes dix doigts voulaient.

Cependant le vit, mon idole,
Tend pour le rite et pour le cul –
Te, à mes mains, ma bouche et mon cul
Sa forme adorable d'idole.

XII

Dans ce café bondé d'imbéciles, nous deux,
Seuls nous représentions le soi-disant hideux
Vice d'être « pour homme » et sans qu'ils s'en doutassent
Nous encagnions ces cons avec leur air bonasse,
Leurs normales amours et leur morale en toc.
Cependant que, branlés et de taille et d'estoc,
A tire-larigot, à gogo, par principes
Toutefois, voilés par les flocons de nos pipes
(Comme autrefois Héra copulait avec Zeus),
Nos vits, tels que des nez joyeux et Karragheus
Qu'eussent mouchés nos mains d'un geste délectable,
Eternuaient des jets de foutre sous la table.

FÉTES
CALANTES

UN ÉTÉ À LA CAMPAGNE

1868 – Gustave Droz

Cet été-là fleure bon la campagne, les cris et chuchotements des amours estivales, les émois des jeunes filles en fleur devant les mystères révélés de Dame Nature... Mais voilà, la justice ne l'entend pas de cette oreille. *Le Moniteur* du 19 septembre 1868 publie le jugement du tribunal correctionnel de Lille : « A été ordonnée la destruction de *Un été à la campagne*, ouvrage commençant par ces mots : "Les lettres qu'on va lire...", finissant par : "... passeport à nos héroïnes", et contenant des outrages à la morale publique et aux bonnes mœurs. »

Même sans passeport officiel, les deux héroïnes en question, Adèle et Albertine, les petites dévergondées qui se sont liées au pensionnat, ne vont plus cesser de faire parler d'elles en parlant entre elles au fil des lettres coquines qu'elles s'échangent dans le roman. Huit rééditions clandestines en vingt-cinq ans ! Avec parfois l'alléchante mention : « Imprimé sous le manteau et ne se vend nulle part ». La meilleure des publicités pour ce qui est (déjà) un classique de l'érotisme. L'édition originale de 1868, imprimée en douce à Bruxelles par Poulet-Malassis, porte en sous-titre : « *Correspondance de deux jeunes Parisiennes recueillie par un auteur à la mode* ». Qui ? on ne le saura jamais avec certitude, même si tout porte à croire qu'il s'agit de Gustave Droz. L'heureux papa du best-seller *Monsieur, Madame et Bébé* (1866). C'est son style bonhomme et polisson ; c'est même le paraphe (un Z) dont il signe ses chroniques dans *La Vie parisienne*.

Un roman « plein d'esprit, et du plus gaulois ». C'est ainsi qu'Apollinaire saluera cet *Été à la campagne* bien dans la manière du second Empire finissant, cette époque où la musique pétillante d'Offenbach faisait *cascader... cascader la vertu* : « L'apparence pleine de chic, de gaieté et en même temps d'une louable pondération qu'avait la société sous Napoléon III fait tout le charme de cette amusante production mi-innocente, mi-licencieuse, mais dans laquelle aucune expression grossière ne vient choquer le lecteur. »

Au moment où Lautréamont rêve de la rencontre d'une machine à coudre et d'un parapluie (*les Chants de Maldoror* sortent en 1869), les confidences intimes d'*Un été à la campagne* évoquent pour certains le croisement d'un phallus et d'un poudrier ! C'est en tout cas l'image surréaliste qui ressort d'un article du très sérieux *Dictionnaire universel illustré, biographique et bibliographique de la France contemporaine* (1885). L'ouvrage présente Droz comme le créateur de la littérature érotico-fantaisiste du XIXe siècle : « C'est à son esprit endiablé, pomponné et musqué, que nous devons le déluge de polissonneries dont nous avons été inondés dès ses premiers articles dans la *Vie parisienne*, alors qu'il signait Z. C'était alors un genre tout à fait nouveau, où se glissait, dans une société d'apparence très prude, un souffle d'érotisme de bon ton, et où les gaillardises les moins voilées sautaient aux esprits les moins clairvoyants, comme un emblème phallique jaillissant d'une boîte à poudre de riz. »

Lettre vingt-troisième

ADÈLE À ALBERTINE

B…, 10 juillet 18…

Tu avais raison, chère Albertine, ce n'était que partie remise. Ah ! quelle revanche j'ai prise de la bougie soufflée ! J'ai vu, cette fois, vu tout ce qui peut se voir : plus rien de caché pour moi, le voile est tombé, la lumière s'est faite !

Il me reste à photographier la scène qui s'est déroulée sous mes yeux, et, me voilà grandement embarrassée, je t'assure.

Tu me complimentes sur l'exactitude de ma dernière narration ; mon Dieu ! ma tâche était facile, je remplissais l'office de sténographe : j'écoutais et j'écrivais. Aujourd'hui, quelle différence ! Ce que j'ai vu, j'y crois à peine moi-même quand je me le rappelle, et il faut te le faire toucher du doigt !

Enfin, je me recommande à ton indulgence et je compte sur ta perspicacité.

Reprenons l'histoire au point où je l'ai laissée.

Le lendemain de la chaude affaire que tu sais, il y eut relâche à mon théâtre ; cela se comprend : la *prima donna,* vu les fatigues et l'émotion inséparables d'un premier début, avait bien le droit de s'accorder un congé.

La nuit suivante fut la répétition de ce que j'avais déjà entendu, moins la partie pathétique ; Rose s'aguerrissait. En dépit de mes belles résolutions, je m'éveillai le matin juste assez à temps pour voir M^{e} J…, resté seul, se tourner vers la ruelle.

J'enrageais, et tu conviendras qu'il y avait de quoi : le soir, en guise de consolation, je pus assister au petit coucher de mon voisin ; cinq minutes après s'être mis au lit, il ronflait à ébranler la maison sur ses fondements. Chez lui, paraît-il, c'est comme à l'Opéra : on joue tous les deux jours.

Hier donc, c'était jour de représentation : j'essuyai le verre de ma lorgnette et j'attendis.

La salle était éclairée *à giorno ;* l'avocat, en robe de chambre, restait sur pied, contre l'habitude des jours précédents.

Je supposai quelque chose d'extraordinaire.

A minuit, le sanctuaire s'ouvrit, et la déesse apparut, radieuse ; l'avocat courut à elle, la prit par les mains, l'embrassa, l'attira près du lit, et là, en dépit de ses protestations, usant d'une douce violence, lui enleva l'une après l'autre la camisole et la chemise, seules pièces de sa toilette de nuit, de telle sorte qu'au bout d'un instant, elle s'était vue forcée d'adopter, dans sa rigoureuse simplicité, le costume d'Eve avant le péché.

Sa chevelure blonde, dénouée par hasard et flottant jusqu'à mi-corps, complétait sa ressemblance avec la mère du genre humain.

Quel spectacle s'offre alors à l'émerveillé Me J...!

On croirait voir descendre de son cadre une de ces riches et puissantes natures que se complaisait à reproduire le vigoureux pinceau de Rubens.

Ce n'est assurément ni la finesse d'attaches, ni la délicatesse d'extrémités, ni la rectitude de lignes, ni la pureté de galbe si remarquables chez ma tante ; mais quels contours ! quelles épaules ! quelles hanches ! Des cuisses et des jambes taillées en plein marbre, comme les colonnes d'un temple ! Et tout cela ferme, résistant ! C'est à peine si la gorge, malgré son poids énorme, incline sa rose extrémité !

Aussi l'avocat n'était-il plus un homme ; c'était un satyre, moins les pieds de bouc et les cornes. Il rugissait d'admiration ; ses mains serraient çà et là, à tort et à travers ; ses lèvres s'imprimaient sur tout ce qu'avaient touché ses mains ; semblable à l'ogre des contes, il se plongeait dans une gigantesque orgie de chair fraîche !

Bientôt ces préliminaires ne lui suffisent plus : en face d'une Eve si attrayante, il veut des prérogatives d'Adam, et se débarrassant de sa robe de chambre, il se trouve, lui aussi, dans le costume de notre père commun.

Ah ! ma chère, comment te dire ce que je vis alors ? Je ne trouve pas de termes propres à rendre ma stupéfaction. Je voyais se dresser devant moi la formidable réalité dont le consolateur de ma tante n'était que l'infime reproduction...

Quelle feuille de figuier il eût fallu à Me J... pour se présenter décemment devant le Seigneur irrité !

Je m'expliquais maintenant les gémissements de la pauvre Rose ; vraiment, on se plaindrait à moins !

Tu ris en me lisant, chère Albertine, et tu te représentes Me J... ridiculement laid, grotesque même ! Eh bien ! non : sa laideur avait disparu ; ses yeux flamboyants, ses narines dilatées, l'ardente passion qu'exprimait son visage enflammé, l'énergie de son attitude, tout cela l'avait transfiguré. Il était presque beau ainsi. Il m'inspirait deux sentiments assez difficiles à concilier : une sorte de vague désir, mêlé d'effroi.

Je te le confesse, j'en étais venue à jeter un œil d'envie sur sa victime !

Quant à elle, la bonne, fille toujours protestant, toujours contrainte de céder, elle était en ce moment sur le lit, livrant, bien malgré elle, aux regards avides de son persécuteur tous les secrets de sa luxuriante beauté.

A cet aspect, le délire du petit homme ne connaît plus de bornes ; il s'élance d'un bond, *con furia francese,* vers l'autel sur lequel il doit sacrifier, et le tient longtemps et étroitement embrassé.

Rose ne songe plus à gémir ni à pleurer : de voluptueux frissons parcourent son beau corps ; toutes les interjections heureuses de la langue française voltigent tour à tour sur ses lèvres entr'ouvertes par le plaisir, et lorsque enfin, quittant sa position anormale, le vaillant petit avocat,

A LA CAMPAGNE
ESSAI SUR L'ART D'ETRE HEUREUX
MODES DE PARIS

plus redoutable que jamais, consomme le sacrifice, elle accepte avec résignation, sans rancune, l'instrument de son martyre, et lui fait fête de son mieux.

La pièce terminée, on baissa la rampe.

Les acteurs s'endormirent-ils sur leurs myrtes ? M^{e} J… accomplit-il de nouvelles prouesses ?

Je ne m'en inquiétai point ; je ne me sentais plus l'envie d'écouter. Il me tardait d'étancher, tant bien que mal, la soif de jouissance excitée en moi par ce que j'avais vu. Ce n'était plus du sang, c'était du feu qui coulait dans mes veines !

Ah ! si Lucien avait été là !… Hélas ! il n'y était pas ; il fallut me suffire à moi-même.

Que veux-tu, chère Albertine, le sage doit savoir se contenter de peu.

A toi.

ADÈLE.

L'ÉCOLE DES BICHES

1868 – Ernest Baroche, Alfred Bégis,

Edmond Duponchel et Frédéric Hankey

Cette œuvre polyonyme[1] demeure une énigme. Quelle extravagante méthode aurait utilisée ces quatre « hommes du monde » d'âges divers pour écrire cette version XIXe de *l'École des filles* ? Se sont-ils réunis à la rédaction du texte ou ont-ils, chacun de leur côté, conçu un chapitre ? Qu'ont-ils en commun, mis à part d'être passés à la postérité avec cette attribution énigmatique de Jules Gay : « ce volume, dû aux loisirs de quelques hommes du monde, MM. Baroche, fils de l'ancien ministre de la Justice, Hankey, riche amateur anglais bien connu à Paris, Dup…, B…, et autres. » ? Quel sens veut donner le bibliographe à « dû aux loisirs » ou à « et autres »[2] ?

Duponchel est directeur de l'Opéra de Paris entre 1835 et 1849. Baroche est commandant du 12e bataillon mobile lorsqu'au Bourget, cerné par les Prussiens, vainqueurs de la guerre de 1870, il meurt après avoir prononcé cette phrase glorieuse[3] : « Mes amis, c'est aujourd'hui qu'il faut apprendre à se faire tuer. » En 1866, près de deux cents des plus beaux livres érotiques connus sont saisis chez le bibliophile Bégis, puis revendiqués par la Bibliothèque impériale. En 1892, après un combat judiciaire acharné, le lésé obtient l'annulation de sa saisie, mais la Bibliothèque devenue nationale, abusant de ses droits, refuse de rendre les ouvrages. Tous les collectionneurs de Curiosa en tremblent encore. En 1862, invité par Hankey, autre grand bibliophile, les Goncourt semblent rencontrer Sade en personne : « J'ai vu aujourd'hui un type, un fou, un monstre, un de ces hommes qui confinent à l'abîme, qui avouent dans leur excès les mauvais instincts de l'humanité. Par lui, comme par un voile déchiré, j'ai entrevu un fond abominable de l'homme, un côté effrayant d'une aristocratie d'argent blasée, l'aristocratie anglaise : la férocité dans l'amour, le libertinage qui ne jouit qu'à la souffrance. »[4] Il me paraît fort peu probable que ces quatre hommes aient pu écrire ensemble cette charmante galanterie crue et ironique. Je ne serais pas surpris d'apprendre un jour qu'elle émane de la plume d'une femme et qu'ils n'auraient été que les commanditaires.

En fait, ces « biches » ne sont pas de petits animaux fragiles mais de sournoises prédatrices pratiquant l'infidélité à outrance en consommant tout ce qui passe à leur portée. À l'arrivée du jeune Adrien, elles deviennent chasseur. Marie interpelle Caroline par : « — Quel flair ! comme tu sens le gibier ! » C'est frais, c'est léger, cela ne porte pas à conséquence, c'est édulcoré de toute philosophie et de tous propos éducatifs. La novice prend vite le pas dans la dextérité des plaisirs sur sa préceptrice dépassée, sans nous éclairer. S'agit-il de fantasmes d'un groupe de bourgeois second Empire ou plus simplement de la réalité des « mœurs des petites dames de ce temps » disparu ?

L'extrait choisi nous narre une situation assez complexe, nous rappelant que « déconner » veut tout simplement dire… sortir du con.

1. Qui porte plusieurs noms.
2. Jules Gay, *Bibliographie des ouvrages relatifs aux femmes, à l'amour et au mariage…*, Jules Gay & fils, 1871.
3. Adolphe Goubin, in *l'École des biches*, L'Or du temps, 1969.
4. Edmond et Jules de Goncourt, *Journal, 7 avril 1862,* Charpentier, 1890.

Treizième entretien

Adrien, Caroline, Marie.

(Antonia introduit l'artiste près de ces dames ; puis, après avoir mis les verrous,elle se réfugie dans le cabinet.)

ADRIEN *(qui a remarqué l'action d'Antonia, après les compliments d'usage :)*
Que signifie la précaution que je viens de voir prendre ? Est-ce un attentat à ma liberté ?

CAROLINE
Vous avez trouvé juste ; quand on tient en cage un bel oiseau comme vous, on ferme la porte dans la crainte qu'il ne s'envole.

ADRIEN
Je suis très flatté de ces sentiments, mais l'oiseau n'est pas si rare que vous veuillez le garder éternellement.

CAROLINE
Telle n'est point notre intention, et pour vous rassurer sur l'avenir, je m'empresse d'ajouter que nous consentirons à vous laisser libre si vous voulez bien nous faire entendre un peu de ce ramage amoureux duquel vous vous acquittez si bien.

ADRIEN
En venant ici j'étais loin de m'attendre à pareille faveur. Heureux d'être votre prisonnier à de semblables conditions ! Me voici à vos ordres, belles geôlières, quand et tant que vous voudrez.

CAROLINE
Allons, je vois qu'il n'est pas changé : monsieur ne doute de rien ; nous allons voir si les faits répondent aux paroles.
(Les deux jeunes femmes prennent chacune Adrien par la main et le font asseoir entre elles sur le divan.)

CAROLINE
Dites-moi, monsieur, comment, malgré les intimités de la lune de miel, que je comprends parfaitement, n'avez-vous pu trouver un moment pour venir visiter en compagnie de Marie une amie qui vous aime si franche-

ment tous les deux, et à qui vous devez bien une partie de votre bonheur ? Marie ne me néglige pas comme vous, et sans elle, je ne saurais même pas si vous existez. Quand vous lui faisiez la cour, vous saviez bien trouver le temps de venir ici. Ah ! je le vois, le bonheur vous rend égoïste.

ADRIEN
Madame, si vous saviez…

CAROLINE
Je sais ce que vous allez me dire ; Marie me l'a expliqué et a cherché à vous excuser. Heureusement, elle vous ressemble peu, et vous ne pouvez vous douter jusqu'où va pour moi son dévouement à mes caprices, même les plus extravagants. Nous parlions dernièrement de vos noces, je lui rappelais les folies de ce jour et l'idée bizarre que j'avais eue de ne vouloir, par scrupule, vous abandonner que le côté non canonique de mon corps. J'ajoutai que depuis lors, en réfléchissant sur ce singulier scrupule, j'avais bien changé d'opinion sur le droit que j'aurais de disposer à l'avenir de ma personne comme je l'entendrais, et que j'étais aux regrets de ne pas vous avoir tout permis. « Qu'à cela ne tienne ! m'a-t-elle répondu sans hésiter. Quoique j'aime Adrien autant qu'on peut aimer, je désire tant t'être agréable et j'ai tant de confiance dans votre loyauté à tous deux que, si ta passion dure encore, je ne crains pas de me prêter à une nouvelle épreuve; et je le verrai, a-t-elle ajouté, dans tes bras sans jalousie. » Qu'en pensez-vous ?

MARIE
Ce qu'il en pense ? Vois la saillie que fait son membre sur son pantalon. Voilà sa réponse, ma chère.
(Marie écartant elle-même les obstacles qui cachent aux regards ce superbe bijou, et le présentant à son amie :)

MARIE
Tiens ! tu vois qu'il ne demande pas mieux et qu'il y mettra toute sa bonne volonté ! Je te l'abandonne ; sois donc heureuse !

CAROLINE
Excellente Marie ! Aussi je ne veux rien permettre à Adrien sans qu'il sache la condition que tu as mise à ta complaisance et qu'il ait promis de s'y conformer.

ADRIEN
Quelles que soient les conditions que Marie m'impose, j'y consens sans hésiter, car je sais qu'elle ne demandera rien d'impossible ; parlez donc !

MARIE

J'ai consenti à vous voir réunis ensemble et à ce qu'elle goûte dans tes bras autant de plaisir que possible, à la condition que le produit m'en sera réservé, ne voulant rien abandonner de mes droits. Quand donc tu sentiras le moment de la crise dernière, c'est chez moi que tu viendras déposer ton offrande.

ADRIEN

Condition très facile à remplir ! *(A Caroline.)* Ceci ne doit point vous surprendre, ma belle amie, Marie connaît ma faculté de pouvoir satisfaire une femme à sa fantaisie et néanmoins de n'arriver au dénouement qu'à ma volonté. Aussi elle est fort tranquille sur une exigence qui vous paraît si singulière et si difficile : elle ne vous a demandé qu'une petite satisfaction d'amour-propre et dont l'exécution lui était assurée.

MARIE

Puisque nous voilà d'accord, que chacun prenne son compagnon : je vais chercher le mien.

(A ce mot de compagnon, Adrien, qui voit Marie se diriger vers le cabinet de toilette, ne peut se défendre d'une certaine méfiance. Il tait un mouvement pour la suivre ; ce mouvement est aussitôt réprimé par Caroline.)

CAROLINE

Eh bien ! où allez-vous, Adrien ? Quel soupçon vous passe donc par la tête ? Ne savez-vous pas qu'Antonia est dans le cabinet ?

ADRIEN

Pardonnez-moi ce mouvement involontaire, mais Marie dit et fait aujourd'hui des choses si singulières que…

CAROLINE

Que vous avez peur ! et de quoi, s'il vous plaît, jaloux ? Vous craignez peut-être qu'Antonia ne viole votre vestale : soyez en repos, et venez près de moi oublier cette mauvaise pensée.

(L'absence de Marie ayant laissé toute liberté à nos impatients, que sa présence gênait encore, ils se livrent aussitôt à un mutuel pelotage, bientôt si animé que chaque vêtement qui met obstacle à leurs caresses est vivement mis de côté. C'est dans un complet état de nudité que les retrouvent nos fugitives. Elles aussi ont pensé qu'une chemise même était un larcin fait au plaisir : elles sont donc dans le même état de nudité. Antonia entre la première, portant fièrement attaché à la ceinture le superbe godmiché dont ces dames connaissent l'utilité. Marie, qui suit de près ce compagnon d'une nouvelle espèce qu'elle vient d'improviser, la prend par la main, et s'avançant cérémonieusement vers Caroline et Adrien :)

MARIE

Je vous présente le jeune Antonia, que j'ai choisi présentement pour mon amant. Il est joli garçon, bien monté, et bande toujours. Vous voudrez bien, tandis que vous vous procurerez réciproquement du plaisir, me permettre la jouissance de ce vrai chérubin.

CAROLINE

Comment ! tu penses à te servir d'un pareil instrument ? Je n'y comprends rien. Etait-ce là le secret que tu me faisais avec Antonia ?

MARIE

Est-ce que tu as pu croire que je resterais la spectatrice bénévole de vos amoureux ébats ? Oh ! non ; j'ai pris, comme vous le voyez, mes précautions pour en supporter facilement la vue.

CAROLINE

Que vas-tu faire, petite folle, de cette recrue ?

MARIE

Tu vas le voir. Antonia, prends deux carreaux : dépose-les sur le tapis ; que Caroline s'empare de l'un et toi de l'autre : ils vous serviront d'oreillers. Maintenant, étendez-vous sur le tapis... Très bien... Vous y voilà !... Adrien, prends ta place entre les cuisses de ta belle affamée. Quant à moi, je vais enfourcher mon joli polisson, et, à cheval sur cette charmante monture, je me pose moi-même ce boute-joie de circonstance, avec lequel je n'en vais pas moins prendre beaucoup de plaisir, en t'attendant, monsieur l'adoré de toutes les femmes ; et comme nous sommes très rapprochés les uns des autres, que nos croupes se touchent presque, tu voudras bien, en allongeant la main qui ne t'est pas utile, préparer par un léger postillonnage la voie où je veux que tu viennes éteindre tes feux. *(En montrant du doigt son trou mignon.)* Là, entends-tu ? Alors, ça m'en fera deux dans le corps ! Tu vois, cousine, que mes précautions ne seront pas inutiles, et que je ne serai pas la plus mal partagée.
(Cet arrangement, si clairement ordonné, est compris, et de suite mis à exécution. Chacun cherche à prendre et à donner le plus de plaisir possible. Antonia même, quoique la plus mal placée, veut faire acte de dévouement, et, passant la main sous le ventre de Marie, par une certaine masturbation dont elle connaît l'effet, elle cherche à augmenter la jouissance que se donne sa cavalière par ses mouvements précipités sur le godmiché, qui déconnerait s'il n'était tenu en place par la seconde main de la complaisante Antonia.)

CAROLINE

Ah ! cher Adrien, comme ton vit est brûlant ; il me va jusqu'au cœur... comme tes mouvements répondent aux miens ! Quelle jouissance sans pareille ! Ah ! tiens... tiens ! je ne peux plus résister à tes coups, je pars !

(Adrien, qui, malgré les entraînements de sa chaude partenaire, a su, selon sa promesse, se retenir, se retire très brillant et va de suite s'introduire sans difficulté, mais non pas sans bonheur, dans le gîte qu'on lui a indiqué à l'avance et où il est impatiemment attendu. Caroline, de son côté, fort satisfaite du service de notre artiste, ne veut pas rester simple spectatrice de ce nouvel assaut, et pour prouver qu'elle lui en est reconnaissante, elle approche ses mains délicates des compagnons de son priape, et par un doux chatouillement les excite à bien faire leur office, en même temps qu'avec son experte langue elle fête le trou voisin. Ce surcroît de plaisir raffiné, auquel notre jouisseur ne s'attendait pas, a un effet immédiat, et un jet bouillant, que Marie sent pénétrer jusqu'au fond de ses entrailles, décide aussi, de son côté, la crise suprême. Il était temps qu'un jeu si violent prît fin : un frottement double dans des parties si sensibles et si voisines l'une de l'autre pouvait, s'il avait été prolongé, et avec une organisation si délicate, amener de dangereux accidents pour la santé de notre charmante mais trop passionnée Marie. Un calme au moins relatif succède à une aussi chaude passade. Marie, quoique restée d'abord pâmée dans les bras de son amant, reprend peu à peu ses sens, elle s'attache surtout à caresser Antonia, cette compagne d'une si bonne nature ; elle veut la consoler de la maigre part qu'elle a eue dans leurs plaisirs.)

ANTONIA *(comprenant la pensée et le délicat sentiment de Marie).*
Vous êtes dans l'erreur, chère mademoiselle ; touchez ! (*Et prenant la main de son partenaire, elle la porte entre ses cuisses.)*

MARIE
Comme tu es trempée, et pour si peu !

ANTONIA
Ne comptez-vous donc pour rien vos baisers de feu, le contact de votre chair contre ma chair, et la vue de ce qui se passait près de nous !

CAROLINE
Mais toi, Marie, dis-moi donc quel diable a pu te donner l'idée de ce libertinage qui, tu l'avoueras, casse un peu les vitres ?

MARIE
Cela m'est venu très naturellement.

CAROLINE
Très naturellement ! je te félicite ; tu fais des progrès.

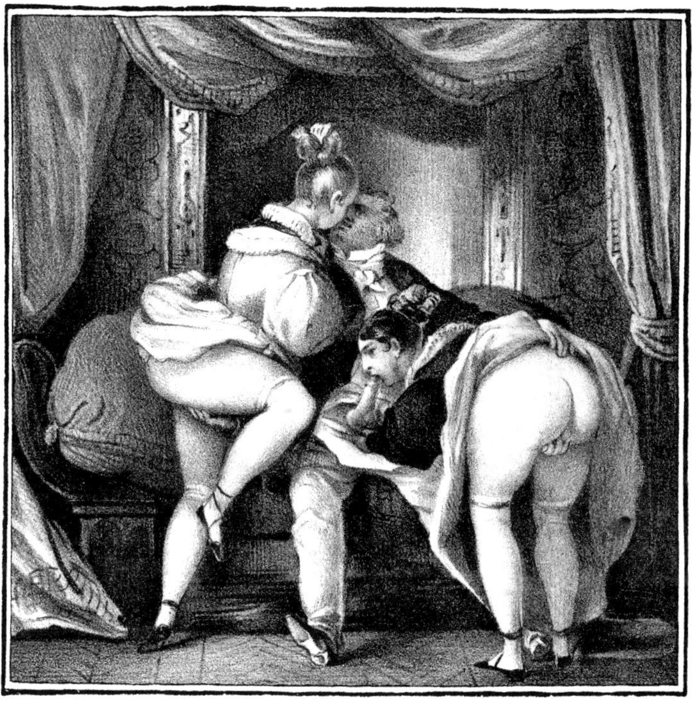

À LA FEUILLE DE ROSE

1875 – Guy de Maupassant

Cette farce fut créée dans l'atelier parisien du peintre Maurice Leloir. En petit comité, mais avec de grands noms : Flaubert au premier rang, Zola, Tourgueniev, Mirbeau, Goncourt... L'auteur lui-même incarnait Miché, tenancier de cette maison turque, caricature de la maison close qui hantera *l'Éducation sentimentale* de Flaubert, lequel se contente ici d'être le metteur en scène. Maupassant avait bien prévenu le public : « Nous allons, quelques amis et moi, jouer une pièce absolument lubrique » et convié pour l'occasion « les hommes au-dessus de vingt ans et les femmes préalablement déflorées », la loge royale étant réservée à l'ombre de Sade... Il était clair que, ce 13 avril 1875, on ne ferait pas dans la dentelle.

La situation de départ est on ne peut plus simple, avec un quiproquo classique à la (future) manière de Feydeau : de jeunes mariés en voyage de noces, les Beauflanquet (lui est maire de Conville, rôle tenu par Mirbeau, vingt-cinq ans avant le *Journal d'une femme de chambre*), débarquent dans un lupanar qu'ils prennent pour un établissement convenable. Pas facile, pourtant, avec Raphaële, Fatma et Blondinette, les pensionnaires qui répètent à tout va leur invite : « Faites votre choix… nous sommes très aimables, très polissonnes, très cochonnes. » Pour entretenir la méprise, le tenancier explique à ses clients de province, surpris par la tenue des trois odalisques ici présentes, qu'elles sont les femmes de l'ambassadeur de Turquie ! Ce qui serait en d'autres temps politiquement incorrect passe ici comme une lettre à la poste. Du reste, personne ne brille par son intelligence dans cette pochade où l'on pense surtout avec ses organes génitaux.

On y croise notamment un vidangeur bègue (« Je viens pour vider les caca, les cabinets… Je suis le vi… le vi… le vi… »), un Marseillais zozoteur, un bossu, un sapeur blond et fauché comme les blés, un ex-séminariste réduit à laver des capotes, un Anglais qui se croit dans un musée Grévin érotique, et un capitaine à la retraite bombardé général par l'affriolant peloton qu'il pelote… Tout un défilé de silhouettes caricaturales qui donnent à cette comédie de mœurs très libres en un acte et en prose l'allure de ce qu'elle est : du théâtre de guignol, pour adultes !

Le spectacle ne brillait pas par son raffinement – outre le texte qui flirte ouvertement avec l'obscénité et la scatologie, les rôles féminins étaient tenus par des hommes vêtus d'un costume sur lequel était peint un large sexe entrebâillé – mais bien par son audace. On y va carrément, dans les mots comme dans les situations ! « C'est très frais », dira Flaubert. Un qualificatif qui laisse bouche bée un Goncourt encore horrifié de ce qu'il a vu et entendu : « *Frais*, pour cette salauderie, c'est vraiment une trouvaille » !

À la feuille de rose ne mérite ni cet excès d'honneur, ni cette indignité. C'est une farce. Sans prétention littéraire. La simple (dé)pantalonnade canaille d'un chenapan de vingt-cinq ans qui s'amuse à choquer… et qui y réussit pleinement. « Absolument lubrique », on vous dit !

SCÈNE XXII

MICHÉ, seul.

Encore une tape ! Ça ne va pas ce soir. Si je n'avais pas l'affaire de Monsieur Léon, je ne ferais pas mes frais. Celle-là c'est une bonne affaire. S'il y en avait souvent de pareilles, je ne tarderais pas à me retirer à la campagne. Quand j'aurai le sac j'achèterai une petite maison à Bezons et je canote tout le temps, je ne vis plus que sur l'eau, ça me changera.

SCÈNE XXIII

MICHÉ, UN ANGLAIS

L'ANGLAIS
Bonjour, Monsieur.

MICHÉ *(À part.)*
Ah ! un Anglais, bonne affaire.

L'ANGLAIS
Je désire visiter l'établissement de vô.

MICHÉ
À votre service, Monsieur.

L'ANGLAIS
Je venais voir votre Muséum.

MICHÉ
Hein ?

L'ANGLAIS
Le Muséum.

MICHÉ
Mais, Monsieur, je n'ai pas de Musée.

L'ANGLAIS
Vous êtes bien Monsieur Miouchett.

MICHÉ
Miché.

L'ANGLAIS
Oh yes ! very good, Miché. Je venais voir votre Miousée de cire des figioures de femmes acciouchant, des petites fesons dans l'alcool.

Des amis à moa très bons garçons, très rigolos, avaient dit que c'était chez vô, Monsieur Miouchett.

MICHÉ
Miché.

L'ANGLAIS
Oh yes, very good Miché.

MICHÉ *(À part.)*
Oh quelle idée ! *(Haut.)* Je vais vous dire. J'ai bien un musée de cire, mais il n'est pas encore déballé.

L'ANGLAIS
Déballé ?

MICHÉ
Oui, préparé, disposé, cela va demander un peu de temps.

L'ANGLAIS
Oh ! je été pas pressé.

MICHÉ
Et puis cela va m'occasionner des frais. Je ne puis vous le montrer que si vous êtes généreux.

L'ANGLAIS
Oh ! je paierai à vô, ce que vô voudra. Tenez. *(Il tire de l'argent de sa poche — Miché le prend.)* Aoh ! ça été cher. *(À part.)* Mais je verrai. En France je voye toujours ce que je voulé ; cet été cher, mais jé voyé.

MICHÉ
Eh bien. Si vous voulez entrer dans le petit salon, je vous appellerai quand tout sera prêt.

L'ANGLAIS
All right. Merci Monsieur Miouchett.

MICHÉ
Miché.

L'ANGLAIS
Oh yes. Very good Miché.

SCÈNE XXIV

MICHÉ, puis LES FEMMES

Il y a gros à gagner. J'ai là un Anglais qui veut absolument que je lui montre un musée de cire. Placez-vous sur les canapés et les chaises et surtout ne bougez pas ; fixes et immobiles.
(Il les place en leur faisant prendre les poses de figures de cire dans un Musée anatomique.)
Là comme ça. Bien. Ne bougez plus. Je vais le chercher.

SCÈNE XXV

Les mêmes, L'ANGLAIS

L'ANGLAIS *(Examinant les femmes.)*
Aoh ! Ce été très joli, très joli, très, très natiourel, all right, all right.

MICHÉ
Toutes les figures sont moulées sur nature. C'est la représentation exacte du corps humain, vous pouvez voir, rien n'y manque.

L'ANGLAIS *(Regardant de près Raphaële.)*
Oh ! yes. *(S'éloignant.)* Elle avait même l'odeur.

RAPHAËLE *(À part.)*
Je crois bien, j'ai pété.

MICHÉ
Si vous désirez le catalogue, c'est cinq francs en plus.
(L'Anglais donne cinq francs et tend la main pour recevoir le catalogue.)

MICHÉ
Seulement je vais vous le dire de vive voix parce que je ne l'ai pas encore fait imprimer. Tenez, voilà un très beau sujet. C'est une jeune femme morte au bal à l'âge de dix-huit ans, appartenant à une grande famille et se trouvant enceinte. Pour dissimuler sa grossesse, elle se serrait dans son corset. Cela a déterminé une lésion des intestins, et elle est morte un soir, comme je vous le disais, en sortant du bal.

L'ANGLAIS *(Mélancolique.)*
Aoh ! comme il disait votre grand poète. Elle aimé trop le bal, ça été ce qui l'avait faite miourir ! Je désiré maintenant voir les accouchements.

MICHÉ *(À part.)*
Ah diable ! *(Haut, montrant Raphaële.)* – Tenez voilà la pièce qui nous sert pour les démonstrations.

L'ANGLAIS
Mais je ne voyé pas le petit baby.

MICHÉ
Je vais vous dire. Mes pièces sont si bien faites qu'elles exécutent toutes les fonctions du corps au naturel. Ce sujet a accouché ce matin et il faut maintenant quelque temps pour préparer une nouvelle expérience.

L'ANGLAIS
All right ! on m'a dit que vous aviez dans votre miousée une pucelage.

MICHÉ
Oh ! je n'ai jamais eu ça ici.

L'ANGLAIS
Oh !

MICHÉ
Jamais.

L'ANGLAIS
Alors je voulé voir les maladies de Vénus.

MICHÉ
Oh ! ça je puis vous le montrer. J'ai ça justement depuis hier. *(Montrant Blondinette.)* Regardez, examinez, très beau modèle, toujours pris sur nature.

L'ANGLAIS
Aoh ! je n'aime pas cette. Mais vous n'avez pas aussi des pièces masculines ?

MICHÉ
Oui. J'en ai une très belle. Crête de Coq, montre l'objet. *(Crête de Coq entre et ouvre le rideau du fond.)* Voilà la pièce qui vous montre trente-deux fois grossi le membre viril.

L'ANGLAIS (*Dansant la gigue devant.*)
Oh ! très joli, all right. Ah ! Monsieur Miouchett je été devenu très amoureux. Est-ce que je ne pourrais pas faire le amour sur cette…
(Il désigne Raphaële.)

MICHÉ
Certainement. Seulement cela abîme toujours mes pièces et je ne peux le laisser faire que si je suis bien indemnisé.
(L'Anglais paye.)

CRÊTE DE COQ *(Riant.)*
Voulez-vous une capote anglaise ?

L'ANGLAIS
Oh no ! French kock coat ! Oh ce été pas la peine.

CRÊTE DE COQ
Faut toujours se méfier.

MICHÉ
Et puis comme ça vous n'abîmerez pas le sujet.

L'ANGLAIS
Aoh ! je le fesé par respect pour le art.
(Crête de Coq lui donne la capote tachée de sang.)

L'ANGLAIS
Aoh ! pas cette.
(L'Anglais en prend une autre et monte sur Raphaële.)

CRÊTE DE COQ
Bon. Encore Raphaële.

L'ANGLAIS *(Baisant.)*
Aoh ! très natiourel. All right, all right, all right *(se relevant.)*
Aoh, je été très satisfaite. Je reviendrai Monsieur Miouchett.

MICHÉ
Miché.

L'ANGLAIS
Oh yes, very good Miché. Je reviendrai.
(L'Anglais sort, Miché aussi.)

SCÈNE XXVI

CRÊTE DE COQ, LES FEMMES

CRÊTE DE COQ
Ah ! ma pauvre Raphaële, si tu savais quel coup ça vous donne de te voir toujours entre les bras de ces individus.

RAPHAËLE *(Lui jetant sa capote au nez.)*
Allons lave ça et tais-toi.
(Crête de Coq sort.)

LES COUSINES DE LA COLONELLE

1880 – Marquise de Mannoury d'Ectot

« Pendant près d'un demi-siècle, toutes sortes de rumeurs ont circulé dans la société des libraires et des bouquineurs au sujet du mystérieux auteur des *Cousines de la Colonelle*. »[1] Pascal Pia tranche la question grâce aux confidences qu'il a recueillies d'Henri Kistemaeckers en personne. Au cours de ses recherches, l'éditeur belge révèle que ce texte lui fut proposé par la marquise de Mannoury d'Ectot. Avant la guerre de 1870, cette femme reçoit dans son château près d'Argentan Verlaine et d'autres personnalités du monde des arts et des lettres. Quelques années plus tard, se trouvant fort dépourvue, elle tente de survivre en rédigeant des romans érotiques. Publiés sous pseudonymes, ses écrits, non dénués de talent, sont attribués à des auteurs illustres tels qu'Alexandre Dumas ou Guy de Maupassant. Kistemaeckers, entre ses romans naturalistes et ses rééditions de littérature galante, préfère mettre la marquise en relation avec Jean Gay, le fils de Jules. Associé pour des ouvrages déclarés à Mlle Henriette Doucé, sous le label Gay & Doucé, ce couple qui n'en est pas un publie « sous le manteau » une centaine de *curiosa* en moins de dix ans. Ils souhaitent commander le frontispice à Félicien Rops. Le célèbre graveur belge, alors installé à Paris, a déjà réalisé moult gravures licencieuses, la plupart pour son ami Poulet-Malassis. Son attrait pour les femmes est connu, et Henriette n'est pas sans charme et sait en faire usage. Elle quitte Bruxelles et Jean Gay pour Paris, afin de suivre son nouvel amant, Eugène Lalouette. Rops, étonné, les voit s'installer près des grands boulevards : « La petite Doucé est maligne en diable ! Elle se fait construire rue Drouot, vis-à-vis l'éditeur Conquet, à côté de Rouveyre et je t'assure que cela sera bien et qu'elle fera de belles affaires. » Malgré sa méfiance vis-à-vis d'Eugène « encore un Belge sans nerfs et sans nez », Rops accepte de travailler pour Henriette suite à d'énigmatiques « services rendus », laissant le biographe Jacques Duprilot dubitatif[2] : « Nous n'avons pu faire la lumière sur la nature de ces services. » Cette collaboration ne durera pas, l'activité d'Henriette non plus. Ces charmes contribuent à son acquittement par la cour d'assises de la Seine en 1884, mais, de nouveau poursuivie, elle disparaît « dans la nature » en 1886.

Ormis la blanchisseuse qui, sous Louis XIV, franchissait les octrois parisiens les jupons chargés de littérature licencieuse, cet univers interlope reste longtemps réservé aux hommes. Nous pouvons être étonnés de voir Henriette Doucé et la marquise de Mannoury d'Ectot occuper des postes clés à une époque où l'on préfère voir les femmes cantonnées aux rôles de mère au foyer soumise ou de prostituée indolente. Elles sont les attachantes aïeules de Régine Deforges, Dominique Aury, Jeanne de Berg, Alina Reyes et tant d'autres qui, à la fin du XXe siècle, ont bouleversé nos habitudes en nous faisant découvrir leur regard sur l'érotisme.

1. Pascal Pia, *les Livres de l'Enfer*, Coulet & Faure, 1978, rééd., Fayard 1998.
2. Jacques Duprilot, *Gay & Doucé, éditeurs sous le manteau*, Astarté, 1998.

Chapitre VII

Il n'y avait guère plus de six semaines que Julia avait pris possession de l'hôtel de la rue de Courcelles, et déjà de grands changements s'étaient opérés dans son genre de vie.

Pour éviter les inconvénients d'une situation fausse, rendant impossible toute relation acceptable, Gaston avait fait prendre à sa jeune amie le pseudonyme de la vicomtesse Saniska, n'habitait pas ostensiblement son hôtel et lui présentait les uns après les autres ses amis du cercle, en leur racontant ce qu'il appelait le roman de la belle vicomtesse, laquelle, suivant son récit, après avoir inspiré une passion extrême à son époux, l'avait suivi dans sa patrie où l'infortuné vicomte après dix mois de bonheur se laissa passer de vie à trépas ; sa jeune veuve ne se sentant pas le courage de se confiner à perpétuité dans les steppes et les forêts de la Pologne dont les chemins lui paraissaient moins agréables que les allées du bois de Boulogne, elle revenait demander à la France, sa patrie, les plaisirs pour lesquels sa jeunesse semblait si bien faite.

Puis il la présenta, en disant confidentiellement la vérité, à une vieille amie à lui, la baronne de Sambreval, qui promit au vicomte d'introduire convenablement la jeune femme dans ce monde qui devait être désormais le sien, monde gai, aimable, où règne l'intelligence, l'esprit, et dont les frontières sont, au nord, le noble faubourg et l'austère bourgeoisie, au sud, la cocotterie.

Julia avait bien fait quelques difficultés ; elle craignait de sentir peser sur elle, une sorte de réprobation. Gaston fut pris d'un accès de gaieté en entendant cette confidence.

— Ne crains rien, ma bonne chérie, la société parisienne est une excellente personne, qui ne pardonne pas aux gens de l'obliger à savoir, mais qui n'est pas investigatrice : nul ne te demandera à quel arrondissement tu t'es mariée ; l'on s'en tiendra aux apparences.

Mme de Sambreval est la plus indulgente des vieilles femmes de Paris. En cela elle n'a pas tort ; il faut toujours, avant de jeter la pierre à quelqu'un, faire son examen de conscience.

— Est-ce qu'elle a eu ?...

— On dit même qu'elle a... mais cela ne nous regarde pas.

— Gaston, j'aimerais mieux ne voir personne. Si le monde allait nous éloigner l'un de l'autre.

— Mais non, au contraire, nous nous retrouverons avec plus de bonheur dans notre nid quand nous aurons été un peu fatigués par les banalités mondaines.

— Je ferai ce que tu voudras, mon cher bien-aimé, tu es mon bon génie et je t'aime, pour ton amour, pour tes prévoyantes délicatesses, pour tout ce que tu fais afin d'assurer mon bonheur, qui n'est cependant vulnérable que par un point.

— Lequel ?

— Celui de ton affection.

— En ce cas, enfant, va, va en paix et ne pèche jamais.

— Jamais ? demanda en riant la jeune femme.

— Avec un autre que votre seigneur, pas maître.

— Oh ! si, le maître, le maître adoré de mon cœur, de ma vie, de tout mon être.

— Nous allons bien voir cela.

Le déjeuner pendant lequel avait lieu cette conversation touchait à sa fin. Pierre avait servi le café et s'était, depuis un moment, discrètement retiré pour ne plus revenir sans être appelé ; le vicomte se leva de table en riant, saisit Julia par la taille, la força à se lever, puis, la poussant devant lui, la conduisit, malgré ses protestations, vers un divan du petit salon sur lequel il la fit tomber à genoux, la tête enfoncée dans les coussins.

— Reste là, si je suis le maître, lui dit-il ; alors, d'une main experte, il retroussa les jupes de la jeune femme avec le geste employé à l'égard des petites filles qu'on dispose pour recevoir une fessée et qui fit retomber en cloche sur la tête de Julia les plis moelleux de son peignoir.

— Ne bouge pas, je suis le maître !

La chemise rejoignit les jupes, et deux rondeurs charmantes émergèrent des flots de batiste et de dentelle.

Gaston arracha du divan une longue floche de soie qui se trouvait là et se mit en effet à administrer à son amie le châtiment redouté de l'enfance ; seulement les sillons roses qui, en général, sont la suite de ce vilain quart d'heure de Rabelais ne se produisirent pas ; les coups étaient donnés si doucement, si bien là où ils devaient atteindre, qu'ils ne produisaient qu'un voluptueux chatouillement, que des baisers passionnés interrompaient fréquemment. Julia voulait bien se redresser, mais un bras ferme la maintenait en position, et une grosse voix lui disait :

— Mademoiselle, suis-je le maître, oui ou non ? Ai-je le droit de vous châtier à ma guise ?

Et le châtiment continuait à s'exercer.

Il fut longuement donné, dura jusqu'au moment où Gaston, n'y tenant plus de passion, fit à son tour glisser sur ses cuisses nerveuses le vêtement protecteur de ses parties charnues à lui, et, escaladant le divan, vint s'étendre sur Julia et lui faire comprendre, en la transperçant de toute son ardeur trop longtemps contenue, que si l'amour n'a qu'une note à son service il emploie plusieurs moyens pour la faire vibrer.

Celui-ci était nouveau, et ne lui parut pas un des moins heureusement trouvés ; aussi le silence s'était fait chez Gaston. Julia ne bougeait pas.

— Es-tu morte, chérie ? demanda-t-il enfin.

— Mais non, mais non, au contraire

— Diavolo ! il paraît que le procédé te réussit, attends, en ce cas... et rends-moi la correction que tu viens de recevoir ; de fait, je la mérite.

En un bond, la jeune femme se leva, le veston de Gaston roula sur le tapis ; lui penché sur le divan et la chemise retroussée par le bras gauche de Julia : ce furent les mains mignonnes de cette petite mère d'un nouveau genre qui le fustigèrent aussi, puis l'embrassèrent. Par la cassure des deux fesses apparaissaient les petites pommes d'amour. La jeune femme, tout en fouettant, les effleurait parfois et celles-ci se gonflaient à nouveau de leur enivrante liqueur ; se baissant, elle les saisit entre ses lèvres roses et les roula dans sa bouche, les enduisit de sa chaude salive et semblait ne devoir point abréger ce charmant exercice, quand d'un brusque mouvement Gaston se retourna, la saisit à son tour, la jeta sur le dos, prit à poignée ses deux jambes, se les passa autour du corps comme une ceinture et, à genoux, devant elle, juste à la hauteur de sa grotte d'amour, s'y enfonça voluptueusement en lui montrant du geste une grande glace placée devant eux.

— Vois ! fit-il.

Alors elle vit le mouvement doux et régulier imprimant à l'instrument d'amour un va-et-vient exquis.

Emue délicieusement, Julia, d'un geste charmant, arracha les agrafes de son peignoir et sa gorge de déesse apparut frémissante de passion et de volupté ; Gaston promena sur le petit bouton rose qui dressait sa tête polissonne un doigt caressant et agile.

— Oh ! mon Gaston, je me sens mourir, mourir de bonheur.

— En ce cas moi aussi, répondit le jeune homme.

Un double cri de jouissance suprême s'échappa des lèvres du couple enlacé et le divan reçut le baptême amoureux qui jusqu'alors lui avait fait défaut. Quelques heures plus tard, Baptiste demandait à Dorothée certaine essence à détacher, dont la vieille caméariste avait une provision, et les deux serviteurs échangèrent un sourire rempli de sous-entendus en réparant les dégâts survenus au divan. Pendant ce temps-là, Gaston et Julia s'étaient rendus chez la baronne, en avaient reçu une invitation pour ses mardis, et partaient pour flâner au bois jusqu'à l'heure du dîner qui les ramènerait à l'hôtel ; un peu alanguis par les ébats de la matinée, mais heureux, aimant et trouvant absolument ineptes ceux qui se permettent de prétendre que la terre n'est pas un lieu d'absolues délices.

LES COUSINES
DE LA
COLONELLE

LA LÉGENDE DES SEXES

1882 – Edmond Haraucourt

« Ce livre est l'épopée du bas-ventre. *La Légende des sexes* n'est point une parodie, elle est un complément : le complément d'une œuvre gigantesque et lumineuse, mais incomplète à notre sens. » Voici les premiers mots de l'imposante préface d'Edmond Haraucourt, consacrée à la défense de son recueil de poésies qui parodie *la Légende des siècles*, cet incontournable monument de la littérature du XIXe siècle relatant l'universalité de l'aventure humaine. « Œuvre gigantesque », certes, mais il y manque l'intime, la sexualité, le royaume d'Éros est oublié. Alors qu'il n'a pas trente ans et n'a encore rien édité, Edmond décide de combler ce vide. Il publie son recueil à compte d'auteur « imprimé à Bruxelles pour l'auteur, 1882 » (l'achevé d'imprimer est daté du 15 avril 1883), sous le pseudonyme du sire de Chambley. Selon la justification, hors douze exemplaires sur japon, l'édition est annoncée en deux fois deux cents exemplaires, ce qui est fort peu probable vu le nombre qui circule encore. Pour faire plaisir aux bibliophiles libertins, il n'est pas rare de voir des éditions d'ouvrages clandestins proposées avec des tirages limités à quelques centaines d'exemplaires. Seulement, inconnus et inidentifiables, les éditeurs marrons ont toute latitude pour ne pas respecter leurs engagements.

Il y a aussi les contrefaçons, et Haraucourt n'est pas épargné. Il est furieux et juge la sienne de très mauvaise qualité. Peu accoutumé à l'édition clandestine, il l'attribue à Henri Kistemaeckers alors que la typographie et ses ornements nous laissent plutôt penser qu'il doit s'agir d'une œuvre d'Auguste Brancart. Très excédé, Haraucourt se rend à la Bibliothèque nationale et dépose lui-même l'un de ses exemplaires. Après cette œuvre de jeunesse, il continue de publier une œuvre poétique plus ou moins touchée par l'érotisme. Ce qui ne l'empêche pas d'être conservateur du musée du Trocadéro et du musée de Cluny puis président de la Société des gens de lettres. Il participe aussi à l'aventure du Chat noir, le cabaret montmartrois de Rodolphe Salis, avec des sonnets ou rondeaux qui n'ont rien à envier à sa *Légende des sexes*. Un de ses sonnets sera chanté plus tard par Suzy Solidor : « [...] Ouvre tout ce que l'on peut ouvrir / Dans les chauds trésors de ton ventre / J'inonderai sans me tarir / L'abîme où j'entre. »

Dans sa *Légende,* Haraucourt distille un humour que l'on ne rencontre pas chez Hugo. « Prétendez-vous qu'une civilisation altérée d'inconnu vous poussa à la dégradante imitation des bêtes ? Erreur et présomption ! La levrette, cet aristocratique animal du faubourg Saint-Germain ne nous a rien appris. Louis XVI connut avant nous les charmes qu'elle goûte : et naquit le Dauphin qui ne serait pas né. » et pour finir : « Et si, malgré le soin apporté par nous à quelques pièces, l'œuvre paraît ainsi trop facile et trop lâche en ses formes, nous répéterons encore que notre but fut moral avant tout puisque nous rentrons dans la sainte Nature, et que nous avons fait tâche moins souvent de littérateur, que de philosophe humanitaire et cynique. »

Eden

Dans l'éther infini, plein de profonds mirages,
Dans, l'azur insondable et vierge de nuages,
Le grand soleil montait, lentement, gravement :
Et l'Eden, ébloui du long rayonnement
S'éveilla. La nature amoureuse et ravie
Entonna le concert éclatant de la vie.
Tout remuait : Adam, le seul et le dernier,
Dormait les poings fermés, à l'ombre d'un pommier !
De larges ronflements bourdonnaient sur sa lèvre :
II avait eu la nuit des douleurs et la fièvre ;
Il avait fait un rêve, il avait mal aux reins :
Il avait cru voir Dieu, du haut des cieux sereins,
Descendre à petits pas ; et la dextre divine
Avait pendant longtemps fouillé dans sa poitrine
Pour y ravir un os qu'elle avait emporté…
Adam dormait toujours. Debout à son côté,
Eve le regardait, soucieuse, étonnée.

Le jour venait de naître où la femme était née.
L'homme ronflait. Une heure entière s'écoula ;
Eve, agacée enfin de le voir toujours là,
Eve, maligne et femme, Eve prit une pomme
Et la laissa tomber sur l'œil du premier homme.
Adam se redressa d'un seul bond : « Mille dieux ! »
Mais il aperçu Eve en se frottant les yeux.
Homme sans le savoir et galant de naissance
Il fit une profonde et grave révérence :
« Dieu fait bien ce qu'il fait ; Eblis seul fait le mal. »
Il se tut un instant, puis avec un sourire :
« Il fait bien chaud ! »

EVE
Oh oui.

ADAM
Le soleil est très fort !

EVE
Oh oui.

ADAM
C'est étonnant avec ce vent du nord…
Car c'est le vent du nord qui vient de la montagne.

EVE
Ah !

ADAM
Oui… connaissez-vous un peu notre campagne ?

EVE
Moi ? non. Je viens de naître.

ADAM
Ah ! de naître… Aujourd'hui ?

EVE
Oui.

ADAM
Je vous félicite… Eden vous plaît-il ?

EVE
Oui.

ADAM
Pensez-vous y rester quelques temps ?

EVE
C'est probable.

ADAM
Ah, tant mieux. Vous verrez : c'est un séjour aimable.
Je vous promènerai dans notre paradis.
Aimez-vous à causer ?

EVE
Que dites-vous ?

ADAM
Je dis :
Aimez-vous à causer ?

EVE
Je ne sais pas encore ;
Je ne peux pas savoir : je suis née à l'aurore.

Il se fit un silence. Adam pâle et songeur,
Promenait brusquement ses deux mains sur son cœur.

EVE
Vous cherchez quelque chose ?

ADAM
Il me manque une côte !

EVE
Dieu m'a créée avec : Ce n'est pas de ma faute.

ADAM
Tiens… La drôle d'idée ! Et quel est votre nom ?

EVE
Eve.

ADAM
Oh, le joli nom !

EVE
Vous me flattez…

ADAM
Mais non.
Moi, je m'appelle Adam.

EVE
Adam…

Nouveau silence :
Tous les deux s'étonnaient de tant de différence
Dans les formes du corps et les tons de la peau.
Adam la trouvait belle ; Eve le trouvait beau
Ils se taisaient, mais ils raisonnaient en revanche.

Adam reprit enfin : — Comme vous êtes blanche !
Pourquoi Dieu vous a-t-il mis des cheveux si longs ?
Les miens sont courts et noirs, et les vôtres tout blonds.
C'est vraiment très joli, ces lourdes tresses blondes…

EVE
Vous trouvez ?

ADAM
Très joli.... Mais ces machines rondes,
Là sur votre poitrine. A quoi cela sert-il ?

EVE
Je n'en sais rien. Mais vous, au-dessous du nombril.
Qu'est ce que vous portez dans cette touffe noire,
Sur ce double coussin ?

ADAM
Je m'en sers… après boire.

EVE
Seulement ? Cela doit vous gêner pour marcher ?

ADAM
Pas trop… On s'habitue.

EVE
Est-ce qu'on peut toucher ?

ADAM
Si vous le désirez…

EVE
J'en suis si curieuse.
Alors vous permettez ?…

Eve blanche et rieuse,
Avança doucement ses petits doigts rosés,
Puis, s'arrêtant soudain : — Je n'ose pas.

ADAM
Osez.
Est-ce qu'il vous fait peur ?

EVE
Peur ? Oh non : je suis brave.
Tiens ! C'est tout rouge au bout. On dirait une rave.
C'est pour le protéger sans doute, cette peau ?
Ce n'est pas laid du tout.

Adam
Oh... ce n'est pas très beau.

Eve
Mais, si : c'est très gentil.

Et les mignons doigts roses
Allaient, couraient, venaient, faisaient de courtes poses,
Comme des papillons voltigeant sur des fleurs.

Eve
Oh mais, regardez donc. Il a pris des couleurs,
Comme c'est drôle ! Il est plus grand que tout à l'heure
Il se dresse : il frémit. Ciel ! Une larme ; il pleure !

Eve essuya la larme à ses cheveux dorés.

Eve
Il pleure ! Il pleure encore ! Est-ce que vous souffrez ?

Adam
Au contraire.

Eve
Oh, Monsieur Adam ! il est énorme,
Maintenant il n'a plus du tout la même forme.
C'est très raide et très dur… A quoi peut il servir ?

Adam lui répondit, dans un profond soupir :
— Est-ce que vous croyez qu'il sert à quelque chose ?

Eve
Je n'en suis pas très sûre : au moins je le suppose.
Vous m'avez dit tantôt : « Dieu fait bien ce qu'il fait. »
Toute chose a son but si ce monde est parfait.

Adam
Oui si Dieu m'avait dit ce qu'il veut que je fasse
De ce… Mais vous, comment ?…

Eve
Moi je n'ai que la place.
C'est peut-être un oubli : voyez.

Adam (cherchant trop haut)
Je ne vois rien.

Eve
Non : pas là, maladroit ! Ici… Regardez bien.

Adam
C'est juste ! On vous a même arraché la racine !
La fosse est encore fraîche… Est-ce que la voisine communique ? …
Pour voir, si je mettais le doigt !

Eve
Mettez ce qu'il faudra.

Adam
Diable ! C'est bien étroit !

Il glissa sous la femme une main caressante...
Eve bondit, l'œil clos, la croupe frémissante,
Les seins tendres, les poings crispés dans ses cheveux.
Tout son être frémit d'un long frisson nerveux.
Et le soupir mourut entre ses dents serrées.

« Encore ! » Elle entr'ouvrit ses deux cuisses cambrées
Et le premier puceau vint tomber dans ses bras !
« Encore ! Cherche encore ! Oui. Tant que tu voudras. »

Comme il croisait ses mains sous deux épaules blanches,
Adam sentit deux pieds se croiser sur ses hanches.
Leurs membres innocents s'enlaçaient, s'emmêlaient
S'ils avaient pu savoir, au moins ce qu'ils voulaient !

O pucelage ! Alors presque sans le comprendre
Tous deux en même temps, d'une voix faible et tendre,
Murmurèrent : « Je t'aime ». Et le premier baiser
Vint, en papillonnant, en riant, se poser
Et chanter doucement sur leurs lèvres unies.

Dieu, pour les ignorants, créa deux bons génies :
L'Instinct et le Hasard. Or, au bout d'un instant,
Eve avait deviné ce qui l'intriguait tant.

Avez-vous jamais vu le serpent que l'on chasse ?
De droite à gauche, errant, affolé, tête basse,
En avant, en arrière, il va sans savoir où.
II s'élance ; il recule ; il cherche ; il veut un trou,
Un asile où cacher sa fureur écumante.
Il cherche : il ne voit rien et son angoisse augmente,
Mais lorsqu'il aperçoit l'abri qu'il a rêvé,
Il entre et ne sort plus. — Adam avait trouvé !
Un cri, puis des soupirs ; l'homme a compris la femme.

Les deux corps enlacés semblaient n'avoir qu'une âme.
Ils se serraient, ils se tordaient, ils bondissaient.
Les chairs en feu frottaient les chairs, s'électrisaient
Les veines se gonflaient. Les langues acérées
Cherchaient une morsure entre les dents serrées.
Des nerfs tendus et fous, des muscles contractés,
Des élans furieux, des bonds de volupté...
Plus fort ! Plus vite ! Enfin c'est la suprême étreinte,
Le frisson convulsif…

Eve, alanguie, éteinte,
Se pâme en un soupir et fléchit sur ses reins ;
Ses yeux cherchent le ciel, son cœur bat sous ses seins,
Son beau corps souple, frêle, et blanc comme la neige,
S'arrondit, s'abandonne au bras qui la protège.
Adam, heureux et las, se couche à son côté.
Puis, tous deux, lourds, le sein doucement agité
Comme s'ils écoutaient de tendres harmonies,
Rêvent dans la langueur des voluptés finies.
Mais Eve : — Dieu, vois-tu, ne fait rien sans raisons.
Dieu fait bien ce qu'il fait… Viens là ! recommençons...

CHARLOT S'AMUSE

1883 – Paul Bonnetain

« Amusant, oui, il l'est au possible, ce gamin de volume, et les plus moroses s'esbaudiront en le lisant », affirme Bonnetain le 28 novembre 1883… Sauf qu'il ne parle pas de son roman ! Le compliment s'adresse aux *Mémoires de Sarah Barnum,* qu'il préface pour faire plaisir à son auteur, la comédienne Marie Colombier (préface qui lui vaudra un duel avec Mirbeau, outré de l'affront fait à Sarah Bernhardt et soupçonnant Bonnetain d'en être le véritable auteur). En ce qui concerne *Charlot s'amuse,* il faut avouer qu'on ne s'y amuse pas tellement au long de ses 348 pages !

Ce titre ironique cache en réalité un sujet qui ne prête guère au rire, ni à la gaudriole – en tout cas pas en une époque où l'on ne badine pas avec les perversions et les manies honteuses. Écrit dans la veine naturaliste à la mode, voilà bien le roman du plaisir solitaire. Le triste Charles Duclos – Charlot – s'y adonne à l'onanisme de son enfance à son suicide, sa noyade suivant une dernière masturbation (d'ailleurs ratée…) « pour la route », si l'on ose dire. Pas étonnant qu'un ouvrage aussi (ou)vertement contraire aux bonnes mœurs ait eu maille à partir avec la censure. Bonnetain obtiendra pourtant un acquittement aux assises, la justice ayant sans doute été sensible au caractère médical de cette étude clinique d'un vice présenté comme une névrose menant le sujet à sa perte.

La préface de la première édition de *Charlot s'amuse*, signée Henry Céard, avait déminé le terrain : « C'est justement ce côté physiologique qui fait toute la chasteté, toute la morale de votre livre. Il est moral comme une leçon de l'École de médecine… » Heureusement pour les ventes, le public se laissera plutôt séduire par le succès de scandale. Bonnetain gagne donc son procès et du même coup le surnom de « Bonnemain » que lui vaut la rage masturbatoire qui anime son héros. Il récolte aussi, en passant, quelques vers railleurs du chansonnier Jules Jouy : « Don Quichotte de l'onanisme, / Drapé dans un méchant factum, / Il enfourche, plein d'héroïsme, / Le bidet de Sarah Barnum... »

L'épisode des mésaventures de Charlot présenté ici se situe au chapitre XI de la longue liste de ses problèmes en tout genre. Pendant son service militaire, ses camarades l'emmènent de force voir des filles (« Faut que tu y passes !... ordre du lieutenant ! »). Sur quoi ils le poussent dans une maison close en annonçant à la cantonade : « Ohé, les colombes ! Voyez-vous ce particulier-là ?... eh bien, il l'a encore ! » Contrairement au tabou de l'onanisme, l'initiation sexuelle du puceau est une scène généralement traitée sur le mode comique (par exemple, en 1887, *Le Rosier de Mme Husson,* de Maupassant). Pas ici ! Il y a un monde entre la réaction de Charlot et celle du baron de Gondremark (*La Vie parisienne*, 1866) dont le refrain gaillard est encore sur toutes les lèvres : « J'ai dû garder ma robe blanche / Jusqu'à mon mariage, mais / Je prétends prendre ma revanche. / C'est le moment ou bien jamais ! Je veux m'en fourrer jusque-là !… ».

Chapitre XI

Elles l'entouraient, se haussant sur la pointe des pieds, se bousculant pour le mieux voir, et le dévisageaient, curieuses, avec de longs éclats de rire.

— C'est-y vrai, dis ! Tu l'as encore ?

Il ne répondait pas. Rouge et pâle à la fois, les yeux perdus, haletant d'angoisse, il demeurait stupide et une sueur au front, n'ayant plus qu'une pensée, ne formulant qu'un souhait : voir le parquet s'entr'ouvrir sous ses pieds et l'engloutir loin, bien loin, dans les caves, profondément. La sous-maîtresse avait tourné la clé du compteur à gaz ; c'était dans le salon une illumination furieuse et crue sous laquelle son regard papillotait. Et le cercle se resserrait toujours autour de lui, avec l'envolée blanche des gestes câlins et la promenade devant sa figure des bras nus qui cherchaient à l'attirer. Il se débattait avec une résistance de son torse qu'il cambrait en arrière, mais les mains inertes et, pour se dégager, ne pouvant se décider à toucher, même du bout des doigts, les poitrines poudrerizées et les blancheurs troublantes qui s'étalaient autour de lui. On l'entraîna sur un canapé. Toutes les femmes voulaient l'avoir, et se le disputaient, disant que ça portait bonheur et que ce devait être très drôle.

Il avait envie de pleurer, mais ses deux compagnons ne pouvaient s'accommoder de cet attendrissement. Ayant fait choix de deux filles, ils s'approchèrent :

— Allez, hop ! Duclos ! faut déraper, mon vieux. T'avons pas mené ici pour rester à l'ancre sur des coussins. Tu vas donner six francs à Madame, pour nous trois, offrir ton aile à une de ces poulettes et monter avec nous…

Le malheureux ouvrit son porte-monnaie et paya, en sortant longuement les pièces une à une, avide de prolonger les quelques minutes qui le séparaient de sa condamnation, et livide comme un homme qu'on toilette pour l'échafaud. Puis, il lui fallut s'exécuter, choisir entre toutes ces ribaudes dont, hagard, il ne voyait que les gorges nues. Et, dans sa maladive exaspération contre la femme, il alla à la plus plate, une brune, coiffée à la Titus, habillée en bébé et pareille à un garçon. Elle eut un cri de triomphe, mais les autres pensionnaires grognaient. Cette traînée de Camélia avec ses œufs sur le plat enjôlait tous les hommes ! Qu'est-ce qu'elle pouvait bien leur faire, cette vache ? Et l'autre, ce mufle de puceau, il allait joliment s'étrenner !…

Charlot n'entendit rien. Titubant comme un ivrogne, il montait l'escalier derrière ses camarades.

Dans la chambre, il respira, sans rien voir d'abord de l'ameublement qu'un sopha sur lequel il se laissa tomber. Camélia vaquait à ses préparatifs, en chantonnant une romance. Elle vint à lui.

— T'es gentil tout plein, mon petit homme !… Qu'est-ce que tu vas me donner ?

Il comprit, et, pendant un moment, il eut un espoir. Une fois payée, elle le laisserait tranquille sans doute ; il pourrait s'en aller. Rouvrant son porte-monnaie, il lui tendit une pièce de cinq francs. Camélia tapa dans ses mains, toute joyeuse de cette largesse extraordinaire de la part d'un soldat, fourra la pièce dans un tiroir, et, les bras ouverts, courut au donateur.

— Comment t'appelles-tu ?

— Charles…

— Eh bien ! mon petit amour de Charles, il faudra que tu reviennes me voir. Tu sais, je suis gentille, moi ! Tu peux demander partout des renseignements sur Camélia…

Elle s'était assise près de lui et l'attirait. Il la repoussa, en entrebâillant davantage, sans le vouloir, le peignoir de la femme.

— Oh ! le petit cochon ! fit-elle en riant.

Et, croyant qu'il voulait la voir toute nue, elle se releva et se dévêtit, ne gardant que ses bas rouges, enrubannés d'une faveur noire aux genoux, puis elle revint au sopha.

Charlot la regardait sans un désir, silencieusement, et ayant à peine la vague curiosité de l'examiner de plus près. Il échappa encore à ses étreintes. C'était là la femme ? C'est ainsi que c'était fait ? Pouah ! Et il se redressa, raccrochant la boucle de son ceinturon pour cacher son dégoût.

— Bonsoir ! dit-il, et il se dirigea vers la porte.

Camélia le considéra d'abord comme stupéfaite, puis elle sauta sur lui, l'empoigna par les épaules et le ramena : Est-ce qu'il se foutait d'elle, par hasard ? Alors, il ne la connaissait pas ! Elle était Camélia !… On pouvait demander partout des renseignements !… S'imaginait-il qu'elle était malade ?… Non ! Non ! Ça n'allait pas se passer comme ça ; elle lui flanquerait plutôt ses cent sous sur la gueule ! C'était la plus sale chose qu'on pût faire à une femme : ne pas vouloir quand elle voulait. Puisqu'il avait payé pour monter chez elle, il ferait son affaire ! On était putain, mais bonne fille, et honnête en commerce… Qu'est-ce qu'elle lui avait donc fait ? Fallait qu'il le dise… Elle avait du cœur, elle n'était pas une mokotte, mais bien une Parisienne… Elle était née 286, faubourg du Temple… Connaissait-il ça…

Elle criait à présent, furieuse du mépris qu'elle lisait dans les yeux de l'homme. En passant; elle lui racontait sa vie, hachant ses phrases, la lèvre sifflante, mêlant les injures aux caresses. Il eut peur et revint s'asseoir, lui parlant de Paris, espérant qu'il en serait quitte avec une causerie de dix minutes. Mais, bientôt, la conversation tomba et il s'aperçut qu'elle était de Poitiers.

Elle ne l'en appelait pas moins toujours « pays » , et se donnait un accent faubourien. Tout en parlant, elle l'avait pris à la taille et cherchait à réveiller ses désirs.

— Ce diable de bébé qui l'a encore !

Des rires la rempoignaient. L'idée que ce grand garçon pâle, que ce troupier était vierge, l'amusait.

Charlot avait fermé les yeux, sentant monter à son cerveau l'ivresse alcoolique contenue jusque-là. Il ne voulait plus voir, d'ailleurs, cette chambre odieuse, ces banalités écœurantes, cette femme nue. Et, avec un sourire de pitié, il pensait aux folies que certains de ses camarades commettaient pour de pareilles créatures, au mal qu'ils se donnaient pour réunir quelques sous et venir se vautrer près d'elles, sur un sopha crasseux, dans un cabinet puant le renfermé et les eaux de toilette. Il se reportait alors aux douces heures qu'il passait la nuit, de faction : son plaisir solitaire avait un cadre sublime, au moins ! Et songeant à l'influence que la femme exerce sur tant de millions d'hommes, il s'étonnait, se sentant vaguement supérieur à l'humanité.

Tout à coup, le malheureux détraqué cessa de philosopher et rouvrit les paupières. La main de Camélia courait sur son corps. Brusquement, elle se fixa, et Charlot, stupéfait, sentit renaître les voluptés spéciales que Lucien lui avait jadis apprises. Il pouvait s'imaginer maintenant que son ami était revenu et recommençait ses anciennes caresses. Les lèvres de la fille vinrent alors se coller aux siennes, et l'illusion fut un instant complète. Mais au moment où il pâlissait de joie, la prostituée le lâcha, puis se coucha en l'attirant. Il se refusait, devinant soudain, mais elle l'étreignit plus fort, et, par peur d'une nouvelle scène, dans l'impérieux besoin, peut-être aussi, d'atteindre, coûte que coûte, le paroxysme voluptueux auquel il touchait tout à l'heure, il céda.

— Enfin ! cria la fille victorieuse.

Cinq minutes se passèrent, cinq minutes très longues. Camélia, surprise, soupirait. Charlot haletait, à bout d'efforts, voulait partir.

La courtisane, cependant, l'encourageait. Il avait peur sans doute, puisque c'était la première fois, ou bien, il avait bu trop de bière ? Il secouait la tête, ne sachant que répondre, furieux et honteux de son impuissance.

— Allons, ça va venir ! reprenait la femme.

Et elle l'aidait, usant de tous ses artifices de gouge experte, changeant de position, s'échinant à amener le sacrifice. Mais ses efforts et ses soins restèrent inutiles. Charlot, qui, assis à côté d'elle, redevenait homme sous ses agiles caresses, s'épuisait à conserver cette ardeur, lorsqu'il était entre ses bras.

A la fin, elle eut un juron. Alors, il lui échappa, se précipita dans l'escalier et s'enfuit.

Il courut longtemps, et loin, aussi loin qu'il put, jusqu'à ce que ses jambes lassées refusassent de marcher. Enfin, anxieux, époumoné, il se laissa tomber sur le sol. Il avait dépassé les fortifications, il était sur la route

des Maisons-Neuves, seul, dans le noir. Des fossés, une chanson de crapauds montait, mélancolique; plus loin un grillon monotone s'égosillait à geindre dans l'herbe des talus. C'était partout un parfum de lavande qui, avec une chaleur, rasait le sol. Le ciel était couvert de nuages et Charlot, navré et perdu dans l'obscurité, ne découvrait que des formes vagues et sombres. Oh ! comme il aurait voulu se retrouver à Castigneau, au bord de la rade, par une nuit étoilée ! Son désespoir, croyait-il, aurait cessé là-bas, devant la laiteuse et consolante clarté réfléchie par la mer, tandis qu'ici, il le sentait s'accroître de toute la pesanteur banale du paysage familier, dont, dans l'ombre, il reconstituait de mémoire les terrains vagues, les remparts, la route poussiéreuse, le cimetière là-haut et, dans le bas, le champ de manœuvre pierreux et nu arpenté tant de fois. Ce cadre détesté faisait suite au Chapeau-Rouge d'où il venait de fuir. Il n'osait y évoquer les rêves dont, d'ordinaire, il charmait sa solitude, avec la terreur inavouée de constater encore son impuissance, malgré l'absence de Camélia. L'heure passant, il se décida enfin à tenter l'expérience, écoutant, tremblant en lui-même. Bientôt, il eut un soupir soulagé : dociles, les sensations ordinaires s'éveillaient à son appel. Qu'avait-il donc tout à l'heure, là-haut ? Etait-ce le dégoût ? Mais il se rappelait fort bien que son dégoût avait disparu, lorsqu'il s'était abandonné entre les bras de la fille, pour retrouver coûte que coûte ses spasmes interrompus. Qu'était-ce donc ? Cet inconnu en venait peu à peu à l'effrayer, et, sous l'impression de la tristesse obscure du milieu, il se laissait aller à un attendrissement d'une désespérance infinie. Certes oui, il méprisait la femelle et ce n'était pas celle de ce soir qui le guérirait de sa misogynie ; certes oui, il ne reviendrait pas dans ce Ghetto ignoble et crapuleux s'accoupler à quelque gouge : il aimait trop pour cela sa chère solitude et ses solitaires plaisirs ; mais cependant, il regrettait le rôle ridicule qu'il avait tenu. Oui ou non, était-il un homme comme tous les autres ? L'idée qu'il se trouvait hors de cette humanité par lui méprisée l'hébétait presque. Son orgueil se cabrait. Il voulait, le misérable, ne pas vivre comme ses camarades, mais non leur être inférieur. Et cependant, cela devait être ainsi : il ne valait pas les deux soiffards abrutis avec qui, toute la soirée, il avait roulé de caboulot en caboulot ! Sur cette constatation navrante, son cœur se creva, et, longtemps, il sanglota dans la nuit.

Le lendemain, à son réveil, les premiers camarades qu'il rencontra furent ses deux compagnons de débauche. Ils riaient. Camélia avait dû sans doute leur parler de sa déconvenue, et à cette idée, le rouge monta à la figure de Charlot.

— Eh bien, pierrot ! firent les deux troupiers, il paraît que nous avons déserté ?

Du geste, il leur demanda le silence.

LES STUPRA

1883 – Arthur Rimbaud

Sarane Alexandrian est catégorique[1] : « Quant aux *Stupra,* sonnets que Verlaine aurait écrits avec Rimbaud[2], ce sont des faux sauf un seul, le *Sonnet du trou du cul*, parodie du *Sonnet des fesses* que publia Albert Mérat dans son recueil *l'Idole.* Les autres *Stupra* ont été fabriqués par un habile pasticheur d'après des expressions de Rimbaud que Verlaine a citées en épigraphe à deux de ses poèmes : « Nos fesses ne sont pas les leurs », et sa définition de la femme : *ange ou pource* (féminin de pourceau). Les *Stupra* furent mis au jour en 1923 par Pascal Pia, spécialiste des supercheries littéraires, et accréditées par Aragon, qui signa Marcelle la Pompe la préface de la réédition de 1925. » Les accusations portées par Alexandrian sont un peu confuses. Il cite Pia. Ce grand érudit de la littérature clandestine est un pasticheur hors pair, maîtrisant le style des grands auteurs français. Il a à son actif au moins un Baudelaire (*À une courtisane,* en 1925), une bonne partie des œuvres érotiques d'Apollinaire (*Julie ou la rose, Cortège priapique*), les *Jeux innocents* de Radiguet (1926). En 1949, il présente l'édition de *la Chasse spirituelle*, un manuscrit disparu de Rimbaud qui, après avoir fait couler beaucoup d'encre, s'avère être un faux. Sa position de découvreur et spécialiste de la littérature clandestine facilite ses mystifications. Il est établi que Pia a ajouté un *Stupra* (*la Serveuse*) de sa main à l'édition qu'il publie chez René Bonnel en 1925. Alexandrian peut être méfiant mais André Guyaux, qui a établi les *Œuvres complètes* pour la Bibliothèque de la Pléiade, ne l'entend pas de cette oreille. Pour les rimbaldiens, Arthur a bien dicté à son ami Ernest Delahaye les deux poèmes licencieu *les Anciens animaux…* et *Nos fesses ne sont pas les leurs…* Ernest les a communiqués à Verlaine par une lettre du 14 octobre 1883.

Ce qui est difficile à saisir chez Rimbaud, ce mystérieux enfant prodigue, étoile filante de la poésie française, c'est son incompréhensible musique des mots. Comment interpréter « Un hydrolat lacrymal lave / Les cieux vert-chou : / Sous l'arbre tendronnier qui bave / Vos caoutchoucs » ou « A, noir corset velu des mouches éclatantes / qui bombinent autour des puanteurs cruelles, » ? C'est ainsi, comme des notes qui se suivent sur la partition, comme des images assemblées dans un diaporama. C'est l'âme de la jeunesse – Arthur a composé ses plus beaux poèmes entre seize et vingt ans –, c'est hermétique et c'est beau. Pour autant, certains de ses vers se veulent accessibles. Nous avons tous en tête la magie du *Dormeur du val,* avec sa chute terrifiante qui, en quelques mots, nous en dit plus sur l'usage des armes que tous les manuels militaires : « Il dort dans le soleil, la main sur la poitrine / Tranquille. Il a deux trous rouges au côté droit. » Place à l'Amour, au cheval et au bœuf…

1. Sarane Alexandrian, *Histoire de la littérature érotique*, 1989, Seghers, rééd. Payot, 1995.
2. Rimbaud, *Œuvres complètes*, édition établie par André Gyaux, avec la collaboration d'Aurélia Cervoni, N.R.F., Gallimard, 2009.

I

Les anciens animaux saillissaient, même en course,
Avec des glands bardés de sang et d'excrément.
Nos pères étalaient leur membre fièrement
Par le pli de la gaine et le grain de la Bourse.

Au Moyen Age pour la femelle, ange ou pource,
Il fallait un gaillard de solide grément ;
Même un Kleber, d'après la culotte qui ment
Peut-être un peu, n'a pas dû manquer de ressource.

D'ailleurs l'homme au plus fier mammifère est égal ;
L'énormité de leur membre à tort nous étonne ;
Mais une heure stérile a sonné : le cheval

Et le bœuf ont bridé leurs ardeurs et personne
N'osera plus dresser son orgueil génital
Dans les bosquets où grouille une enfance bouffonne.

II

Nos fesses ne sont pas les leurs. Souvent j'ai vu
Des gens déboutonnés derrière quelque haie,
Et, dans ces bains sans gêne où l'enfance s'égaie,
J'observais le plan et l'effet de notre cul.

Plus ferme, blême en bien des cas, il est pourvu
De méplats évidents que tapisse la claie
Des poils pour elles, c'est seulement dans la raie
Charmante que fleurit le long satin touffu.

Une ingéniosité touchante et merveilleuse
Comme l'on ne voit qu'aux anges des saints tableaux
Imite la joue où le sourire se creuse.

Oh ! de même être nus, chercher joie et repos,
Le front tourné vers sa portion glorieuse,
Et libres tous les deux murmurer des sanglots ?

LE SONNET DU TROU DU CUL

Par Arthur Rimbaud et Paul Verlaine

*En forme de parodie d'un volume d'Albert Mérat, intitulé l'*Idole*,*
où sont détaillées toutes les beautés d'une dame : sonnet du front,
sonnet des yeux, sonnet des fesses, sonnet du... dernier sonnet.

Obscur et froncé comme un œil violet,
Il respire, humblement tapi parmi la mousse
Humide encor d'amour qui suit la rampe douce
Des fesses blanches jusqu'au bord de son ourlet.

Des filaments pareils à des larmes de lait
Ont pleuré sous l'autan cruel qui les repousse,
A travers de petits caillots de marne rousse,
Pour s'aller perdre où la pente les appelait.

Mon rêve s'aboucha souvent à sa ventouse,
Mon âme du coït matériel jalouse
En fit son larmier fauve et son nid de sanglots.

C'est l'olive pâmée et la flûte câline,
Le tube d'où descend la céleste praline,
Chanaan féminin dans les moiteurs enclos.

ODOR DI FEMINA

1890 – Edmond Dumoulin

La naissance de la littérature pornographique peut être située en 1890. Bien sûr, la littérature est « La » littérature, et il est inconcevable de tenter de la classifier en érotique, pornographique, historique, romantique, ou autres. Mais, la littérature où l'érotisme (pas facile à définir non plus) domine, toujours en lutte contre l'obscurantisme, contestant les pouvoirs en place, est plutôt gaillarde et satirique pour les XVIe et XVIIe siècles, et philosophique pour le XVIIIe. Pour le XIXe siècle, elle est plutôt séditieuse jusqu'à l'arrivée de l'éditeur Auguste Brancart. De Bruxelles puis d'Amsterdam, il diffuse officiellement quelques dizaines d'œuvres du domaine galant telles que *la Nuit et le moment,* de Crébillon fils, ou *le Sultan Misapouf,* de Voisenon. Mais on lui doit surtout près de trois cents publications clandestines à caractère exclusivement pornographique. Les différents alibis, grivoiserie, philosophie, féminisme ou même la connotation anticléricale disparaissent pour céder la place à une sexualité débordante de réalisme. Ses principaux « poulains », Le Nismois (Alphonse Momas) et E. D. (Edmond Dumoulin ?), se partagent la plus importante partie du catalogue clandestin. On doit à Momas environ soixante-quinze textes et autant de rééditions. Pour Dumoulin, environ vingt-cinq titres qui ont fait l'objet d'une centaine d'éditions et de rééditions. Chacun tente de percer le secret des mystérieuses initiales E. D. et de ce style apprécié par les trois critiques de littérature clandestine de son temps[1] : « E. D., sur lequel on n'a pas beaucoup de renseignements, serait, d'après les uns, un courtier en vins de Bordeaux, selon les autres, un fonctionnaire de la Gironde. Son nom serait Dumoulin. [...] C'est un des plus voluptueux et le plus sensuel des auteurs sous le manteau de la fin du XIXe siècle et parfois il a de l'esprit. »

Pendant la Belle Époque, entre la défaite de 1870 et la guerre de 1914-1918, la nébuleuse pornographique n'est pas vraiment pourchassée. Pour celui qui fréquente les Grands Boulevards, il n'est pas difficile d'acquérir ces ouvrages diffusés « sous le manteau » à quelques centaines d'exemplaires. Mais lorsque le conflit avec l'Allemagne approche, la France doit donner une image respectable dénuée de toute pornographie. Puis – cela reste à prouver –, le libertinage nuirait à la fécondité, et la natalité ne doit pas être contrariée. Les condamnations, qui se comptent sur les doigts de la main de 1890 à 1910, pullulent durant les quelques années devançant la déclaration de guerre. Les œuvres d'E. D. ne sont pas épargnées, malgré leur style toujours apprécié : « Ce qui est sûr, c'est qu'on rencontre rarement dans ce style de production, ce naturel jubilatoire, cette tranquille impudeur, ce libertinage poussé paisiblement à l'extrême tels qu'on les trouve dans *Odor di Femina.* »[2]

1. G. Apollinaire, F. Fleuret, L. Perceau, *l'Enfer de la Bibliothèque nationale,* Bibliothèque des Curieux, *1919.*

2. Jean-Jacques Pauvert, dans sa préface pour *Odor di Femina*, collection Lectures amoureuses, La Musardine, 2001.

Colette l'aimable fermière

Écœuré par les senteurs affadissantes qu'exhalent les dégrafées musquées et fardées de tous les mondes, véritables poupées en cire, qui se livrent à vos caresses, veules et inertes sans la moindre ombre de pudeur, incapables d'une étincelle, je fus pris de la fantaisie d'essayer du piquant des amours naturalistes. Je quittai Paris, dans les derniers jours de mai, venant m'installer pour six mois dans mes terres, dans un coin du Midi, où les femmes ne sont pas en carton pâte, où de la belle chair fraîche recouvre les os. Elles ont un libre langage, et sont en général d'un accès facile, sans pour cela être dévergondées.

Elles entendent sans sourciller les plaisanteries les plus raides, les mots les plus crus, répondant sur le même ton, sans cependant consentir à la bagatelle dès le premier assaut ; mais peu d'entre elles, filles ou femmes, résistent à l'appât d'un beau louis d'or, qu'elles mettent plus de quinze jours à gagner, parfois plus d'un mois, et qui leur permet d'ajouter des colifichets à leur parure, fières d'écraser leurs compagnes de leur luxe.

Aussi viens-je de me vautrer, honni soit qui mal y pense, dans la nature jusqu'au cou, fermières, faneuses, moissonneuses, vendangeuses, femmes, et filles m'ont fourni des terrains d'expérience, et j'ai trouvé là toutes les senteurs inhérentes à leur sexe, la véritable « odor di femina ».

Si la première impression est un peu défavorable, on s'y fait assez vite, car on trouve dans ces bras robustes des étreintes vigoureuses, sur ces corps plantureux à la chair ferme et dure un vrai coussin élastique, tandis que vous êtes voluptueusement et chaudement logé dans les charnières satinées, aux lèvres fraîches et vermeilles, que n'ont pas fané des contacts compromettants, et dont les porteuses y vont de bon cœur et de bonne croupe, vous faisant sauter sur leur ventre, en prenant une bonne part à votre plaisir, surtout quand vous avez affaire à une femme mariée qui, n'ayant pas à redouter les suites, ayant dans son mari le pavillon qui endosse la marchandise, fait le meilleur accueil à votre offrande.

Avec les filles, je suis plus circonspect, on devine pourquoi, excepté quand je voyage dans la voie opposée, où l'on peut s'épancher sans danger, car je ne trouve guère de récalcitrantes dans ces belles encroupées, qui me prêtent volontiers leur superbe reposoir, après une première exploration, si la forteresse est toujours un peu dure à enlever, dans cette affaire il n'y a que le premier pas qui coûte. Je dis belles encroupées, car elles ont toutes des croupes rebondies dont le développement est dû en partie aux travaux des champs qui les inclinent vers la terre, obligeant la mappemonde à s'épanouir dans cette posture penchée.

La première dont j'obtins les faveurs, un peu par force, fut Colette la femme d'un de mes fermiers. Elle ne connaissait pas mon retour, je la surpris juchée sur une branche de cerisier, où elle avait dû grimper comme un garçon, cueillant des cerises dans son tablier. Elle ne m'avait pas entendu venir, car je l'avais aperçue d'assez loin, et comme elle me tournait le dos, je m'approchai à pas de loup jusqu'à l'arbre sur lequel elle était perchée.

Ce n'est pas la coutume chez les femmes de la campagne de porter des pantalons, aussi en levant le nez, j'eus sous les yeux des perspectives fort alléchantes, un peu dans l'ombre sous les jupes et dans le crépuscule qui tombait, mais je voyais assez de la chair nue des jambes et des cuisses pour me rendre compte que la jeune femme était bien roulée. À ce moment elle fit un mouvement et m'aperçut le nez au vent ; la surprise qu'elle éprouva faillit lui être fatale, elle glissa sur la branche, je tendis les mains pour l'attraper au vol, mais après avoir lâché son tablier, laissant les cerises dégringoler, elle s'accrocha, et resta à califourchon sur la grosse branche, les jupes retroussées très haut, laissant voir jusqu'aux fesses.

Elle n'osait pas faire un mouvement, et restait exposée dans une indécence, qui me comblait d'aise. Enfin sur mon conseil, elle s'avança en s'aidant de ses mains sur la branche, m'offrant les plus aimables horizons, surtout quand elle embrassa le tronc de l'arbre, pour se laisser glisser à terre, où je la reçus dans mes bras. Elle était toute interdite, et moi tout allumé par le souvenir des excitantes nudités dont elle venait de régaler mes yeux, et je me demandais comment j'allais lui faire payer son larcin.

Au lieu de m'amuser à la gronder, je la tenais serrée contre moi, pressant sous mes mains une belle gorge libre de corset, dont je sentais palpiter les gros seins sous la légère toile, comme s'ils étaient nus, tout en l'embrassant fortement sur ses grosses lèvres rouges, qu'elle m'abandonnait, et en lui vantant les charmes ravissants qu'elle venait de m'exhiber si indécemment. Je voyais une rougeur pudique envahir ses joues, malgré la nuit qui tombait. Je m'avisai de passer ma main sous ses jupes, elle ne fit pas la moindre résistance, mais elle serrait énergiquement les cuisses, comme pour m'empêcher de gagner les hauteurs pudibondes.

Devant cet obstacle, je m'avisai de prendre un détour, qui réussit généralement, je tournai la difficulté, en venant par-derrière, faisant glisser ma main sous les fesses par la large sente qui offre un facile passage à l'invasion de ces parages et, malgré la défense toujours énergique des cuisses, j'arrivai facilement au but, par cette voie large et glissante. Comme si elle n'attendait que ça pour se déclarer vaincue, Colette écarta les cuisses, et je pus enfin la caresser tout à mon aise. Son con brûlant consentait lui aussi, car il s'ouvrait sous mes doigts comme pour les engager à entrer. Ses genoux ployaient, elle s'affaissait peu à peu, si bien qu'elle s'assit enfin, et glissa étendue sur le gazon.

Je portai mes doigts sous mon nez, ils fleuraient un peu la crevette, mais l'odeur était très supportable, et la pensée que j'eus de m'arrêter en chemin n'eut pas la durée d'un éclair ; puis, ce que j'allais y mettre aurait joliment eu tort de faire le dégoûté ; si c'eût été l'organe délicat de la parole, peut-être aurais-je hésité, mais sire Jacques n'avait pas le droit de se montrer difficile, il n'avait pas toujours occupé des logis aussi avenants. Et vive la nature d'ailleurs ! Elle était trop engageante cette offre que me faisait l'ouverture béante, pour que je restasse muet, et je vins m'étendre sur le corps qui attendait le mien, bien que cette posture ne fût pas sans danger à cause des surprises possibles dans ce clair-obscur.

J'entrai dans une véritable fournaise, assez difficilement, malgré la bonne volonté qu'y mettait la jeune femme, qui n'avait pas eu d'enfants depuis deux ans de mariage, et j'ai un volume assez coquet. Par exemple, je ne sais de qui elle avait pris des leçons, mais elle jouait du croupion, comme la plus habile praticienne que j'aie tenue sous moi, et ici on sentait que c'était la nature qui agissait et non le talent, elle me secouait sur son corps, et elle y allait de si bon cœur, qu'elle s'épancha deux fois, pendant qu'elle me tirait des larmes de plaisir.

Je l'aidai à ramasser les cerises répandues, je lui glissai en même temps une pièce d'or dans la main, qu'elle eut l'air de refuser, mais qu'elle engloutit fort bien dans la poche de son tablier. Comme elle était à genoux, pour ramasser les cerises, penchée en avant, cette posture engageante m'invita à la prendre en levrette.

Je vins derrière elle, lançant ses jupes sur ses reins, mettant au jour, si on peut parler ainsi à cette heure, le beau reposoir arrondi. Elle comprit ce que je lui voulais, connaissant sans doute la posture, car elle posa ses mains à terre, s'accrochant à l'herbe, pour s'arcbouter et recevoir le choc sans broncher. Elle avait une superbe paire de fesses, que je n'avais pas pu bien voir à cheval, sur la branche ; je passai sous cette belle arche de chair, me glissant dans la fournaise toujours ardente, quoique humide de la récente escarmouche, plus facilement que la première fois, entre les parois lubrifiées. Elle me devança encore, malgré le plaisir indicible que j'éprouvais à heurter ces superbes fesses rebondies. Je l'inondai jusqu'au cœur.

Nous nous en allâmes chacun de notre côté. Cet opulent fessier, si abondant, si ferme, si élastique me hantait la cervelle, depuis que je l'avais pressé sous mon ventre, pendant la fouille en levrette. Chaque fois que je la rencontrais seule chez elle, je profitais de l'occasion pour découvrir le charmant objet et le caresser, la prenant ainsi pour sentir ses belles fesses, blanches comme celles d'une duchesse contre ma peau ; mais je n'avais pas eu encore le loisir de me loger dans l'arrière-train, opération délicate, pour laquelle il faut du temps et des précautions. Je l'y préparais de longue main, et enfin un beau jour que nous avions tout notre temps, elle consentit à m'y recevoir.

Pucelage de Colette.

Elle se lavait à grande eau maintenant, je le lui avais conseillé pour une surprise que je lui ménageais, et que je ne me serais pas avisé de lui faire à l'époque où elle se lavait à la hâte avec trois gouttes d'eau, en faisant sa toilette matinale. Comme nous avions du temps devant nous, et que nous ne courions aucun risque, je commençai par la surprise.

Jamais femme ne fut étonnée comme celle-ci, quand elle me vit inaugurer le divertissement inconnu d'elle. Elle m'écartait de ses deux mains, reculant son derrière, comme si elle était honteuse de me voir agenouillé devant ce qui s'ouvre pour pisser, mais j'insistai si bien que, trouvant la chose bonne, exquise, elle se laissa faire, me portant son con satiné, l'appuyant fortement et se frottant sur mes lèvres, pressant ma nuque de ses deux mains, goûtant trois fois sans une cesse, une volupté ineffable.

Je l'installai ensuite sur le bord du lit et je vins sous ses jupes troussées attaquer la place forte, après avoir contemplé et caressé le beau derrière bien propre et bien blanc. Elle fut encore surprise des caresses inédites que prodiguaient à ce coin délaissé du mari, mes lèvres et ma langue la préparant à me recevoir. Elle m'aida sur mon conseil à percer l'étui, malgré la souffrance inséparable d'un premier début, que lui causait l'élargissement de l'entrée plissée, par la grosse machine, s'enfourrant péniblement dans les parois dilatées, jusqu'aux profondeurs de l'abîme. Je dus la secourir de mes doigts glissés sous sa toison noire, et bien qu'elle vînt de payer plusieurs fois sa rançon, elle éclata en pleurs avant moi, elle jouissait encore, soufflant comme un blaireau, quand elle se sentit pénétrée jusqu'aux entrailles.

Je lui montrai à emboucher la trompette en lui recommandant de se retirer avant l'issue de l'événement, mais quand elle sentit venir la pluie, elle garda le robinet dans la bouche, avalant toute la décharge jusqu'à la dernière goutte, sans éprouver le moindre haut-le-cœur. Cette obstination à téter mon sucre d'orge, malgré ma recommandation, ne fut pas le moins agréable de l'affaire.

C'était une compensation à la rosée que j'avais lampée dans sa fontaine d'amour, me dit-elle en s'essuyant les lèvres.

APHRODITE

1896 – Pierre Louÿs

Présenter un extrait d'*Aphrodite* plutôt que de *Trois Filles de leur mère* ou du *Manuel de civilité* est un choix délibéré. Pierre Louÿs demeure aujourd'hui, aux yeux des amateurs, l'auteur de *curiosa* le plus talentueux alors que de son vivant personne n'avait connaissance de cette facette sulfureuse. Le maître a toujours caché ses écrits pernicieux maintenant régulièrement réédités[1]. Mais, à son décès, des centaines de kilos de documents inédits sont vendus par ses héritiers, dont ces innombrables manuscrits pornographiques plus ou moins achevés qui font rapidement l'objet de publications clandestines. Son œuvre déclarée n'est toutefois pas dénuée d'érotisme.

La correspondance régulière qu'il échange avec son frère nous permet de connaître la genèse d'*Aphrodite*[2]. En 1892, alors qu'*Astarté*, son premier recueil de poésies, vient de paraître, Louÿs est à Londres en visite chez son ami Oscar Wilde, qui fait répéter sa dernière pièce, *Salomé,* à Sarah Bernhardt. Lorsqu'elle rencontre le jeune poète, la célèbre tragédienne le provoque : « Vous êtes poète ? Alors faites-moi une pièce. » Pierre la prend aux mots et ébauche *Chrysis, drame en trois actes, en prose et en vers*. Sarah ne sera jamais Chrysis mais Louÿs, remaniant pendant quatre ans ce texte, finit par le publier sous le titre d'*Aphrodite*. La pièce est devenue un roman qui révèle au Tout-Paris de la Belle Époque son génie de chroniqueur de la Grèce antique et de ses mœurs. Il abuse de ses talents en présentant un recueil de poésies, *les Chansons de Bilitis,* comme sa traduction de vers composés par une poétesse ayant vécu au VIe siècle avant notre ère. Il faut croire que le mystificateur a de l'habilité car le monde des lettres est dupé et lui en voudra toute sa vie. On trouve même un professeur de la faculté de Lille pour lui communiquer des variantes faites à partir des originaux… qui ne peuvent exister que dans l'esprit de Louÿs !

Bilitis et Aphrodite sont sœurs : « Dans l'œuvre de Louÿs, *Aphrodite* ne saurait être séparée de cet autre "livre d'amour antique" que sont *les Chansons de Bilitis* », souligne son biographe Jean-Paul Goujon[3]. Car, parmi ses perversions, Louÿs a un penchant certain pour les *sœurs de Lesbos*. Alors que, malgré son amitié avec Wilde et Gide, il garde une répulsion pleine d'ambigüité pour l'homosexualité masculine, plaçant dans la bouche de Chrysis des arguments où elle n'épargne qu'elle : « Si un couple amoureux se compose de deux femmes, il est parfait ; s'il y en a qu'une seule il est moitié moins bien ; s'il n'en a aucune, il est purement idiot. » Gardons de Louÿs le souvenir d'un érudit dévoué, par l'ensemble de son œuvre, aux seules divinités qu'il respecte, Éros et Aphrodite, et brocardant la religion monothéiste en se présentant comme « catholique de naissance, très sincèrement païen de foi ».

1. Cf. La collection des « Lectures amoureuses » de Jean-Jacques Pauvert publiée par La Musardine.
2. Jean-Paul Goujon, *Pierre Louÿs, une vie secrète 1870-1925*, Seghers/Jean-Jacques Pauvert, 1988.
3. *In* la préface de Jean-Paul Goujon pour Pierre Louÿs, *Aphrodite*, Gallimard, Folio Classique, 1992, rééd. 2002.

L'invitation

Vers le milieu de la nuit, Chrysis fut réveillée par trois coups frappés à la porte.

Elle avait dormi tout le jour entre les deux Ephésiennes, et sans le bouleversement de leur lit on les eût prises pour trois sœurs ensemble. Rhodis était pelotonnée contre la Galiléenne, dont la cuisse en sueur pesait sur elle. Myrtocleia dormait sur la poitrine, les yeux sur le bras et le dos nu.

Chrysis se dégagea avec précaution, fit trois pas sur le lit, descendit, et ouvrit la porte à moitié.

Un bruit de voix venait de l'entrée.

« Qui est-ce, Djala ? qui est-ce ? demanda-t-elle.

— C'est Naucratès qui veut te parler. Je lui dis que tu n'es pas libre.

— Mais si, quelle bêtise ! certainement si, je suis libre ! Entre, Naucratès. Je suis dans ma chambre. »

Et elle se remit au lit.

Naucratès resta quelque temps sur le seuil, comme s'il craignait d'être indiscret. Les deux musiciennes ouvraient des yeux encore pleins de sommeil et ne pouvaient pas s'arracher à leurs rêves.

« Assieds-toi, dit Chrysis, Je n'ai pas de coquetterie à faire entre nous. Je sais que tu ne viens pas pour moi. Que me veux-tu ? »

Naucratès était un philosophe connu, qui depuis plus de vingt ans était l'amant de Bacchis et lui restait fidèle, plutôt par indolence que par fidélité.

Ses cheveux gris étaient coupés courts, sa barbe en pointe à la Démosthène et ses moustaches au niveau des lèvres. Il portait un grand vêtement blanc, fait de laine simple à bande unie.

« Je viens t'inviter, dit-il. Bacchis donne demain un dîner qui sera suivi d'une fête. Nous serons sept, avec toi. Ne manque pas de venir.

— Une fête ? A quelle occasion ?

— Elle affranchit sa plus belle esclave, Aphrodisia. Il y aura des danseuses et des aulétrides. Je crois que tes deux amies sont commandées, et même elles ne devraient pas être ici. On répète chez Bacchis en ce moment.

— Oh ! c'est vrai, s'écria Rhodis, nous n'y pensions plus. Lève-toi, Myrto, nous sommes très en retard. »

Mais Chrysis se récriait.

« Non ! pas encore ! que tu es méchant de m'enlever mes femmes ! Si je m'étais doutée de cela, je ne t'aurais pas reçu. Oh !… les voilà déjà prêtes !

— Nos robes ne sont pas compliquées, dit l'enfant. Et nous ne sommes pas assez belles pour nous habiller longtemps.

— Vous verrai-je au temple, du moins ?

— Oui, demain matin, nous portons des colombes. Je prends une drachme dans ta bourse, Chrysé. Nous n'aurions pas de quoi les acheter. A demain. »

Elles sortirent en courant. Naucratès regarda quelque temps la porte fermée sur elles ; puis il se croisa les bras et dit à voix basse en se retournant vers Chrysis :

« Bien. Tu te conduis bien.

— Comment ?

— Une seule ne te suffit plus. Il t'en faut deux, maintenant. Tu les prends jusque dans la rue. C'est d'un bel exemple. Mais alors, veux-tu me dire, mais qu'est-ce qu'il nous reste à nous, nous les hommes ? Vous avez toutes des amies, et en sortant de leurs bras épuisants vous ne donnez de votre passion que ce qu'elles veulent bien vous laisser. Crois-tu que cela puisse durer longtemps ? Si cela continue ainsi, nous serons forcés d'aller chez Bathylle…

— Ah ! non ! s'écria Chrysis. Voilà ce que je n'admettrai jamais ! Je le sais bien, on fait cette comparaison-là ! Elle n'a pas de sens ; et je m'étonne que toi, qui fais profession de penser, tu ne comprennes pas qu'elle est absurde.

— Et quelle différence trouves-tu ?

— Il ne s'agit pas de différence. Il n'y a aucun rapport entre l'un et l'autre ; c'est clair.

— Je ne dis pas que tu te trompes. Je veux connaître tes raisons.

— Oh ! cela se dit, en deux mots ; écoute bien. La femme est, en vue de l'amour, un instrument accompli. Des pieds à la tête elle est faite uniquement, merveilleusement pour l'amour. *Elle seule sait aimer. Elle seule sait être aimée.* Par conséquent : si un couple amoureux se compose de deux femmes, il est parfait ; s'il n'en a qu'une seule il est moitié moins bien ; s'il n'en a aucune, il est purement idiot. J'ai dit.

— Tu es dure pour Platon, ma fille.

— Les grands hommes, pas plus que les dieux, ne sont grands en toute circonstance. Pallas n'entend rien au commerce, Sophocle ne savait pas peindre, Platon ne savait pas aimer. Philosophes, poètes ou rhéteurs, ceux qui se réclament de lui ne valent pas mieux, et si admirables qu'il soient en leur art, en amour ce sont des ignorants. Crois-moi, Naucratès, je sens que j'ai raison. »

Le philosophe fit un geste.

« Tu es un peu irrévérencieuse, dit-il ; mais je ne crois nullement que tu aies tort. Mon indignation n'était pas réelle. Il y a quelque chose de charmant dans l'union de deux jeunes femmes, à la condition qu'elles veuillent bien rester féminines toutes les deux, garder leurs longues chevelures, découvrir leurs seins et ne pas s'affubler d'instruments postiches, comme si, par une inconséquence, elles enviaient le sexe grossier qu'elles méprisent si joliment. Oui, leur liaison est remarquable parce que leurs caresses sont toutes superficielles, et leur volupté d'autant plus raffinée. Elles ne s'étreignent pas, elles s'effleurent pour goûter la suprême joie. Leur nuit de noces n'est pas sanglante. Ce sont des vierges, Chrysis. Elles ignorent l'action brutale ; c'est en cela qu'elles sont supérieures à Bathylle, qui prétend en offrir l'équivalent, oubliant que vous aussi, et même pour cette piètrerie, vous pourriez lui faire concurrence. L'amour humain ne se distingue du rut stupide des animaux que par deux fonctions divines : la caresse et le baiser. Or, ce sont les seules que connaissent les femmes dont nous parlons ici. Elles les ont même perfectionnées.

— On ne peut mieux, dit Chrysis ahurie. Mais alors que me reproches-tu ?

— Je te reproche d'être cent mille. Déjà un grand nombre de femmes n'ont de plaisir parfait qu'avec leur propre sexe. Bientôt vous ne voudrez plus nous recevoir, même à titre de pis-aller. C'est par jalousie que je te gronde. »

Ici Naucratès trouva que l'entretien avait assez duré, et, simplement, il se leva.

« Je puis dire à Bacchis qu'elle compte sur toi ? dit-il.

— Je viendrai », répondit Chrysis.

Le philosophe lui baisa les genoux et sortit avec lenteur.

LE JOURNAL D'UNE FEMME DE CHAMBRE

1900 – Octave Mirbeau

En dépit de sa date d'édition, ce *Journal* n'ouvre pas le XXe siècle (un autre journal intime s'en chargera : *Claudine à l'école*, alors signé de Willy mais bel et bien de Colette) : il en finit plutôt avec le XIXe siècle. Composée dans sa dernière décennie, cette chronique est d'abord parue en feuilleton avant de faire un malheur en librairie. Un énorme succès au parfum de scandale.

Scandaleux, *le Journal d'une femme de chambre* l'est déjà par ce que révèle son titre : une soubrette ose juger ses maîtres (« Madame… insolente comme une pintade et parfumée comme un bidet ») et prend un malin plaisir à dévoiler petites manies honteuses et passions inavouables. À l'instar de sa Célestine qui n'a pas la langue dans sa poche en rédigeant ses confidences, Mirbeau saisit sa plume grinçante – celle qui fera de sa comédie *Les affaires sont les affaires* (1904) une indémodable satire de l'hypocrisie mondaine – pour tailler au scalpel dans les vices de ce qui sera plus tard la Belle Époque.

Loin des épisodes sombres du roman – le meurtre d'une fillette, l'antisémitisme qui rôde en ces années d'affaire Dreyfus… –, on lira ici l'histoire plus légère (quoique…) des bottines, belle illustration de ce qu'il est convenu d'appeler une « perversion sexuelle » : le fétichisme (un nom qui désigne également une religion… autre forme de culte !). Un vieil habitué de la littérature érotique, mais pas seulement. Après la pantoufle de Cendrillon, « symbole sexuel » avant la lettre, le siècle des Lumières avait mis pleins feux sur le pied féminin – comme en témoignent, entre autres hommages à cet appas, *les Hasards heureux de l'escarpolette* de Fragonard (1767) et, au roman, *le Pied de Fanchette* de Restif (1769).

Au chapitre X du *Diable boiteux* (1707), Lesage évoque un idolâtre du beau sexe, tombé en arrêt devant une petite pantoufle en vitrine : elle lui donne des élans de volupté et il se pâme : « Ah !... voilà une pantoufle qui m'enchante l'imagination ! Que le pied pour lequel on l'a faite doit être mignon ! Je prends trop de plaisir à la voir ; éloignons-nous promptement, il y a du péril à passer par ici. » C'est ce dangereux excès de plaisir que lui procure la vue, le toucher, la possession de l'objet fantasmé, qui va tuer le fétichiste de Mirbeau au terme de la fameuse scène des bottines.

Il succombera au double fétichisme du pied et du cuir, ce qui fait beaucoup pour « un petit vieux » aussi viril qu'une poupée tirée à quatre épingles. Encore un trait décoché par Mirbeau contre un censément digne représentant de la bourgeoisie ? Bien sûr, sauf que tout le monde y passe dans *le Journal d'une femme de chambre*, personne n'en sort tout blanc, et les humbles ne sont pas mieux lotis. La faute à l'impitoyable lucidité de l'auteur. Pourquoi diable aller inventer de tristes sires, de pauvres pantins… quand la réalité dépasse la fiction ? Il le dit lui-même en se défendant d'être caricatural : « Peut-on jamais représenter l'humanité aussi bouffonne qu'elle l'est !… exagérer la formidable puissance de la réalité ! » (*la Revue,* 15 mars 1907).

Voici la chose :

J'avais été arrêtée, dans un bureau de placement, par une sorte de grosse gouvernante, pour être femme de chambre chez un certain M. Rabour, en Touraine. Les conditions acceptées, il fut convenu que je prendrais le train, tel jour, à telle heure, pour telle gare ; ce qui fut fait selon le programme.

Dès que j'eus remis mon billet au contrôleur, je trouvai, à la sortie, une espèce de cocher à face rubiconde et bourrue, qui m'interpella :

— C'est-y vous qu'êtes la nouvelle femme de chambre de M. Rabour ?

— Oui, c'est moi.

— Vous avez une malle ?

— Oui, j'ai une malle.

— Donnez-moi votre bulletin de bagages, et attendez-moi là...

Il pénétra sur le quai. Les employés s'empressèrent. Ils l'appelaient « Monsieur Louis » sur un ton d'amical respect. Louis chercha ma malle parmi les colis entassés et la fit porter dans une charrette anglaise, qui stationnait près de la barrière.

— Eh bien... montez-vous ?

Je pris place à côté de lui sur la banquette, et nous partîmes.

Le cocher me regardait du coin de l'œil. Je l'examinais de même. Je vis tout de suite que j'avais affaire à un rustre, à un paysan mal dégrossi, à un domestique pas stylé et qui n'a jamais servi dans les grandes maisons. Cela m'ennuya. Moi, j'aime les belles livrées. Rien ne m'affole comme une culotte de peau blanche, moulant des cuisses nerveuses. Et ce qu'il manquait de chic, ce Louis, sans gants pour conduire, avec un complet trop large de droguet gris-bleu, et une casquette plate, en cuir verni, ornée d'un double galon d'or. Non vrai ! ils retardent, dans ce patelin-là. Avec cela, un air renfrogné, brutal, mais pas méchant diable, au fond. Je connais ces types. Les premiers jours, avec les nouvelles, ils font les malins, et puis après ça s'arrange. Souvent, ça s'arrange mieux qu'on ne voudrait.

Nous restâmes longtemps sans dire un mot. Lui faisait des manières de grand cocher, tenant les guides hautes et jouant du fouet avec des gestes arrondis... Non, ce qu'il était rigolo !... Moi, je prenais des attitudes dignes pour regarder le paysage, qui n'avait rien de particulier ; des champs, des arbres, des maisons, comme partout. Il mit son cheval au pas pour monter une côte et, tout à coup, avec un sourire moqueur, il me demanda :

— Avez-vous au moins apporté une bonne provision de bottines ?

— Sans doute ! dis-je, étonnée de cette question qui ne rimait à rien, et plus encore du ton singulier sur lequel il me l'adressait... Pourquoi me demandez-vous ça ?... C'est un peu bête ce que vous me demandez là, mon gros père, savez ?...

Il me poussa du coude légèrement et, glissant sur moi un regard étrange dont je ne pus m'expliquer la double expression d'ironie aiguë et, ma foi, d'obscénité réjouie, il dit en ricanant :

— Avec ça !... Faites celle qui ne sait rien... Farceuse va... sacrée farceuse !

Puis il claqua de la langue, et le cheval reprit son allure rapide.

J'étais intriguée. Qu'est-ce que cela pouvait bien signifier ? Peut-être rien du tout... Je pensai que le bonhomme était un peu nigaud, qu'il ne savait point parler aux femmes et qu'il n'avait pas trouvé autre chose pour amener une conversation que, d'ailleurs, je jugeai à propos de ne pas continuer.

La propriété de M. Rabour était assez belle et grande. Une jolie maison, peinte en vert clair, entourée de vastes pelouses fleuries et d'un bois de pins qui embaumait la térébenthine. J'adore la campagne... mais, c'est drôle, elle me rend triste et elle m'endort. J'étais tout abrutie quand j'entrai dans le vestibule où m'attendait la gouvernante, celle-là même qui m'avait engagée au bureau de placement de Paris, Dieu sait après combien de questions indiscrètes sur mes habitudes intimes, mes goûts ; ce qui aurait dû me rendre méfiante... Mais on a beau en voir et en supporter de plus en plus fortes chaque fois, ça ne vous instruit pas... La gouvernante ne m'avait pas plu au bureau ; ici, instantanément, elle me dégoûta et je lui trouvai l'air répugnant d'une vieille maquerelle. C'était une grosse femme, grosse et courte, courte et soufflée de graisse jaunâtre, avec des bandeaux plats grisonnants, une poitrine énorme et roulante, des mains molles, humides, transparentes comme de la gélatine. Ses yeux gris indiquaient la méchanceté, une méchanceté froide, réfléchie et vicieuse. A la façon tranquille et cruelle dont elle vous regardait, vous fouillait l'âme et la chair, elle vous faisait presque rougir.

Elle me conduisit dans un petit salon et me quitta aussitôt, disant qu'elle allait prévenir Monsieur, que Monsieur voulait me voir avant que je ne commençasse mon service.

— Car Monsieur ne vous a pas vue, ajouta-t-elle. Je vous ai prise, c'est vrai, mais enfin, il faut que vous plaisiez à Monsieur...

J'inspectai la pièce. Elle était tenue avec une propreté et un ordre extrêmes. Les cuivres, les meubles, le parquet, les portes, astiqués à fond, cirés, vernis, reluisaient ainsi que des glaces. Pas de flafla, de tentures lourdes, de choses brodées, comme on en voit dans de certaines maisons de Paris ; mais du confortable sérieux, un air de décence riche, de vie provinciale cossue, régulière et calme. Ce qu'on devait s'ennuyer ferme, là-dedans, par exemple !... Mazette !

Monsieur entra. Ah ! le drôle de bonhomme, et qu'il m'amusa !... Figurez-vous un petit vieux, tiré à quatre épingles, rasé de frais et tout rose, ainsi qu'une poupée. Très droit, très vif, très ragoûtant, ma foi !

il sautillait, en marchant, comme une petite sauterelle dans les prairies. Il me salua et avec infiniment de politesse :

— Comment vous appelez-vous, mon enfant ?

— Célestine, Monsieur.

— Célestine... fit-il... Célestine ?... Diable !... Joli nom, je ne prétends pas le contraire... mais trop long, mon enfant, beaucoup trop long... Je vous appellerai Marie, si vous le voulez bien... C'est très gentil aussi, et c'est court... Et puis, toutes mes femmes de chambre, je les ai appelées Marie. C'est une habitude à laquelle je serais désolé de renoncer... Je préférerais renoncer à la personne...

Ils ont tous cette bizarre manie de ne jamais vous appeler par votre nom véritable... Je ne m'étonnai pas trop, moi à qui l'on a donné déjà tous les noms de toutes les saintes du calendrier... Il insista :

— Ainsi, cela ne vous déplaît pas que je vous appelle Marie ?... C'est bien entendu ?...

— Mais oui, Monsieur...

— Jolie fille... bon caractère... Bien, bien !

Il m'avait dit tout cela d'un air enjoué, extrêmement respectueux, et sans me dévisager, sans fouiller d'un regard déshabilleur mon corsage, mes jupes, comme font, en général, les hommes. A peine s'il m'avait regardée. Depuis le moment où il était entré dans le salon, ses yeux restaient obstinément fixés sur mes bottines.

— Vous en avez d'autres ?... me demanda-t-il, après un court silence, pendant lequel il me sembla que son regard était devenu étrangement brillant.

— D'autres noms, Monsieur ?

— Non, mon enfant, d'autres bottines...

Et il passa, sur ses lèvres, à petits coups, une langue effilée, à la manière des chattes.

Je ne répondis pas tout de suite. Ce mot de bottines, qui me rappelait l'expression de gouaille polissonne du cocher, m'avait interdite. Cela avait donc un sens ?... Sur une interrogation plus pressante, je finis par répondre, mais d'une voix un peu rauque et troublée, comme s'il se fût agi de confesser un péché galant :

— Oui, Monsieur, j'en ai d'autres...

— Des vernies ?

— Oui, Monsieur.

— De très... très vernies ?

— Mais oui, Monsieur.

— Bien... bien... Et en cuir jaune ?

— Je n'en ai pas, Monsieur...

— Il faudra en avoir... je vous en donnerai.

— Merci, Monsieur !

— Bien... bien... Tais-toi !

J'avais peur, car il venait de passer dans ses yeux des lueurs troubles... des nuées rouges de spasme... Et des gouttes de sueur roulaient sur son front... Croyant qu'il allait défaillir, je fus sur le point de crier, d'appeler au secours... mais la crise se calma, et, au bout de quelques minutes, il reprit d'une voix apaisée, tandis qu'un peu de salive moussait encore au coin de ses lèvres :

— Ça n'est rien... c'est fini... Comprenez-moi, mon enfant... Je suis un peu maniaque... A mon âge, cela est permis, n'est-ce pas ?... Ainsi, tenez, par exemple je ne trouve pas convenable qu'une femme cire ses bottines, à plus forte raison les miennes... Je respecte beaucoup les femmes, Marie, et ne peux souffrir cela... C'est moi qui les cirerai vos bottines, vos petites bottines, vos chères petites bottines... C'est moi qui les entretiendrai... Ecoutez bien... Chaque soir, avant de vous coucher, vous porterez vos bottines dans ma chambre... vous les placerez près du lit, sur une petite table, et, tous les matins, en venant ouvrir mes fenêtres... vous les reprendrez.

Et, comme je manifestais un prodigieux étonnement, il ajouta :

— Voyons!... Ça n'est pas énorme, ce que je vous demande là... c'est une chose très naturelle, après tout... Et si vous êtes bien gentille...

Vivement, il tira de sa poche deux louis qu'il me remit.

— Si vous êtes bien gentille, bien obéissante, je vous donnerai souvent des petits cadeaux. La gouvernante vous paiera, tous les mois, vos gages... Mais, moi, Marie, entre nous, souvent, je vous donnerai des petits cadeaux. Et qu'est-ce que je vous demande ?... Voyons, ça n'est pas extraordinaire, là... Est-ce donc si extraordinaire, mon Dieu ?

Monsieur s'emballait encore. A mesure qu'il parlait, ses paupières battaient, battaient comme des feuilles sous l'orage.

— Pourquoi ne dis-tu rien, Marie ?... Dis quelque chose... Pourquoi ne marches-tu pas ?... Marche un peu que je les voie remuer... que je les voie vivre... tes petites bottines...

Il s'agenouilla, baisa mes bottines, les pétrit de ses doigts fébriles et caresseurs, les délaça... Et, en les baisant, les pétrissant, les caressant, il disait d'une voix suppliante, d'une voix d'enfant qui pleure :

— Oh ! Marie... Marie... tes petites bottines... donne-les moi, tout de suite... tout de suite... tout de suite... Je les veux tout de suite... donne-les moi...

J'étais sans force... La stupéfaction me paralysait... Je ne savais plus si je vivais réellement ou si je rêvais... Des yeux de Monsieur, je ne voyais que deux petits globes blancs, striés de rouge. Et sa bouche était tout entière barbouillée d'une sorte de bave savonneuse...

Enfin, il emporta mes bottines et, durant deux heures, il s'enferma avec elles dans sa chambre...

LES ONZE MILLE VERGES

1907 – Guillaume Apollinaire

« Plus fort que le marquis de Sade ! » Voilà comment la *Bibliographie du roman érotique* de Perceau (1930) annonçait ce roman au titre déjà iconoclaste (un jeu de mots scabreux sur la pieuse légende médiévale des onze mille vierges). Il va sans dire que le poète de *Calligrammes* ne signa pas ce texte où il donne libre cours à l'érotisme le plus cru et, effectivement, à des scènes de sadisme : viols sauvages, meurtres abominables, empalements, mutilations, tortures en tout genre…

Pourtant, tout n'est pas systématiquement noir ni peint au vitriol dans ces féroces *Amours d'un hospodar* (un prince gouverneur d'une province), et c'est justement ce qui en fait le prix : ce cocktail explosif de charme et de violence. Le hospodar Mony joue ici les princes d'opérette en goguette, mais le stupre et le sang coulent à flot au fil de ses nombreuses aventures, dans tous les sens du terme. Un humour bienvenu et des touches poétiques (des seins « sautillant comme un mouchoir de batiste roulé en boule », des cuisses « rondes comme des tours d'ivoire », la « grotte mystérieuse » de la femme nichée dans « un bois sacré fauve comme les automnes », etc.) viennent alléger les épisodes horrifiques. Tout se passe un peu « à la façon de ces films gore d'aujourd'hui dont l'excès d'hémoglobine désamorce le caractère atroce » (Claude Aziza, *les Classiques de la littérature amoureuse*).

À l'instar des appas féminins et outils virils des partenaires, les ébats amoureux prennent une dimension cosmique (« Ça me va jusqu'au fond de l'âme… ça me fait jouir comme si je mourais… »). Tout à ses sensations – il ne vit réellement que par elles et pour elles –, le prince peut bien soupirer : « Ah ! qui me rendra Alexine Mangetout et Culculine d'Ancône », ça ne l'empêche pas de se régaler d'autres « seins blancs comme des petits-suisses » et de s'extasier sur les talents de « fellatrice sans pareille » de la sœur de sa regrettée Culculine. On lira ici la scène où ce sensualiste effréné se double d'un gourmet affamé : le pied droit de sa Parisienne a un goût de framboise, le gauche la saveur d'un jambon de Mayence, le tout rehaussé d'un subtil parfum de verveine…

Qui ne voit que tout cela, comme les pires horreurs qui suivront jusqu'à la fin, n'est qu'une plaisanterie, un jeu à ne surtout pas prendre au sérieux ? Alain Jaubert (*l'Express*, 03/07/2008) y salue « une sorte de conte de Perrault outrancier, une parodie de roman picaresque, un grand éclat de rire né d'une imagination formidable et délirante… les Marx Brothers chez le marquis de Sade… tant le personnage de Mony va, en toute impunité, au bout de ses fantasmes. »

Pas tout à fait en toute impunité, au fait. A la fin, le prince mourra sous le fouet, comme il l'avait lancé un jour à la face du ciel : « Que les onze mille verges me châtient ! » Le destin sadique l'a pris au mot, et son corps supplicié est ainsi réduit à l'état de chair à saucisse – sauf le visage, insiste Apollinaire, qui enchaîne avec une de ces ruptures de ton dont il a le secret : « les yeux vitreux grands ouverts semblaient contempler la majesté divine dans l'au-delà. »

Il s'avança rapidement du côté d'où venait la voix et trouva un lit. Une femme était couchée dessus tout habillée. Elle étreignit Mony passionnément en lui dardant sa langue dans la bouche. Celui-ci répondait à ses caresses. Il lui releva les jupes. Elle écarta les cuisses. Ses jambes étaient nues et un parfum délicieux de verveine émanait de sa peau satinée, mêlé aux effluves de *l'odor di femina.* Son con où Mony portait la main était humide. Elle murmurait :

— Baisons ! Je n'en peux plus… Méchant, voilà huit jours que tu n'es pas venu.

Mais Mony, au lieu de répondre, avait sorti sa pine menaçante et, tout armé, il monta sur le lit et fit entrer son braquemart en colère dans la fente poilue de l'inconnue qui aussitôt agita les fesses en disant :

— Entre bien… Tu me fais jouir…

En même temps elle porta sa main au bas du membre qui la fêtait et se mit à tâter ces deux petites boules qui servent d'appendages et que l'on appelle testicules, non pas, comme on le dit communément, parce qu'elles servent de témoins à la consommation de l'acte amoureux, mais plutôt parce qu'elles sont les petites têtes qui recèlent la matière cervicale qui jaillit de la mentule ou petite intelligence, de même que la tête contient la cervelle qui est le siège de toutes les fonctions mentales.

La main de l'inconnue tâtait soigneusement les couilles de Mony. Tout à coup, elle poussa un cri, et d'un coup de cul, elle délogea son fouteur :

— Vous me trompez, Monsieur, s'écria-t-elle, mon amant en a trois.

Elle sauta du lit, tourna un bouton d'électricité et la lumière fut.

La pièce était simplement meublée : un lit, des chaises, une table, une toilette, un poêle. Quelques photographies étaient sur la table et l'une représentait un officier à l'air brutal, vêtu de l'uniforme du régiment de Préobrajenski.

L'inconnue était grande. Ses beaux cheveux châtains étaient un peu en désordre. Son corsage ouvert montrait une poitrine rebondie, formée par des seins blancs veinés de bleu qui reposaient douillettement dans un nid de dentelle. Ses jupons étaient chastement baissés. Debout, le visage exprimant la colère et la stupéfaction, elle se tenait devant Mony qui était assis sur le lit, la pine en l'air et les mains croisées sur la poignée de son sabre :

— Monsieur, dit la jeune femme, votre insolence est digne du pays que vous servez. Jamais un Français n'aurait eu la goujaterie de profiter comme vous d'une circonstance aussi imprévue. Sortez, je vous le commande.

— Madame ou Mademoiselle, répondit Mony, je suis un prince roumain, nouvel officier d'état-major du prince Kokodryoff. Récemment arrivé à Saint-Pétersbourg, j'ignore les usages de cette cité et, n'ayant pu pénétrer ici, bien que j'y eusse rendez-vous avec mon chef, qu'en menaçant le portier de mon revolver, j'eusse cru agir sottement en ne satisfaisant pas une femme qui semblait avoir besoin de sentir un membre dans son vagin.

— Vous auriez dû au moins, dit l'inconnue en regardant le membre viril qui battait la mesure, avertir que vous n'étiez pas Fédor, et maintenant allez-vous-en.

— Hélas ! s'écria Mony, vous êtes Parisienne pourtant, vous ne devriez pas être bégueule… Ah ! qui me rendra Alexine Mangetout et Culculine d'Ancône.

— Culculine d'Ancône ! s'exclama la jeune femme, vous connaissez Culculine ? Je suis sa sœur, Hélène Verdier ; Verdier, c'est aussi son vrai nom, et je suis institutrice de la fille du général. J'ai un amant, Fédor. Il est officier. Il a trois couilles.

A ce moment on entendit un grand brouhaha dans la rue. Hélène alla voir. Mony regarda derrière elle. Le régiment de Préobrajenski passait. La musique jouait un vieil air sur lequel les soldats chantaient tristement :

Ah ! que ta mère soit foutue !
Pauvre paysan, pars en guerre,
Ta femme se fera baiser
Par les taureaux de ton étable.
Toi, tu te feras chatouiller le vit
Par les mouches sibériennes
Mais ne leur rends pas ton membre
Le vendredi, c'est jour maigre
Et ce jour-là ne leur donne pas de sucre non plus.
Il est fait avec des os de mort.
Baisons, mes frères paysans, baisons
La jument de l'officier.
Elle a le con moins large
Que les filles des Tatars.
Ah ! que ta mère soit foutue !

Tout à coup la musique cessa, Hélène poussa un cri. Un officier tourna la tête. Mony, qui venait de voir sa photographie, reconnut Fédor qui salua de son sabre en criant :

— Adieu, Hélène, je pars en guerre… Nous ne nous reverrons plus.

Hélène devint blanche comme une morte et tomba évanouie dans les bras de Mony qui la transporta sur le lit.

Il lui ôta d'abord son corset et les seins se dressèrent. C'était deux superbes tétons dont la pointe était rose. Il les suça un peu, puis dégrafa la jupe qu'il enleva ainsi que les jupons et le corsage. Hélène resta en chemise. Mony très excité releva la toile blanche qui cachait les trésors incomparables de deux jambes sans défaut. Les bas montaient jusqu'à mi-cuisses et les cuisses étaient rondes comme des tours d'ivoire. Au bas du ventre se cachait la grotte mystérieuse dans un bois sacré fauve comme les automnes. Cette toison était épaisse et les lèvres serrées du con ne laissaient apercevoir qu'une raie semblable à une coche mnémonique sur les poteaux qui servaient de calendriers aux Incas.

Mony respecta l'évanouissement d'Hélène. Il lui retira les bas et commença à lui faire petit salé. Ses pieds étaient jolis, potelés comme des pieds de bébé. La langue du prince commença par les orteils du pied droit. Il nettoya consciencieusement l'ongle du gros orteil, puis passa entre les jointures. Il s'arrêta longtemps sur le petit orteil qui était mignon, mignon. Il reconnut que le pied droit avait le goût de framboise. La langue lécheuse fouilla ensuite les plis du pied gauche auquel Mony trouva une saveur qui rappelait celle du jambon de Mayence.

A ce moment Hélène ouvrit les yeux et remua. Mony arrêta ses exercices de petit salé et regarda la jolie fille grande et potelée s'étirer en pandiculation. Sa bouche ouverte pour le bâillement montra une langue rose entre les dents courtes et ivoirines. Elle sourit ensuite.

HÉLÈNE. — Prince, dans quel état m'avez-vous mise ?

MONY. — Hélène ! c'est pour votre bien que je vous ai mise à votre aise. J'ai été pour vous un bon Samaritain. Un bienfait n'est jamais perdu et j'ai trouvé une récompense exquise dans la contemplation de vos charmes. Vous êtes exquise et Fédor est un heureux gaillard.

HÉLÈNE. — Je ne le verrai plus, hélas! Les Japonais vont le tuer.

MONY. — Je voudrais bien le remplacer, mais par malheur, je n'ai pas trois couilles.

HÉLÈNE. — Ne parle pas comme ça, Mony, tu n'en as pas trois, c'est vrai, mais ce que tu as est aussi bien que le sien.

MONY. — Est-ce vrai, petite cochonne ? Attends que je déboucle mon ceinturon… C'est fait. Montre-moi ton cul… comme il est gros, rond et joufflu… On dirait un ange en train de… Tiens ! il faut que je te fesse en l'honneur de ta sœur Culculine… clic, clac, pan, pan…

HÉLÈNE. — Aïe ! aïe ! aïe ! Tu m'échauffes, je suis toute mouillée.

MONY. — Comme tu as les poils épais… clic, clac ; il faut absolument que je le fasse rougir, ton gros visage postérieur… Tiens, il n'est pas fâché, quand tu remues un peu, on dirait qu'il rigole.

HÉLÈNE. — Approche-toi que je te déboutonne, montre-le-moi ce gros poupon qui veut se réchauffer dans le sein de sa maman. Qu'il est joli ! Il a une petite tête rouge et pas de cheveux. Par exemple, il a des poils en bas à la racine et ils sont durs et noirs. Comme il est beau cet orphelin… mets-le-moi, dis ! Mony, je veux le tâter, le sucer, le faire décharger…

MONY. — Attends que je te fasse un peu feuille de rose…

HÉLÈNE. — Ah! c'est bon, je sens ta langue dans la raie de mon cul… Elle entre et fouille les plis de ma rosette. Ne le déplisse pas trop le pauvre troufignon, n'est-ce pas. Mony ? Tiens ! je te fais beau cul. Ah ! tu as fourré ta figure entre mes fesses… Tiens, je pète… Je te demande pardon, je n'ai pas pu me retenir !… Ah ! tes moustaches me piquent et tu baves… cochon... tu baves. Donne-la-moi, ta grosse bitte, que je la suce... j'ai soif...

MONY. — Ah ! Hélène, comme ta langue est habile. Si tu enseignes aussi bien l'orthographe que tu tailles les plumes, tu dois être une institutrice épatante… Oh ! tu me picotes le trou du gland avec la langue… Maintenant, je la sens à la base du gland… tu nettoies le repli avec ta langue chaude. Ah ! fellatrice sans pareille, tu glottines incomparablement !... Ne suce pas si fort. Tu me prends le gland entier dans ta petite bouche. Tu me fais mal... Ah ! Ah ! Ah ! Ah ! Tu me chatouilles tout le vit… Ah ! Ah ! Ne m'écrase pas les couilles… tes dents sont pointues… C'est ça, reprends la tête du nœud, c'est là qu'il faut travailler… Tu l'aimes bien, le gland ?… petite truie… Ah ! Ah !… Ah !… Ah !… je... dé… charge... cochonne... elle a tout avalé… Tiens, donne-le-moi, ton gros con, que je te gamahuche pendant que je rebanderai…

HÉLÈNE. — Va plus fort... Agite bien ta langue sur mon bouton... Le sens-tu grossir, mon clitoris ?… dis… fais-moi les ciseaux... C'est ça… enfonce bien le pouce dans le con et l'index dans le cul. Ah! c'est bon !… c'est bon ! … Tiens ! Entends-tu mon ventre qui gargouille de plaisir ?… C'est ça, ta main gauche sur mon nichon gauche… Ecrase la fraise… Je jouis… Tiens !… les sens-tu mes tours de cul, mes coups de reins ?… salaud ! c'est bon... viens me baiser. Donne-moi vite ta bitte que je la suce pour la faire rebander dur, plaçons-nous en 69, toi sur moi…

» Tu bandes ferme, cochon, ça n'a pas été long, enfile-moi… Attends, il y a des poils qui se sont pris. Suce-moi les nichons... comme ça, c'est bon !… Entre bien au fond… là, reste comme ça, ne t'en va pas… Je te serre... Je serre les fesses… Je vais bien... Je meurs… Mony… ma sœur, l'as-tu fait autant jouir ?… pousse bien… ça me va jusqu'au fond de l'âme… ça me fait jouir comme si je mourais... je n'en peux plus... cher Mony... partons ensemble. Ah ! je n'en peux plus, je lâche tout… je décharge…

Mony et Hélène déchargèrent en même temps. Il lui nettoya ensuite le con avec la langue et elle lui en fit autant pour le vit.

Pendant qu'il se rajustait et qu'Hélène se rhabillait, on entendit des cris de douleur poussés par une femme.

— Ce n'est rien, dit Hélène, on fesse Nadèje ; c'est la femme de chambre de Wanda, la fille du général et mon élève.

VERS LIBRES

1926 – Raymond Radiguet

Quel scandale ! Des *Vers libres*... dans tous les sens du terme, car aussi d'une totale liberté de ton. Sans parler des images phalliques – la tige de bilboquet de *Saisons*, la dague rougie de *Chat perché* dont rêvent les filles « non contentes d'une bougie »... – et des allusions grivoises à peine masquées par la poésie : « L'oursin du désir se hérisse » (*les Fiancés de treize ans*) ou encore « L'art d'agacer le chat perché / Dans la niche où il s'est caché » (*Chat perché*).

Quant à *Ébauches*, il ne lui manque qu'un D initial pour qualifier cette orgie d'images hardies (d'aucuns diront pornographiques) qui incitera Cocteau et les proches de Radiguet à nier en bloc l'authenticité de tels poèmes érotiques au sens propre, et même au sens salace ! Deux ans après la mort de l'auteur, la toute première édition clandestine de ces *Vers libres* déclenche en effet une plainte contre X des ayants droit et de l'éditeur de l'œuvre « officielle », Bernard Grasset.

Mais le plus hostile à cette parution, c'est Cocteau, triplement choqué. D'abord parce qu'il a alors « un chapelet aux pinces », comme disait Rimbeau de Verlaine touché par la grâce ; ensuite, parce qu'il prétend être le seul et unique dépositaire des manuscrits de son ami ; enfin parce que la publication incriminée s'accompagnait d'une pique le visant directement (lui, Kessel et Grasset, qui s'étaient chargés d'établir le texte définitif du dernier roman du défunt) sans citer de noms : « Nous donnons le texte de ces quelques pièces, tel qu'il figure sur les papiers laissés par Radiguet. Cette décision n'est peut-être pas inutile : pourrait-on assurer que *le Bal du comte d'Orgel* n'a pas été revu et corrigé par des gens obligeants, auxquels Radiguet n'avait sans doute pas demandé qu'ils lui fissent la toilette des morts ? »

Effondré par ce décès, Cocteau fera bientôt revivre le disparu dans son *Orphée* (1926), où il sera « atroce comme un accident et beau comme l'arc-en-ciel », sous l'apparence de l'ange Heurtebise. Dans la pièce, Eurydice le ressent, elle aussi, sous ses deux faces : il est à la fois « le cri d'un homme qui tombe... et le silence des étoiles ». La même alliance des contraires, sensualité et pureté mêlées, caractérise l'œuvre du romancier adolescent (il attaque *le Diable au corps* à seize ans). Et ses poèmes, de son aveu même (avant-propos des *Joues en feu)*, sont « l'expression naturelle d'un mélange de pudeur, de cachotterie propre à l'âge auquel ils ont été écrits ». Leur libertinage ? « une erreur d'optique qui fait juger licencieuse une œuvre où tout est dit purement et simplement ».

Armé donc de la pure et simple audace de la jeunesse, Radiguet (d)écrit des *Jeux innocents* et fait feu de tout bois – tel son narrateur du *Diable au corps* qui brûle de désir : « Je flambais, je me hâtais, comme les gens qui doivent mourir jeunes et qui mettent les bouchées doubles. » On ne peut que songer au poète qui, bien trop jeune (« à peine mis notre couvert »), a dit adieu dans *les Fiancés de treize ans* « à la dînette de la vie ».

Champigny

Champigny, grâces canotières —
L'amour taquinant le goujon
Dissimulait entre les joncs
Quelques cœurs et une chaumière.

La chaumière où je t'ai connue
Marie que je n'aimais que nue,
C'était aussi à Champigny
Les parapluies en champignons
Poussaient d'un coup sur l'avenue.

Mais moi, pensant à la cueillette,
Je plantais dans ton sexe herbu
Un cèpe sur lequel tu bus
La rosée de l'aube défaite.

Orages du cœur, dont vainqueur
Il conviendrait que je sortisse
Vos échos en moi retentissent
Lorsque nous sommes cœur à cœur.

Saison

Bilboquet dont je suis la tige
Sur laquelle est tombé ton corps,
Je comprends bien qu'un jeu pareil
Puisse te donner le vertige !

Aussi afin de satisfaire
Les désirs que loges en toi —
L'amour ne les veut qu'à l'étroit —
Rends-moi mignonne la pareille

C'est à ma tige alors de faire
Les doux mouvements de recul
Capables d'émouvoir ton cul
Mais non ta coquille d'amour

Puisque le sang rosit encor
L'entrecuisse où tu me préfères.

Ébauches

En jupe-culottes
Un soir à Joinville
Vénus la salope
M'a sucé la bite

Son joli chignon
En papier doré
Me faisait bander
Comme un cuirassier

Puis nous nous branlâmes
Le con et la trique
Attendant un tram
Pour la République

TABLE DES ILLUSTRATIONS

LES PLUS BELLES PAGES DE LA LITTÉRATURE ÉROTIQUE
est une réalisation de Sélection du Reader's Digest

Première édition
Premier tirage

Achevé d'imprimer : décembre 2010
Dépôt légal en France : janvier 2011
Dépôt légal en Belgique : D-2011-0621-37

Impression et reliure : Printer Portuguesa

Imprimé au Portugal
Printed in Portugal